# 法治建设与法学理论研究部级科研项目成果

PHILOSOPHY

人民日报学术文库

# 国家监察体制改革的
# 相关法律问题研究

廖秀健　张静馨　刘　白｜著

人民日报出版社

北京

**图书在版编目（CIP）数据**

国家监察体制改革的相关法律问题研究／廖秀健，张静馨，刘白著 . —北京：人民日报出版社，2021.3

ISBN 978‑7‑5115‑6792‑5

Ⅰ. ①国… Ⅱ. ①廖… ②张… ③刘… Ⅲ. ①行政监察法—研究—中国 Ⅳ. ①D922.114.4

中国版本图书馆 CIP 数据核字（2020）第 240250 号

| 书　　名： | 国家监察体制改革的相关法律问题研究 |
| --- | --- |
| | GUOJIA JIANCHA TIZHI GAIGE DE XIANGGUAN FALÜ WENTI YANJIU |
| 著　　者： | 廖秀健　张静馨　刘　白 |

| 出 版 人： | 刘华新 |
| --- | --- |
| 责任编辑： | 蒋菊平　李　安 |

| 出版发行： | **人民日报**出版社 |
| --- | --- |
| 社　　址： | 北京金台西路 2 号 |
| 邮政编码： | 100733 |
| 发行热线： | （010）65369509　65369527　65369846　65369512 |
| 邮购热线： | （010）65369530　65363527 |
| 编辑热线： | （010）65369528 |
| 网　　址： | www.peopledailypress.com |
| 经　　销： | 新华书店 |
| 印　　刷： | 三河市华东印刷有限公司 |
| 法律顾问： | 北京科宇律师事务所　010‑83622312 |

| 开　　本： | 710mm×1000mm　1/16 |
| --- | --- |
| 字　　数： | 269 千字 |
| 印　　张： | 16.5 |
| 版次印次： | 2022 年 2 月第 1 版　　2022 年 2 月第 1 次印刷 |

| 书　　号： | ISBN 978‑7‑5115‑6792‑5 |
| --- | --- |
| 定　　价： | 95.00 元 |

中华人民共和国司法部 2017 年度国家法治与法学理论研究重点项目"国家监察体制改革的法律问题研究"课题成果

**课题组成员：**

廖秀健、宋河兵、刘白、张静馨、汪太贤、周尚君、黄清吉、孙兵、王赛、李佳灿、刘莎莎、钟雪、雷浩伟、龚晨航、廖苑竹、陈佳、高雨荷

# 基金项目

《国家监察体制改革的相关法律问题研究》一书是西南政法大学政治与公共管理学院、中共重庆市委办公厅与西南政法大学共建科研基地"西南政法大学党内法规研究中心（重庆市党内法规研究中心）"系列学术著作成果之一，为中华人民共和国司法部 2017 年度国家法治与法学理论研究重点项目"国家监察体制改革的法律问题研究"［项目主持人：廖秀健，项目编号：17SFB1002］终期成果之一。

本书的写作和出版亦获得以下学科团队、科研基地和科研项目的支持。

学科团队：重庆市"十三五"重点一级学科建设项目"西南政法大学公共管理学科"；重庆市高校"三特行动计划"特色学科专业群建设项目"国家治理与公共安全"；重庆市高校哲学社会科学协同创新团队"党内法规与国家法律有机衔接协同创新团队"。

科研基地：重庆市人文社会科学重点研究基地"中国社会稳定与危机管理研究中心"；中共重庆市委办公厅与西南政法大学共建科研基地"西南政法大学党内法规研究中心（重庆市党内法规研究中心）"。

科研项目：中国法学会 2019 年度部级法学研究重大项目"中国特色社会主义国家制度和法律制度研究"［项目主持人：廖秀健，项目编号：CLS（2019）A02］；重庆市社会科学规划 2021 年度重点委托项目"习近平法治思想体系构成与内在逻辑研究"［项目主持人：邓斌，项目编号：2021ZTZD21］；国家社科基金 2021 年度高校思政课研究专项重点项目"习近平法治思想融入高校思想政治理论课教学研究"［项目主持人：邓斌，项目编号：21VSZ002］；重庆市社会科学规划 2020 年度一般项目"《习近平谈治国理政》第三卷关于'完善和发展我国国家制度和治理体系'重要论述研究"〔项目主持人：廖秀健，项目编号：2020YBFX48〕；西南政法大学 2017 年度"十九大"专项项目"新时代下全面从严治党思想理论及体制机制创新研究"〔项目主持人：廖秀健，项目编号：2017XZZXYB-15〕。

# 序 言

党的十九届四中全会通过的《中共中央关于坚持和完善中国特色社会主义制度、推进国家治理体系和治理能力现代化若干重大问题的决定》，明确对"坚持和完善党和国家监督体系、强化对权力运行的监督和制约"作出部署，这不仅体现了党中央将国家反腐败工作纳入国家制度和治理体系的战略考量，也表明了党中央对新时代纪检监察工作的高度重视。国家监察体制改革的初衷在于全面监督公权力的依法、依规行使，正如习近平总书记所言，"权力监督的目的是保证公权力正确行使……既要管住乱用滥用权力的渎职行为，又要管住不用弃用权力的失职行为，整治不担当、不作为、慢作为、假作为，注意保护那些敢于负责、敢于担当作为的干部"。因此，权力的监督与制约应同时实现两个层面的目标：一方面，通过国家政权机构的职权设计，实现权力行使时的相互牵制，通过国家专责的独立监督部门，实现对所有行使公权力的公职人员的监察；另一方面，可以实现强有力的权力监督与灵活高效的权力行使，即平衡监察委员会的职能权限与权力边界。面对时下监察体制改革逐渐向纵深发展，制度效能需要转化为制度红利并得以逐渐完善和稳定，这成为我们亟须研究的重大课题。

作为一项重大的政治改革，国家监察体制改革的路径在于通过重新配置国家权力，创设国家独立的监察权，形成立法权、检察权、监察权和行政权"四位一体"的新国家政治结构，改革的重点则在于如何在保障有效监督的基础上，实现与现有法律体系之间的衔接共融。从 2016 年 11 月监察体制改革率先在北京市、山西省、浙江省三地进行改革试点，到同年 12 月全国人大通过三地改革试点的决定，我们能够看出此次改革采取了试点实践先行、法律保障在后的做法，这为改革伊始可能出现的偏差与不适留出修正余地，但也同时埋下隐患，即缺乏宪法保障的政治行为的合宪性问题；再从习近平总书记在党的十九大报告中明确作出深化国家监察体制改革、将试点工作在全国推开的战略部署，中共中央办公厅、全国人大先后印发在全国推开试点方案的《通知》《决定》，在此阶段全面实现了全国省、市、县三级监察委员会的机构设置与人员转隶，监察体制改革的职权设置与人员配置初步完成。2018 年 3 月，十三届全国人大一次会议通过宪法修正案和监察法，至此，监察委员会的宪法地位得以确立，标志中国特色国家监察体制初步形成。

然而，应然效力的发挥并不能自行产生现实的效能。国家专责监督机构的职能定位决定了监察委员会将严格履行监督、调查、处置的职权，而面对改革之后猛增的受监督群体，监察部门如何进行全方位的监督？如何依法行使调查权限以及配置的十二项具体措施？如何区别作出违纪违规、职务违法、职务犯罪的处置决定？要化解监察体制改革时下监察体制改革的困境，需要从职能定位和法律逻辑两个方面进行考量。

首先，从职能配置来看，监察委员会的首要职能是监督，而且是党内监督与国家监督的同向运行。《中华人民共和国监察法》（以下简称《监察法》）的内容逻辑体现了监察机关"对人监督"原则，将监督对象规定为所有行使公权力的公职人员，包括中国共产党机关，人民代表大会及其常务委员会机关，人民政府，监察委员会，人民法院，人民检察院，中国人民政治协商会议各级委员会机关，民主党派机关和工商业联合会机关的公务员，以及参照《中华人民共和国公务员法》管理的人员，法律、法规授权或者受国家机关依法委托管理公共事务的组织中从事公务的人员，国有企业管理人员，公办的教育、科研、文化、医疗卫生、体育等单位中从事管理的人员，基层群众性自治组织中从事管理的人员，以及其他依法履行公职的人员。面对如此大体量的监督对象，如何实现监督的有效性和全覆盖的问题是监察委员会面临的困境之一。同时，监察委员会专责监督的职能定位，如何处理与人大及其常委会的关系问题，面对人大代表的多重身份、多种职能时，哪些应该属于监察范围，而哪些不能由监察机关进行监督干预，都是监察委员会实践中非常棘手的难题。监察机关只有先实现内部职能的平衡，立足于监督这一首要职能，关注"关键领域"，紧盯"关键职能"，才能化解监察机构内部职能平衡配置的难题。

其次，从监察体制改革的法律逻辑来看，时下形成的以《监察法》为监察基本法的法治体系还不能满足现实实践的需要。监察体制改革是国家政权结构的再分配与再调整，不仅涉及新法的制定，还需要衔接并融入现存的法律体系。第五次宪法修正案解决了监察体制改革中的合宪性问题，《监察法》解决了监察机关权力行使的基本规范问题。《监察法》中明确了国家实现监察官制度，但是，至于监察官的任职资格、甄选程序、职能权限等具体如何实行的问题还未得到确认。此外，监察委员会的调查职能及其留置措施因其行使的强技术性和具有侵犯人权的风险而受到关注。法律问题需要通过法律途径来解决，国家反腐败改革要形成长效的制度效能并得到巩固，必须逐步明确监察委员会的权力边界，厘清监察机关与检察院在职务犯罪案件方面的证据互认与移交问题，明确监察机关与公安机关在使用国家强制力时的责任归属问题。同时，还必须逐步健全国家监察法治体系，为各级监察委员会在履职过程提供明确的法律依据与指导。

《国家监察体制改革的相关法律问题研究》一书由廖秀健、刘白、张静馨、王赛、李佳灿、刘莎莎、钟雪、雷浩伟等课题组成员共同合作完成。本书第一章从制度依赖的理论预设出发，对监察体制改革的历史沿革进行梳理，从中国古代监察史中理出从秦汉、隋唐、宋元乃至明清的监察制度从形成到完备的过程，再对民国时期北洋政府与国民政府时期的监察制度到新中国成立以来的监察制度逐一进行阐述，理出新时代监察体制改革的逻辑起点与改革进路。第二章对此次监察体制改革的宪法问题进行分析，从改革的历程分析中理出三个相关的宪法问题讨论，梳理出我国历史上的宪法修订沿革，进而提出修宪之后存在的法律问题。第三章聚焦于《监察法》的制定以及限度，对《监察法》从公开征求意见、二审稿、两会草案摘要，到最终《监察法》出台的发展历程进行梳理，阐明《监察法》适用的原则、范围、对象、职能及其权限，明确从监察全覆盖的边界、调查权的依法行使以及其自身的限度提出《监察法》适用性及其局限性。第四章通过分析监察体制改革中的相关法律衔接的问题，着重分析刑事法律的衔接问题与党内法规的衔接问题，前者涉及《刑事诉讼法》《人民检察院组织法》和《国际刑事司法协助法》的修订与制定问题，后者则涉及《中国共产党纪律处分条例》《中国共产党纪律检查机关监督执纪工作规则》《公职人员政务处分暂行规定》的修订问题。第五章选择以新加坡的廉政机构、欧盟的监察专员制度为分析对象，通过以其政治体制、机构设置、组织架构、廉政立法等方面为借鉴，用比较研究的视角来审视我国监察体制改革的不足。第六章对监察机关的组织结构与职能配置、职责履行的程序性规则、履职中的信访制度以及区县监察派出机构的地方实践等内容进行了实证考察分析。第七章对监察体制改革实践中的热点法律问题进行了分析与探讨，包括"监察分流"与"以罚代刑"的法律问题、"纪法过度融合"与"制约失衡"的法律问题、非法证据排除规则的适用现状及其法律问题、"重办案轻监督"监察体制改革对检察机关法律监督职能的影响等。第八章则从健全国家监察立法体系、完善监察委员会的运行机制、提升监察机关适用非法证据排除规则的规范性、完善监察委员会的职能运行机制、完善检察机关与监察机关之间的制约与监督关系等几个方面，提出了健全国家监察法治体系的建议与展望。

国家监察体制改革必然是我国政权结构更新的具有里程碑意义的创举，可谓"牵一发而动全身"。监察委员会作为新的国家机关，需要审视其与检察机关、立法机关、公安机关的关系，尤其是职能上的调整与衔接。监督权作为国家"第四权"的功能定位，决定了监察委员会是"刀刃向内"的国家对内自查自纠机关，这要求其职能定位首先需要得到宪法支持，尊重宪法权威；其次需要正视其与人大之间的关系，正视人大监督与自身监督之间的区别与联系；最后需要审视自身的权力边界，尤其是监察委在行使调查权及其十二项具体措施时需要谨慎，与检察机关和公安机关实现相互沟通、相互制约。

此次改革对我国公权力系统的科学化、规范化是一个新的考验和提升，各项立法、修法规划逐步推进，实践成果也在不断"出新"，但仍有体制性、根本性的问题需要我们去研究、去关注。改革只是手段，不是目的，只有立足于我们国家的政治社会现实，不断审视、完善我们的制度运行模式，才能形成具有中国特色的制度优势。

# 目　录
## CONTENTS

# 第一章

# 监察体制改革的背景与历史沿革

中华历史上下五千年，监察制度作为一项政治制度亘古通今，在对国家政权机关的运行及对其工作人员的监督、考察、检举等方面发挥巨大作用。自古以来，我国就设有监察官一职。据史料记载，秦朝为了加强官僚系统的相互制衡关系，正式设立了御史监察一职，自此就逐渐形成了以监察法、军、政为主，从中央至地方的层层监督和单线垂直的监察体系。① 作为具有中国特色的监察制度，当下进行得如火如荼得监察体制改革不仅是对我国现行政权结构的优化，还是对我国长久以来形成的监察文化的继承和延伸。习近平总书记在十八届中央政治局集体学习时曾提出："对古代的成功经验，我们要本着择其善者而从之、其不善者而去之的科学态度，牢记历史经验、牢记历史教训、牢记历史警示，为推进国家治理体系和治理能力现代化提供有益借鉴。"②

本章将通过梳理从秦、汉、唐、宋、元、明、清直至国民政府时期、新中国成立时期的我国监察制度演进史，为当下我国稳步推进的深化国家监察制度改革的实践提供有益借鉴。

## 一、我国古代监察史沿革

"权力导致腐败，绝对的权力导致绝对的腐败。"阶级社会中，统治阶级为了实现对国家政权的掌控，通过设立官职或专门机构的方式对行使国家公权力的人进行监督，以期实现稳定的政治秩序和社会秩序，进一步巩固政权，这就

---

① 柏桦. 中国政治制度史 [M]. 中国人民大学出版社，2011：371.
② 习近平强调：牢记历史经验历史教训历史警示为国家治理能力现代化提供有益借鉴 [J]. 中国领导科学，2015（01）：4-5.

是监察。

（一）秦汉时期——监察体系制度化的形成

秦朝是中国历史上第一个实现君主专制统一的国家，为了巩固政权，秦继承了春秋战国时期复杂化、专职化的国家权力结构，形成了以三公九卿制为特征的中央政府结构，正式设立了御史大夫一职，形成了御史监察的制度体系。汉承秦制，汉朝基本继承了秦朝的政权结构，在中央层面建立了以御史大夫为长官的监察机构，同时在地方层面进一步完善了对地方百官的监察，实现了汉朝的"监察全覆盖"。

1. 中央监察制度创建——秦朝御史监察制

三公九卿制是实现了春秋战国时期国家形态从割据到实现大一统的产物，其实质就是政权者实现中央集权的统治工具。"三公"，即丞相、太尉、御史大夫，分别掌管行政、军事、监察职能。在春秋战国时期形成的监察雏形的基础上，秦朝建立起以御史制度为核心的系统监察体系，其作为中央集权统治的组成部分，对文武百官实行监督。

御史府是专职监察的机关，御史大夫拥有国家最高检察权力，《汉书·百官表》有记："位上卿，银印青绶，掌副丞相。"所谓"银印青绶"，是古代仅次于"金印紫绶"的通过佩戴的官印所代表的官位级别的象征，可见御史大夫一职位居其重。一方面，御史大夫作为副丞相，不仅须日常辅助丞相处理政务、代皇帝起草诏令、受皇帝派遣出使，还要参与国家重要决策事项和政治活动，《全唐文·御史大夫厅壁记》中记载"议大政必下丞相御史"。另一方面，御史大夫作为国家最高专司监察职能的长官，直接对皇帝负责，担负监察和纠劾除皇帝外的所有文武百官的职责。因此，御史大夫也有"一人之下，万人之上"之说。

在秦朝形成的监察体制下，御史大夫是执掌监察权的最高权力者，其下设御有史中丞一职，其常驻皇宫，为御史大夫与皇帝之间的连接人，对下传授皇帝旨意，对上汇报文武百官及丞相情况。御史中丞之下，秦朝还设立侍御史15人，受命于御史中丞，除接受奏事，检举弹劾一定级别的官员（侍御史一般负责朝官）之外，还受命执行办案、镇压农民等事务，号称"绣衣直指"。① 监御

---

① 绣衣直指：是指皇帝特派的执法大员，官名，亦称"绣衣御史"。

史，或称监郡御史，是在地方设立的机构。秦在废除西周时期形成的分封制之后，实行郡县制，对地方的监察也转变为自上而下高度集权的御史监察制度，监御史，就是驻守在地方的巡察官员。在隶属性质上，因巡察官员无固定居所，监御史起初并不属于地方政府官员，而是直接对御史大夫负责，后来驻郡的御史逐渐有了固定居所，才演变成地方政权的一部分。《汉书·地理志》列举秦朝设三十六郡，郡之下设若干县，可考县数为 756 县。① 在监御史对地方事务行使监察的职能范围内，并不包括对县一级的行政事务及官员进行监察，其作为郡守行政权的一部分。

2. 地方监察制度的完善——汉朝刺史巡视监察制的建立

秦创立的监察制度虽然并未实现对皇帝本身和县一级行政事务的监察，但其对监察制度的创立具有承前启后的意义，既是对西周以来至春秋战国时期形成的监察雏形的继承和完善，又是为自秦以后中国两千多年的监察制度的发展奠定了基础。汉承秦制，汉朝在继承秦朝中央层面的御史监察制的基础之上，又发展出较为系统的地方监察体制——刺史制度。刺史制度的形成，出于秦朝监御史无法满足皇帝对地方郡守控制的制度需要，根本上依然是皇权专制深化的结果，在进一步加强汉朝中央政府对地方官吏的监察方面发挥了重要作用。

为了加强中央对地方的控制，实现皇权的专制统一和中央集权，汉武帝彻底变革了地方监察制度。西汉中期，公元前 106 年，汉武帝刘彻将全国分为十三个州部，实质为十三个监察区，与行政区无关，每州设立刺史一人，共设十三名刺史，巡行郡国，实现中央对地方郡守县令和诸侯王的监察，其官位直属中央，但低于郡守。

刺史制度是对监御史制的发展和创新，两者虽然都以监察地方行政事务为职，但秦朝的监御史制并不是专司监察的监察官，还担负其他职能。相比西汉时期的刺史，其在职能上则专职监察、巡视地方官员，每年八月巡行所部，对强宗豪右和地方官员进行监察，年末向御史中丞禀报，即"诸州常以八月巡行所部郡国，录囚徒，考殿最，岁末尽诣京都奏事"。② 虽在职位上位卑权重，但其由御史推荐、皇帝直接任命，以下级官监察上级官，颇具权威。

---

① 后晓荣. 秦代政区地理 [M]. 社会科学文献出版社, 2009.
② 范晔. 后汉书·百官志 [M]. 北京, 中华书局出版社, 2012.

　　汉朝在规范刺史巡察合法化以及进一步规范刺史监察行为上，成立了我国第一部地方性监察法规《监御史九条》，正式开启监察的法制化进程。此外，为了进一步明确刺史的监察职权，汉武帝颁布《刺史诏六条》使刺史作为专门的监察官，其职能更加专业化。这两部法规是汉朝制定的两部最重要的监察法。

　　《汉书·百官公卿表》中对《刺史诏六条》的主要内容作出描述："刺史班宣，周行郡国，省察治政，黜陟能否，断理冤狱，以六条问事，非条所问，即不省。"这就是汉武帝所提出的著名的"六条问事"，具体内容为：（1）强宗豪右，田宅逾制，其强凌弱，以众暴寡；（2）二千石不奉诏书，遵承典制，倍公向私，旁诏守利，侵渔百姓，聚敛为奸；（3）二千石不恤疑案，风厉杀人，怒则任刑，喜则淫赏，烦扰刻薄，剥截黎元，为百姓所疾，山崩石裂，妖祥讹言；（4）二千石选署不平，苟阿所爱，蔽贤宠顽；（5）二千石子弟恃怙荣势，请托所监；（6）二千石违公下比，阿附豪强。通行货赂，割损正令。短短六条内容，就对刺史巡察的范围、对象做出限定，不仅对刺史巡察官员与对象的权力和工作界限作出严格区分，也考虑到了巡察人员对权力的滥用。

　　汉代巡视监察制度较为准确地把握了巡视监察之范围与内容，严格区分了巡视监察主体与对象之权力界限与工作界限，防止巡视监察人员因权力界限不明晰而无法有效地行使权利，同时巡视内容之法定防止了巡视监察人员对权力之滥用，因此，汉代刺史巡视监察制度逐步开启了监察工作的制度化进程。①

　　刺史巡视监察制度以下级官员对上级官员的监察著称，以下察上严重违背了当时等级森严的封建统治思想。随着政治形势的不断变化，西汉末年，刺史职权不断扩大，对郡守的行政权构成威胁。汉成帝至汉光武帝时期，刺史的名称也经历了先改为"州牧"，再改回"刺史"的历程，其本质还是对刺史职权的权衡。东汉末年，刺史已经成为凌驾地方郡守之上的地方长官，其原本作为监察官的职权得到空前扩大。到汉灵帝时期，汉朝中央朝廷内忧外患，刺史一称又改为州牧，但并没能改变刺史职权的不断扩大，刺史甚至成为地方割据势力。

　　（二）隋唐时期——监察制度的成熟

　　魏晋南北朝时期，连年征战，分裂割据、朝代更迭，国家政权内忧外患，

---

① 陈兵. 论汉代巡视监察制度及当代价值［J］，知与行，2017（04）：30-34.

长期处于动荡之中。特任监察官，也就在这个时期出现了。所谓特任监察官，即脱离国家正统监察系统之外的，直接听命于君主的负责监察将军和皇族的官吏，如魏吴出现的校事、南朝的典签、北朝的侯官，都是在非常态政权结构下呈现出的时代产物。特任监察官因其高度依附于皇权，其监察方式也是采取的非传统的监察方式，缺乏基本的规范和制度约束，更多表现出一种特务政治的特征，[①] 很快就被历史淘汰了。

中国古代的监察制度影响深远，主要由御史制度和谏官制度构成，御史制度建立于秦汉，谏官的设置虽然在春秋战国之前都能追溯到渊源，但是真正受到统治者重视的则是从唐朝开始的。

1. 谏官制——唐代监察制的完善

唐朝谏官制度的发展建立在对封建君主专制的平衡和规范机制的基础上。御史监察重在监察百官，满足的是皇帝对国家政治官僚体系的监督和控制，谏官则重在对皇帝直言相劝，谏诤皇帝过失。

从西周开始，统治者为了防止君主因过失犯治理国家的大错就建立了谏官一职，经过漫长发展虽然保留下来了，但是并未形成职官体系，谏官制度长期处于变化状态，人员也随皇帝喜好飘忽不定，而且谏官通常责大权小，在官职体系中并无地位。唐朝建立了专门的谏官组织，一般左右分设，左属门下省，右属中书省，主要包括谏议大夫、左右补阙、左右拾遗以及散骑常侍。

唐朝的谏官制度主要进行了几个方面的大调整。第一，取消了名不副实的虚职，使唐朝谏官均权责明确，能更好地发挥其职责。第二，提高了谏官们的职级地位，这是与之前最大的不同。第三，唐朝历代君主均对谏议活动持支持态度，不仅重用谏官，虚心听言，以身作则，更开创了一种良好的政治风气。唐玄宗时期，谏议大夫可以不用通过宰相同意即可上书叙事，保障了谏官独立行使进言献策的独立性。所以说，在古代，谏官能否发挥作用，最终还是取决于皇帝的态度。

2. 御史台三院制——唐代监察体系的成熟

三省六部制初创于隋，完善于唐，是中国古代政治制度史上第二个高峰期（第一个高峰期是秦汉时期形成的三公九卿制）形成的中央政府机构模式。三省

---

① 中共甘肃省委宣传部. 中国廉政史话［M］. 甘肃文化出版社，2016.

分别是尚书省、中书省、门下省，其前身均为皇帝身边处理政务、管理尚书奏事和侍从的机构，后逐渐替代以相权为主的外朝势力，成为政府的权力中枢。发展至唐朝的三省六部制实现了三权分立，中书制法、门下审法、尚书执法，既实现了权力分化制衡、平衡军权，又达到集思广益、职权明确的目的。

　　唐初，在总结自汉以来监察权分散造成的矛盾的基础上，正式建立了一台三院的监察体制，唐玄宗时期制定了《监察六法》，监察范围涵盖百官，实现了监察法制的进步与创新。"一台"，即御史台，中央最高监察机构，御史台长官为御史大夫，沿用隋制，其下设两名御史中丞，《旧唐书》中记载："御史大夫之职，掌邦国刑宪典章之政令，以素正朝列。中丞为贰。"①

　　御史台之下设台院、殿院、察院。台院，设治书侍御史 6 人，主职为推、弹、公廨、杂事四项，负责"纠举百官，推鞫狱讼"，② 即弹劾、监察官员，上奏以及审讯案件，处理办公事务。其中"推"多为军事大案，经侍御史推勘之后在报秉皇上，又将其划分为东、西推两部分，东推主要处理京城诸司狱的案件，西推则受理地方道州府的狱讼。"弹"即弹劾要臣的违法行为，《唐六典·御史台》记载："大事则冠法冠，衣朱衣、曛裳、白纱中章以弹之，小事常服而已。"台院年长资深者又称为院长，不仅掌管御史台内部政务，还掌管"殿中、监察职掌"，有很大的权力，是晋升御史中丞的人才。侍御史的级别在监察体系中位居最高，台院是侍御史办公的场所。殿院，设殿中侍御史 6 人，此外还设令史 8 人，书令史 10 人。据《旧唐书·宣宗传》中记载："殿廷供奉之仪式，凡冬至、元正、大朝会，则具服升殿；若皇帝郊祀、巡幸，则于卤薄中纠案非违，则俱服于旌门，视其文物只有亏阙，则纠举之。"从史书记载中可知，殿察院在监察朝廷礼仪、百官仪态，维护皇室尊严方面发挥重要作用。察院为监察御史居所，源于秦朝监御史，唐武德初年，设监察御史 8 人，发展至贞观二十二年，增至 10 人。较台院侍御史和殿院的殿中侍御史，察院监察御史官阶最低，但权力范围最广，《通典·职官六》记载："职务繁杂，白司畏惧。"监察御史受皇帝派遣，负责监察南选、处决囚徒、祭祀、习射、分察尚书六司、知

---

　　① 刘昫. 旧唐书. 李素立传（卷 185）[M]. 北京，中华书局，1975.

　　② 何建章. 战国策注释（卷 26）[M]. 北京，中华书局，1999：974.

太府、司农出纳等各种活动。① 唐代皇帝祭天、祭祖、祭地甚至祭庙等活动均要派遣两名监察御史，负责整个祭奠过程是否符合祭祀礼仪。② 唐玄宗时期，监察御史还担负起"分察尚书六司，纠其过失"等职。

唐代一台三院制的形成已经基本呈现出职能分工明确、权责匹配的系统的监察制度体系，是对秦汉时期建立的御史制度的重要创新，有力地加强了皇权专制和中央集权，对后世的监察制度的发展有着深厚影响。

（三）宋元时期——监察制度的强化

宋元时期的监察制度组织更加完善，宋朝台谏合一的探索使监察权更加完整统一，元朝行御史台的创新，在多民族融合的政权统一的国家形势下不仅实现了监察集权，也完成了监察法制的重要进程。

1. 宋朝中央和地方一元监督体系的形成

宋朝时期的中央集权和皇权专制均达到了顶峰，御史大夫与谏官的职权逐渐趋于混同，台谏合一既是中央一元监察体系的完善，也是宋代监察体系的一个基本特征。

宋代监察系统的发展高度维护了君主官僚政体的运行，整个监察系统包括了四个子系统，在中央层面形成御史台与谏官趋同的中央监察体系，还有另一个中央监察系统——封驳；在地方层面通过路和通判实现对地方监察机构和专职监察人员的监察。

第一，宋朝第一个监察系统即以御史台和谏官为主的中央监察体系，所设职位包括御史大夫、御史中丞、侍御史、殿中侍御史、监察御史等监察官和散骑常侍、谏议大夫、司谏、正言、补阙、拾遗等谏官。台谏合一是从赋予御史台中所有御史言事之权开始的，言事一职逐渐成为御史台的职权之一，与谏官职权的界限越发模糊，此后，台官与谏官常被视为一类，一同言事，共察皇帝及大臣过失，发挥谏诤朝政的作用。台谏合一是监察权发展的必然趋势，宋朝以前，台官和谏官各自监察对象不同，隶属关系不同，监察方式不同，也是宋朝之前监察权未能实现完整和统一的原因。第二，官员监察制度，也就是班驳

---

① 刘昫. 旧唐书. 职官志（卷42）[M]. 北京，中华书局，1975：1783.

② 潘峙宇. 略论唐代御史台机构设置及其监察权 [J]. 地域文化研究，2018（04）：69-75.

系统。其监察对象主要是对皇帝诏令制作过程本身进行监督,其具体职权包括监察决策、审查朝廷政令的形成过程,如果事中认为其有不妥则可驳回,属于政策制定过程的监察,此外还对一定级别的官员信息资料进行审查和司法监督,对审判不合理的可依法驳回。此外,班驳对以台谏为主的中央监察第一系统也有监察的责任,① 担负对部分行政事务的监察,实现"自察",其独立性大大增强。第三,路级监察体系,路是直属于中央的一级监察区,也是中央监察地方的一个枢纽,在路一级建立监司,满足了对地方州县官吏的监察。第四,州级监察系统,宋朝的地方行政区划基本分为两级,县为一级,州(府)、军、监为一级,州是路与县之间的一个行政区划单位,在州级设立的监察官员称为通判。通判的监察范围从本州内州至县的所有官员,每年向尚书省禀报贪吏人数。通判是宋太祖设立的官职,目的在于强化中央对地方的控制。

2. 元朝强民族政治色彩下的监察网

元朝是我国历史上第一个由少数民族建立起来的国家政权,疆域之广是其他任何朝代所不能比拟的。元朝在历史上存在时间不长,在 1271 年忽必烈将"大蒙古"改为"大元",直至朱元璋 1368 年将政权推翻,仅存 97 年,但在实现监察立法上元朝作出了突出贡献。

元朝的监察体制基本沿袭唐宋的做法,主要包括中央和地方两个层面的监察系统。中央一层沿袭设置御史台的做法,确立台院、察院和殿中司三院制。台院设两名御史大夫,两名御史中丞,两名侍御史,两名治书御史。察院设 32 名监察御史。察院大致每年九月赴地方巡察,次年二月回归。御史台其与中书省、枢密院共同构成中枢三大官府。据历史考证,忽必烈曾将中书省和枢密院比做自己的左右手,直言御史台就是医治其左右手的,从此也足见御史台的作用还是很显著的。

元朝初创在中央监察系统与地方监察系统之间还建立了一个机构——行御史台,作为派出机构。作为中央御史台的派出机构,行御史台是连接中央监察机构御史台和地方监察机构素正廉访司的中间机构。行御史台的建立一是满足少数民族政权下的中央集权控制的需要,加强对非蒙古族的监控;二来则是监察纠违。

---

① 卿定文,童成帅. 宋代监察制度体系之借鉴 [J]. 知与行,2019(03):56-60.

元朝形成了详尽的中央监察法规和地方监察法规，《宪台格例》是御史台行使职权的基本法规依据，与《监察合形事件》《台察咨禀等事》《监察则官体察》等共同构成内台法规。①

总体来说，元朝的创新在于实现了在多民族国家通过设立行御史台的做法实现了中央集权，从某种程度上实现了内外制衡的效益，其贡献在于形成了以《宪台格例》《察司体察等例》《元典章》为主体的监察法体系，以法律形式使监察职能法制化。

（四）明清时期——中国古代监察的完备

明清时期是中国历史封建统治社会的末期，也是自明朝开始君主专制向极端化发展的开始。

明朝的政治制度改为内阁制，废除了中国历史上实行了一千多年的丞相制，一方面终止了君权与相权之争，将君主专政发挥到了极点；另一方面也制约了以相权为支撑的国家行政权力。1395 年，朱元璋诏告天下，废除丞相，设立五府、六部、都察院、通政司、大理寺等衙门分理国家事务，所有事务皆汇总至皇帝处。至此，朱元璋将此前宰相拥有的决策权把控在自己手中，将议政权分给内阁，行政权赋予六部。内阁制的建立，在根本上是为了加强皇权专制，实现皇权独大的目的，在预防权力腐败方面有显著的作用，但内阁制本身的运行呈现出不确定性，并未取得法定地位，而且其改变了中央行政权的结构和运行。

明清的监察制度一个重要特点即通过监察立法规范监察机构的活动。其中，《宪纲总例》集合了继汉、唐、宋、元以来的监察立法规范，对监察官的职权、地位、选用，以及职权形式的方式和程序作出详细规定。洪武二十六年（公元1393 年）前后，又制定了《诸司职掌》《宪纲总例》《纠劾官邪规定》《南京都察院事例》《六科给事中》总例及各科事例、《出巡事宜》及《巡抚六察》等监察法规。② 至清朝的《钦定台规》是中国古代历史上第一部以皇帝的名义颁布的监察法规，其被称为中国古代监察法律中最系统最完整的一部监察法规，它不仅保留了旧制的合理规定，同时不断创新，实体法和程序法的共存不但保障了监察机构的权利与义务，还对监察机构职权形式的具体过程做出详细规定。

---

① 　中共甘肃省委宣传部. 中国廉政史话［M］. 甘肃文化出版社，2016.
② 　张晋藩. 中国监察法制史稿［M］. 北京：商务印书馆，2007：15.

明朝都察院是国家最高监察机构，前身是御史台。都察院的建立，表明中央监察机构——御史台正式退出历史舞台，同时也是进一步加强中央集权的象征，明朝的皇帝集权专制发展到了顶峰。中央层面以都察院为中央监察机构，下属十三道监察御史，负责监察百官，同时在六部分设监察官，与六部一同被称为"七卿"。据《明史·职官志二》表述都察院的职能："纠劾百司，辨明冤枉，提督各道，为天子耳目风纪之司。凡大臣奸邪、小人构党、作威福乱政者，劾。凡百官猥茸贪冒坏官纪者，劾。凡学术不正、上书陈言变乱成宪、希进用者，劾。遇朝觐、考察，同吏部司贤否黜陟。大狱重囚会鞫于外朝，偕刑部、大理谳平之。其奉敕内地，拊循外地，各专其敕行事。"地方上明朝设立了三司制，即承宣布政使司、提刑按察使司、都指挥使司，本质为地方上的三权分立。其中承宣布政使司执掌地方行政，提刑按察使司执掌地方司法部门，与前者同为地方最高长官，都指挥使司为地方最高军事长官，三者互不隶属，直接向中央负责。

巡按御史制，相当于当下的巡视组。其下属于都察院的监察御史，但因其受皇帝差遣，权势极重。在出使巡按御史之前，一般由督察拟定两人，由皇帝挑选，行使职权时，巡按御史，甚至有权监察都御史。巡按御史在职权方面，一是考察、举劾官员，即监察、纠举、弹劾地方政府官员贪污违法等行为。明代考察文官为朝觐考察，考察武官则为军政考察。二是审录罪囚、处理词讼。巡按御史所到之处，必先审理疑案，发现问题需要核查清楚。

明清的主要监察机构还有一个，即六科给事中制。明太祖朱元璋废宰相，将相权分于吏、户、礼、兵、行、工六部，又恐部权过重威胁皇权，故设六科给事中以监察六部，成为直属皇帝的独立监察机构，除了担负前朝言官的职责以外，还有弹劾、纠举官员的权力。①此外，明朝著名的锦衣卫、东厂、西厂等，皆有监察检举的属性，但从性质上来说，其属于特务组织，也是明朝极端皇权维护的结果。

明清时期皇权的极端专制与中央高度集权都发展到了顶峰，由此对监察体制的影响，积极层面则是实现了历代监察法制的集大成之作，实现了监察体制

---

① 李俊丰. 明清时期监察制度和监察法之特点及其现代镜鉴意义［J］. 渤海大学学报（哲学社会科学版），2018，40（03）：48-52.

的完整化和系统化，消极层面则是导致监察官的权责不符，监察活动高度依赖皇权，同时产生了例如锦衣卫等非常态化的"特务监察"，监察效果稳定性差。监察主体的多元化以及其权力的不明确性、不专业性也导致了监察权与行政权之间的重合，最终明清的监察机关难逃沦为政治斗争工具的命运。

## 二、民国政府时期的监察制度

1911 年，以孙中山为首的革命者推翻清王朝，结束了中国两千多年的封建帝制。1912 年 1 月 1 日，南京临时政府成立，孙中山任临时大总统，宣布建立中华民国，实行民主共和制，同年 3 月 11 日，孙中山颁布《中华民国临时约法》，作为国家基本法。南北议和①之后，中华民国迁往北京，正式成为继清之后的国家政权，由袁世凯任临时大总统。民国政府分为北洋政府与南京国民政府时期，北洋政府指 1912 年至 1928，以袁世凯为首的晚清北洋军阀在政权中占据主导地位的中国政府，也是中国继封建帝制结束之后第一个被外认可的中国中央政府。北洋政府首任首脑袁世凯（统治时期 1912—1916）死后，北洋军阀分为三派——皖系、直系、奉系，政府体制也一直处于摇摆动荡状态，先后历经了内阁制、总统制、帝制再到内阁制的变动。北伐战争结束后，国民党 1928 年定都南京，成立国民政府。

（一）北洋政府时期的监察

孙中山在创立中华民国前期就曾多次提出"五权宪法"的说法，1906 年孙中山在日本与俄国社会革命党人提出："希望在中国实施共和政治，除立法、司法、行政三权之外，还有考选权和纠察权的五权分立的共和政治"，② 是将西方三权分立与中国历代的考举和监察相结合的近现代中国国家政权结构。

1914 年 3 月 31 日，以袁世凯为首的北洋政府公布了《平政院编制令》，设平政院，主管监察工作，"察理行政官吏之违法不正行为"。平政院直接隶属大总统，院长 1 人，属于民国初期高等文官的第一等，统领全院事务，不干涉官员对具体案件的审理。平政院设 3 个行政审判庭，每庭 5 人，庭长 1 人，执行行

---

① 南北议和：指辛亥革命时期以孙中山为代表的南方革命省和以袁世凯为代表的清政府军事派的谈判事件。

② 中国社会科学院近代史所. 孙中山全集［M］. 中华书局出版社，1981：319.

政审判职能。① 除此之外，平政院还设了一个机构——平政院总会议，非常设机构，一般讨论法令特别事项和院长指定的事项。②

为了保障国家政权的正常运转，平政院下设肃政厅，为国家最高行政公诉机关，长官由总统任命，直接隶属于大总统。肃政厅下设肃政史 16 名，设 1 人为都肃政史管理全厅事务，担负纠察所有行政官吏违法不端的行为，包括纠察弹劾各级官吏、各部总长、国务总理的贪污受贿、违法违宪、营私舞弊等行为，同时还负责监察平政院对行政案件的裁决。肃政厅在 1917 年就被废止了，仅存在了 3 年时间。

平政院设立之后，北洋政府先后于同年 5 月 17 日颁布《行政诉讼条例》、5 月 17 日颁布《诉愿条例》、6 月 9 日颁布了《平政院裁决执行条例》、7 月 20 日颁布了《行政诉讼法》、7 月 20 日颁布了《诉愿法》《纠弹法》等，分别对北洋政府时期行政诉讼的提起、审理、执行以及范围等均做出规定。在地方监察上，北洋政府在省和县之间设观察使署，设于本辖区巡防、警务队内，担负监察官吏的职能。③

北洋政府时期，军阀战乱，虽然设有平政院等监察机关，但难有其效。据曾在平政院工作的陈顾远回忆："平政院设于北平丰盛胡同，内分三庭，是个清闲机关，每年所收的案子不到十件，各方对其地位都不重视……平政院便有一个众人皆知的黑名'贫证院'。新来的几位评事，学问很多，却都不懂法律，案子分派某位评事主办，均以我对法律生疏，拒绝接收。"④

（二）国民政府时期的监察

国民政府在 1925—1948 年掌握国家政权期间，从最先成立于广州，随着北伐战争一路向北推进，到最终定都于南京，在抗日战争时期国民政府还以重庆为陪都，在其驻扎。

1925 年 7 月，广州国民政府公布《国民政府监察院组织法》，对监察机关的人员、职权及其行使方式均作出明确规定。同年 8 月，国民政府期间首个最高

---

① 江国华. 国家监察立法研究 [M]. 中国政法大学出版社，2018.

② 蔡云. 平政院与北洋时期的行政诉讼制度 [J]. 民国档案，2008（02）：57-60.

③ 柏桦. 中国政治制度史 [M]. 中国人民大学出版社，2011：383-384.

④ 吴庚. 行政法院裁判权之比较研究 [M]. 中国台湾：嘉新文化基金会，1967：18.

监察机关——监察部成立。1927年1月，北伐战争取得胜利，国民政府正式由广州迁至武汉。1927年4月12日，蒋介石发动政变，4月18日，以蒋介石为首的资产阶级反动政府在南京另立国民政府。

1928年，以蒋介石为首的南京国民政府为了适应其独裁的需要，颁布《国民政府组织法》，对监察院正式作出规定，设正副院长各1人、监察委员19至29人，由监察院院长提请，国民政府主席任免。监察院会议以监察院院长为会议主席，由监察委员共同组成。①

1928年6月，南京国民政府正式提出：以党统一，以党训政，培植宪政深厚之基；党之重心，必求完固，应有发动训政之全权，政府应负实行训政之全责；以无权制度作训政规模，期五权宪政最后之完成。② 同年9月，国民党二届五中全会召开，决定成立五院制国民政府。同年10月，国民政府颁布《中华民国国民政府组织法》和《训政纲领》，接着公布了《国民政府行政院、立法院、司法院、考试院、监察院组织法》。③ 1931年，南京国民政府监察院正式成立，立法、司法、行政、考试、监察五院正式形成。至此，国民政府的政权组织日趋完备。

《巡政纲领》和《中华民国国民政府组织法》正式提出监察权为五权之一，担负对国家机关行政官员的失职渎职以及违法行为。其职权包括：审计权，监察院下设审计部，监督行政部门的收支合法性；调查权，监察院行使弹劾、纠举、纠正、同意和审计等权力时，对官员的违法和失职行为进行调查；弹劾权，是监察院对一切公务人员，包括中央及地方公务人员、司法院与考试院人员、总统与副总统、公务员因违法或失职而提出控诉的权力；纠举权，监察院对违法或失职行为的公务员，提请其主管或其上级长官进行撤职或者行政处分；同意权，司法院院长、副院长、大法官，以及考试院院长、副院长和考试委员的任命，须经监察院同意后方能任命。④

从1931年至1932年，监察院共召开十九次会议，商议监察使制度的法

① 姜明安. 监察工作理论与实务 [M]. 中国法制出版社，2018.
② 杨幼炯. 近代中国立法史 [M]. 商务印书馆，1936：346.
③ 孔庆泰. 国民党政府政治制度史 [M]. 安徽教育出版社，1998：129.
④ 姚秀兰. 南京国民政府监察制度探析 [J]. 政法论丛，2012（02）：71-79.

规。① 1932 年，国民政府公布修订的《弹劾法》，第二条提出："监察委员对于公务员违法或失职之行为，应提出弹劾案于监察院。"② 为了保障监察委员会能够有行使弹劾权的独立性，国民政府制定《监察委员保障法》，对监察委员的职位、人身自由、人身安全、言论自由以及免责进行保障。但在抗战时期，国民政府规定未经惩戒机关作出处分决定的案件不对外公开，此后"弹劾权失去了许多光彩"，③ 弹劾也越发成为国民党内部打压异己的工具。1933 年 2 月 22 日，全国被划分为 14 个监察区，同年 2 月 25 日，国民政府向热河察哈尔绥远和山西陕西监察区特派监察使，行使监察权。④作为监察院的派出机构，每个监察区设 1 名监察使署，1 名监察使，有监察委员兼任，职权范围仅在本行政辖区内，负责纠举弹劾辖区内部的地方官员。

1927 年至 1937 年间，监察院的主要职责是弹劾、审计、调查、监试。1937 年至 1945 抗战时期，国民党内部制定《非常时期监察权行使暂行办法》，增加建议权和纠举权。⑤ 1946 年 12 月 25 日，国民党国民大会通过《中华民国宪法》。自此，南京国民政府进入"宪政时期"，监察职权包括弹劾、纠举、调查、审计、监试、同意等。

继承孙中山"党政分察"的思想，国民政府时期的监察系统包括两套：一是国民政府的监察院，设在中央；二是对国民党内部的监察，分中央、省、县、区四级监察组织。⑥

宪政时期，国民政府的监察权是最完整的，也是国民政府监察体制发展的顶峰时期。但南京国民政府监察权运行仅发挥的有限的监督作用，国内局势长期处于动荡，政权尚不稳固，加之以蒋介石为首的国民政府的阶级反动性质，在面对内部政权腐败溃化、外部战争动乱的形势下，监察权只是国民党为掌握政权、排除异己的工具，"不管制度、法制制定得如何美轮美奂，已经彻底腐败

---

① 中国第二历史档案馆编. 国民政府监察院公报 [M]. 档案出版社，1992.
② 夏新华. 近代中国宪政历史：史料荟萃 [M]. 中国政法大学出版社，2004.
③ 陈之迈. 中国政府（第二册）[M]. 商务印书馆，1947：246.
④ 中国社会科学院近代史所等编. 孙中山全集 [M]. 中华书局出版社，1981.
⑤ 郭相宏. 法律移植与制度惯性的冲突——以国民政府监察院之弹劾权为例 [J]. 山东科技大学学报（社会科学版），2017，19（03）：21-30.
⑥ 中国第二历史档案馆. 国民党政府政治制度档案史料选编（上册）[M]. 合肥：安徽教育出版社，1994.

的国民党，并不能因此而稍有起色"。① 1949 年，国民政府溃败，退居台湾。

### 三、1949—2012 年，我国监察制度的变革

新中国成立以来，我国监察体制包括两个部分，即执政党内部的纪律监察与国家的监察机关，二者共同承担起对党内部的党组织和党员与国家行政机关的检查、监督和处理。

#### （一）1949—1980 年探索重建期——党委领导制

1949 年 9 月 29 日，中国人民政治协商会议第一届全体会议通过了起临时宪法作用的《中国人民政治协商会议共同纲领》，其中第十九条提出："在县市以上的各级人民政府内，设人民监察机关，以监察各级国家机关和各种公务人员是否履行其职责，并纠举其中之违法失职的机关和人员。"此次会议上通过的法律还有《中华人民共和国中央人民政府组织法》，第十八条提出："政务院设政治法律委员会、财政经济委员会、文化教育委员会、人民监察委员会和下列各部、会、院、署、行，主持各该部门的国家行政事宜，人民监察委员会负责监察政府机关和公务人员是否履行其职责。"至此，隶属于国家行政系统的人民监察委员会正式成立。1954 年 4 月，监察对象进一步扩大，第三次全国监察会议决定在一些财经部门所属的企业重点试行中长铁路监察的工作，同时规定驻企业的监察机关受隶属财经部门的监察机关垂直领导。② 同年 9 月，国务院开展机构整合，人民监察委员会正式更名为监察部。1955 年，第四次全国监察工作会议上作出调整收缩各企事业单位的监察机关的决定，撤销了一部分中小企业和部分事业单位的监察机关，全国监察机关编制由监察部统一掌握。1956 年，全国各大企业的监察机关的领导体制发生变化，由所在单位和所隶属的上级部门的监察机关双重领导。1959 年，监察部被撤销，中央监察机构主责的行政监察工作正式由党的监察委员会接手，与各级党的监察委员会合并，各级政府自行决定处理。

监察权设置的主体多元化是新中国成立以来监察体制探索的特点之一。与国家监察职能紧密相关的是检察机关的反贪反渎职能。1949 年，隶属中央人民

---

① 徐矛. 中国民国政治制度史 ［M］. 上海人民出版社，1992：376.
② 韩晓武. 建国以来我国行政监察制度的发展变化 ［J］. 河北法学，1984（05）：37-39.

政府委员会的最高检察署成立，承担对国家公务员的贪污受贿和渎职侵权的法律监督工作。1954年，最高检察署更名为最高人民检察院，按照法律监督的职权进行了分工，设置一般监督厅，依旧负责反渎职侵权和反贪污贿赂工作。1962年，最高检进一步调整内设机构。

党内监察系统的建立是与国家监察系统共同开始进行的，1952年2月9日，中共中央发布《关于加强纪律检查工作的指示》，正式提出："各级党委的纪律检查委员会与各级人民监察委员会可酌情实行合署办公。"1953年，安徽率先试行省级纪律检查委员会和人民监察委员会合署办公，随后省内部分单位也开始尝试合署。① 1955年，中国共产党通过了《关于成立党的中央和地方监察委员会的决议》，决定选举中央监察委员会成员，对监察委员会的产生方式和领导体制作出改变，"党的各级监察委员会在各级党委指导下进行工作，党的上级监察委员会有权检查下级监察委员会工作，党的下级监察委员会应向上级监察委员会汇报工作。"② 纪检机关在以同级党委为主的领导体制下开始尝试转变。1956年，党的八大通过的中国共产党执政之后的第一部党章对监察委员会的领导体制再次作出规定："各级监察委员会在各级党委领导下工作。"③ 并对监察委员会上下级之间垂直领导关系做出部分规定。1962年9月，中共八届十中全会通过了《关于加强党的监察机关的决定》，再次强调党委对监委的领导地位。1963年，《中共中央监察委员会工作细则》正式发布，其规定："中央监察委员会在各中央局设常驻监察组，受中央监察委员会和各中央局的双重领导，以中央局领导为主。"④

（二）1978—2012年合署办公下的党政双重领导体制

党的十一大通过党章对党的纪律检查机关作出决定——纪律检查委员会成立，规定在中央和县级以上党委设立纪律检查机关，但并未对国家监察机关作

---

① 梅丽红. 建国以来党纪检监察体制的变革［J］. 党政论丛，2004（6）.

② 中共中央纪律检查委员会办公厅. 中国共产党党风廉政建设文献选编（第八卷）［M］. 北京，中国方正出版社，2001：55-56.

③ 中共中央纪律检查委员会办公厅. 中国共产党党风廉政建设文献选编（第八卷）［M］. 北京，中国方正出版社，2001：592.

④ 中共中央纪律检查委员会办公厅. 中国共产党党风廉政建设文献选编（第八卷）［M］. 北京，中国方正出版社，2001：530.

出指示。1978 年，党的十一届三中全会正式选举产生了以陈云为第一书记的中央纪委，党的各级纪检机构也相继成立。同年，在第五届全国人民代表大会的第一次会议上通过《中华人民共和国宪法》，规定在国家机构中设置人民检察院，随后，最高人民检察院成立，地方上也相继组建各级人民检察院。① 1979年 1 月，中央纪委全会通过了《中共中央纪律检查委员会关于工作任务、职权范围、机构设置的规定》，实行集体领导和分工负责相结合的制度，设办公厅、研究室、纪律检查室、案件审理室、来信来访室等，部分专职人员在中央纪委机关领导下工作，部分兼职人员配合所在地区或单位承担纪检监察工作，配合和承担由中央纪委交办的工作。② 同年 7 月 1 日《刑事诉讼法》正式通过，赋予人民检察院对贪污罪、渎职罪可以立案侦查、提起公诉的权力，同时也产生了检察机关对实现自身行使侦查权监督的有效性问题。③ 这个阶段党的纪检工作以"党委领导制"为主，随着 1982 年党的十二大召开，正式以党章的形式将纪委的领导体制实现了从党委领导为主向双重领导体制的转变，"党的中央纪律检查委员会在党的中央委员会领导下进行工作，党的地方各级纪律检查委员会在同级党的委员会和上级纪律检查委员会的双重领导下进行工作"。④ 同级党委侧重工作领导和部署，上级纪委则侧重案件的监察、批准以及提供帮助。

在逐渐恢复党的纪律检查机关的同时，国家也开始着手恢复行政监察。行政监察机关隶属于国家监察部、国家预防腐败总局、国家审计署及地方上相应行政监察机构。1987 年，监察部成立，内设办公厅、预防腐败室（国家预防腐败局办公室）、法规室、纠正部门和行业不正之风办公室、执法监察室、绩效管理监察室、信访室、外事局等 26 个职能厅，主管全国监察工作，对国务院各部门及其公务员、国务院及其各部门任命的其他人员和各省、自治区、直辖市人民政府及其领导人员实施监察。同年 8 月 15 日，国务院发布《国务院关于在县级以上地方各级人民政府设立行政监察机关的通知》，截至 1988 年底，省、市、

---

① 中共中央组织部，中共中央党史研究室，中央档案馆. 中国共产党组织史资料（附卷1）[M]. 中共党史出版社，2000：742.
② 王毅. 新中国成立后党的纪检监察制度的演变 [J]. 党史博览，2017（11）：10-14.
③ 刘计划. 侦查监督制度的中国模式及其改革 [J]. 中国法学，2014（01）：243-265.
④ 中共中央纪律检查委员会办公厅. 中国共产党党风廉政建设文献选编（第八卷）[M]. 北京，中国方正出版社，2001：655.

县三级地方监察机关先后组建完成。此外，国务院通过《国务院关于设置派出机构的批复》中对派出机构人员也作出规定："监察局和监察专员办公室受监察部和驻在部门双重领导。"① 1990 年，《中华人民共和国行政监察条例》颁布，这是中国历史上第一步规范行政监察制度的法规，为我国行政监察机构的设置、职权、管辖以及全方位的监察工作提供了法律依据。1997 年，《中华人民共和国行政监察法》正式通过，行政监察进一步实现法制化。2010 年，对《行政监察法》再次作出修改，进一步明确行政监察的对象、职权行使方式等内容。

在党政分开原则指导下，党政监察工作交叉难分，监督工作的重复、缺漏，行政监察的乏力、低效等问题难以解决。为了解决纪检委和监察部门机构重复、职能重叠等问题，1993 年，时任中央纪委书记、中国监察部部长的尉健行宣布，中央纪委、监察部开始实行"一套班子，两块牌子"的合署办公机制。至此，履行执纪、监督、问责职责的纪委和履行监督、调查、处置的监察部开始在执纪审查和执法调查上探索协同反腐路径。合署后，监察部仍隶属于行政序列，而纪委属于党的领导机构，同时受同级党委和上级纪委的领导，监察部和纪委虽然合署办公，但是地位并不对等。2004 年，时任中央纪律检查委员会的吴官正在中央纪委第二次全会上对纪检监察的派出机构作出指示，"积极稳妥开展对派出纪检监察机构实行统一管理的试点工作"，这是加强党内监察，完善纪检监察工作的重大进步。② 按照职能设计的逻辑，合署后的纪委监察部应该是监督权的主要行使部门，但我国党政机关的职权结构设计将党内监督权完全赋予纪委，并未将国家法定监督权完全赋予监察部，执法监督的主体分属于行政监察部、预防腐败局、检察院内部的职务犯罪调查等部门，国家法定监督权散而无力，监察部依法监督的职能趋向虚化。

这一阶段，通过合署办公整合党政关系仅是迈出了第一步，解决了职能重叠、机构冗余等表面问题，纪委、监察部的权力位阶仍然并不对等，尚未理顺党内监督与国家监督的职能分属和权责关系，由此造成了纪委监察部"一条腿粗一条腿细"的局面。国家法定监督权力分散无力，党内监督权支撑维持国家

---

① 张立军. 纪检监察组织建设教程［M］. 北京，中国方正出版社，2007：35.
② 纪亚光，刘占英. 关于党的监察制度建设问题［J］. 中共天津市委党校学报，2006（03）：22-25.

党政机构的监督运转，是纪委监察部探索合署办公以来实践产生的新问题。

### 四、十八大以来国家监察体制改革的逻辑起点与改革进路

#### （一）新时代对建立制度反腐体系的现实需求

制度建设是反腐败的根本性举措，其中制度的规范性与系统性建设则居于制度建设的首要位置。① 2012 年以来，在国家强力全面依法治国与全面从严治党的举措下，各种以权谋私、政商勾结、权钱交易等塌方式腐败浮出水面，我国现行的监督系统在面对如此隐蔽的大规模腐败时显得捉襟见肘，以纪委为主导，检察院为保障，行政监察机关等为补充的"三驾马车"式②的监察体制亟须变革。

时下我国拥有监督职能的主要包括行政监察机关、检察机关以及党的纪律检查委员会。首先，行政监察机关的职能范围囊括省、市、县的国家行政机关的公务员，对司法系统、立法系统行使国家公权力的工作人员并未构成任何有效的监督，对不在监督范围但仍掌握国家重要资源的人员留下了违纪违法的空间。同时，行政监督属于国家行政系统，对于人大、政协、司法机关等均缺乏监督的可操作性。其次，"在检察监督模式下，检察机关集侦查主体与侦查监督于一身，自侦监督沦为自我监督，本质上是同体监督"。③ 检察院的监察内容一是审查批准逮捕权，二是诉讼监督权，出于检察机关无法实现对自侦案件的有效监督，导致司法公信力受损。再次，以党的纪律检查机关为主的党内监察体系缺乏与国家法律为依据的监察的有效衔接，最直接的表现就在于党纪审查方式的合法性问题。在贪腐案件进入侦查起诉阶段，依据《刑诉法》中的非法证据排除原则，在"双规"期间通过非正常手段取得的大量证据被认为是非法证据予以排除，造成大量腐败案件未能得到应有的审判。最后，人大的监督限于会期制度难以发挥实效，监督权威性缺失。

行政监察、检察监察、纪委监察三者分属不同的系统，职能重叠、边界不

---

① 吴海红. 制度反腐与政党兴衰——基于国外一些长期执政政党的经验与教训 [J]. 当代世界与社会主义, 2014（03）：77-82.

② 秦前红. 困境、改革与出路：从"三驾马车"到国家监察——我国监察体系的宪制思考 [J]. 中国法律评论, 2017（01）：176-182.

③ 刘计划. 侦查监督制度的中国模式及其改革 [J]. 中国法学, 2014（01）：243-265.

清，执法标准、方式未能形成有效衔接，监察合力难以实现，反腐收效甚微。在国家治理体系与治理能力现代化的要求之下，"运动式反腐"已然不能满足国家反腐败建设的需要，只有"在由法律确立起来的制度框架内，全面而有效地设置权力的存在和监督权力的行使"，①才能实现腐败治理的制度化和结构性。

（二）监察体制的改革进路

2016 年 11 月 7 日，中共中央办公厅发布《关于在北京市、山西省、浙江省开展国家监察体制改革试点方案》，我国监察体制改革正式开始。2016 年 12 月 25 日，《全国人民代表大会常务委员会关于在北京市、山西省、浙江省开展国家监察体制试点工作的决定》正式通过，提出在试点地区设立监察委员会，行使监察职能权，将人民政府的监察厅（局）、预防腐败局及人民检察院查处贪污贿赂、失职渎职以及预防职务犯罪等部门的相关职能整合至监察委员会。在三省市的试点工作从体制机制、制度建设上为全国监察体制改革积累了经验。2017 年 10 月 23 日，中共中央办公厅印发《关于在全国各地推开国家监察体制改革试点方案》，将三地的试点经验在全国推开。截至 2018 年 2 月 25 日，全国各省、自治区、直辖市全部组建完成省、市、县监察委员会。至此，人员转隶、机构整合工作基本完成。2018 年 3 月 20 日，十三届全国人大一次会议通过了《中华人民共和国监察法》。

1. 监察权的独立性与权威性

时下改革已经进入深层攻坚期，涉及的重大政治体制即国家监察体制改革对我国根本的政治制度、权利结构格局以及其与其他法律之间的衔接、在宪法层面的合法性，都将牵一发而动全身。"民主政治的监察官应当是独立的"，②监察委员会的成立集合行政监察厅、预防腐败局及人民检察院查处贪污腐败的职能、失职渎职以及预防职务犯罪等部门的职能，从机构整合层面，监察委员会是国家专责行使监察权的国家机关，监察权也开始趋向集中、整合。2018 年 3 月 11 日，《中华人民共和国宪法》修正案通过，从宪法层面对监察委员会的定位予以肯定：国家行政机关、监察机关、审判机关、检察机关均由人民代表大会产生，监察权同行政权、司法权一同居于人民代表大会之下。由此，宪法

---

① 包玉秋. 反腐倡廉立法研究［M］. 中国社会科学出版社，2013：18-21.

② ［法］孟德斯鸠. 论法的精神（上）［M］. 张雁深译，商务印书馆，1961：53.

赋予监察委员会地位的权威性，机构设置赋予监察权行使的独立性，我国国家政权结构正式从"一府两院"转变为"一府一委两院"。

2. 监察权的集中统一与程序合法

监察委员会作为专责监督的国家机关，《监察法》赋予其谈话、询问、讯问、查询、冻结、调取、查封、扣押、搜查、勘验检查、鉴定和留置的权力，为监察委员会开展调查工作配备充足的手段。"有无正当的法律程序是法治与人治的根本区别。"① 留置被认为是监察委采取调查举措时最受争议的手段，有"双规"的合法化之说。中国古代监察制度的主要任务即整肃百僚、纠正官邸、弹劾非违、维持纲纪，通过"彰善瘅恶、激浊扬清"充分实现国家的职能②。秦汉时期初步形成的监察制度是我国古代政权结构的重要组成部分，不仅对维护和加强中央集权、稳定君主政权发挥了巨大的历史作用，而且"以古为鉴"，其中蕴含的权力制衡的思想对于当今的监察体制改革也大有裨益。从先秦、秦汉监察机构与监察法的初步形成，到魏晋南北朝时期随国家政权的动荡，监察机构发展的举步维艰，再到唐、宋、元时期监察体制的逐渐成熟，"一台三院"制的形成与监察法的细化，最后到中国封建帝制的终结阶段——明清时期的监察法典化形成。通过梳理中国历朝历代监察史的变迁，我们可以发现严密完善的监察制度、权威有力的监察手段、分权制衡的监察权设置是我国历史上惩治贪腐较为成功的治理经验。究其根源，从古至今的监察机构都是通过权力配置，防止公权力越位，以期实现权力间的相互制衡，最后实现维护社会稳定、优化国家治理的终极目标。时下的监察体制改革，更是遵循着宪法体制下权力制约的回归与发展。

---

① 吴传毅. 论正当法律程序的作用及其原则 [J]. 行政论坛，2008 (03)：59-62.
② 张晋藩. 中国监察体制改革的历史文化渊源 [J]. 人民法治，2018 (09)：66-67.

# 第二章

# 监察体制改革的宪法问题

　　国家监察体制改革实际上是中国宪法体制下监察制度传统的恢复和回归，是权力制约形式的新探索、新发展。① 作为一项重大政治体制改革，国家监察体制改革既重新配置了国家权力，形成新的民主结构，又重构了国家反腐败体制②，因此国家监察体制改革首先是一个宪法学的问题③。我国宪法学应重视对宪法的改革、发展与变迁的研究，以此来回应国家监察体制改革的现实挑战。对此，研究应回到更为宏观的层面，把国家监察体制改革视作一项宪法工程，遵循宪法工程的系统思维，在对其进行宪法设计时，必须面对具体的问题，解决具体的问题。④ 因此，本章将通过对国家监察体制改革的具体历程分析、学界对有关国家监察体制改革相关宪法问题的讨论、对我国宪法的历史沿革以及第五次宪法修正案具体内容的分析，来探讨国家监察体制改革中的宪法问题。希冀通过对上述内容的分析，为解决国家监察体制改革中的相关法律问题有所助益。

## 一、国家监察体制改革的历程分析

　　国家监察体制改革作为一项重大政治体制改革，从酝酿到全面铺开历经了数次调整。从改革的整体历程来看，大致经历了从党的主张到国家任务的转换流程，整体变迁可分为"酝酿改革—试点经验—全面铺开—构建总体框架—实

---

① 韩大元. 论国家监察体制改革中的若干宪法问题 [J]. 法学评论，2017 (3)：11-22.
② 秦前红. 困境、改革与出路：从"三驾马车"到国家监察——我国监察体系的宪制思考 [J]. 中国法律评论，2017 (1)：176-182.
③ 秦前红. 国家监察体制改革宪法设计中的若干问题思考 [J]. 探索，2017 (6)：31-39.
④ 李少文. 宪法工程：一种宪法学方法论 [J]. 法学评论，2017 (1)：36-45.

现治理效能"五个阶段，体现了中国特色社会主义的渐进式改革历程。为更加客观地描述国家监察体制改革的变迁历程，本节将以各阶段具有代表性的规范性文件加以阐述。

（一）《中共中央关于全面深化改革若干重大问题的决定》

2013 年 11 月 12 日中国共产党第十八届中央委员会第三次全体会议通过了《中共中央关于全面深化改革若干重大问题的决定》（以下简称《决定》），提出全面深化改革的总目标是"完善和发展中国特色社会主义制度，推进国家治理体系和治理能力现代化"。其第十章"强化权力运行制约和监督体系"中指出，要"坚持用制度管权管事管人，让人民监督权力，让权力在阳光下运行，是把权力关进制度笼子的根本之策"，提出要"健全惩治和预防腐败体系"。为此，其第三十六条提出了要"加强反腐败体制机制创新和制度保障"，"加强党对党风廉政建设和反腐败工作统一领导。改革党的纪律检查体制，健全反腐败领导体制和工作机制，改革和完善各级反腐败协调小组职能。"具体包括以下几个方面：

"落实党风廉政建设责任制，党委负主体责任，纪委负监督责任，制定实施切实可行的责任追究制度。各级纪委要履行协助党委加强党风建设和组织协调反腐败工作的职责，加强对同级党委特别是常委会成员的监督，更好发挥党内监督专门机关作用。

"推动党的纪律检查工作双重领导体制具体化、程序化、制度化，强化上级纪委对下级纪委的领导。查办腐败案件以上级纪委领导为主，线索处置和案件查办在向同级党委报告的同时必须向上级纪委报告。各级纪委书记、副书记的提名和考察以上级纪委会同组织部门为主。

"全面落实中央纪委向中央一级党和国家机关派驻纪检机构，实行统一名称、统一管理。派驻机构对派出机关负责，履行监督职责。改进中央和省区市巡视制度，做到对地方、部门、企事业单位全覆盖。

"健全反腐倡廉法规制度体系，完善惩治和预防腐败、防控廉政风险、防止利益冲突、领导干部报告个人有关事项、任职回避等方面法律法规，推行新提任领导干部有关事项公开制度试点。健全民主监督、法律监督、舆论监督机制，运用和规范互联网监督。"①

　　这体现了国家进一步健全和深化党风廉政建设和用制度和机制改革来惩治、预防腐败体系的决心，"坚持用制度管权管事管人，让人民监督权力，让权力在阳光下运行，是把权力关进制度笼子的根本之策。"的提出意味着反腐败体系将迎来制度化的重塑。为落实上述《决定》中第三十六条的内容，经中央批准，成立了党的纪律检查体制改革专项小组，以此来酝酿、准备和深化纪律检查领域的体制机制性变革。纪律检查体制改革专项小组作为中央全面深化改革六个专项小组之一单独设立，其主要职责是负责统筹协调、组织推进以下任务。

　　　　"一是加强和改进对主要领导干部行使权力的制约和监督，依法加强行政监察等工作。

　　　　"二是加强党对党风廉政建设和反腐败工作的领导，健全反腐败领导体制和工作机制。

　　　　"三是落实在党风廉政建设中党委的主体责任和纪委的监督责任。纪检监察机关要强化监督执纪问责，制定切实可行的责任追究制度。

　　　　"四是推动党的纪律检查工作双重领导体制具体化、程序化、制度化，强化上级纪委对下级纪委的领导。

　　　　"五是创造条件，加快落实中央纪委向中央一级党和国家机关派驻纪检机构，实行统一名称、统一管理。

　　　　"六是改进中央和省区市巡视制度，做到对地方、部门、企事业单位全覆盖。

　　　　"七是健全党风廉政建设法规制度体系，完善惩治和预防腐败、廉政风险防控等方面法规制度。"

　　从其职能可以看出，纪律检查体制改革专项小组将主要完成七大任务，一是改进行政监察的制约和监督；二是健全反腐败领导体制和工作机制；三是强化监督执纪问责；四是强化上级纪委对下级纪委的领导；五是落实派驻纪检机

----

①　中共中央关于全面深化改革若干重大问题的决定（2013 年 11 月 12 日中国共产党第十八届中央委员会第三次全体会议通过）[J]. 求是，2013（22）：3-18.

构；六是改进中央和省区市巡视制度；七是健全党风廉政建设法规制度体系。这七个方面涉及了监察、巡视、监督执纪以及体制机制和法规制度等，表明中央正在酝酿对现有的纪律检查体制进行全面、深刻的变革。党的十八大以后，虽然党中央把党风廉政建设和反腐败斗争提到新的高度，但与此同时，反腐败却面临着机构职能分散、难以形成合力和责任追究不够等问题，而要解决这些突出问题，必须依靠改革和制度创新。①

（二）《党的纪律检查体制改革实施方案》

在此背景下，为进一步落实《中共中央关于全面深化改革若干重大问题的决定》中第三十六条的内容，2014 年 6 月 30 日，中共中央政治局会议审议通过了《党的纪律检查体制改革实施方案》，意在立足纪检工作实际，解决突出问题，希望通过落实主体责任、监督责任和双重领导体制的具体化、程序化、制度化，为党风廉政建设和反腐败斗争提供体制机制的制度保障。这次会议中提出要"推动修订行政监察法"，希冀通过修法的途径来解决我国行政监察体制存在的问题。2014 年 10 月 23 日中国共产党第十八届中央委员会第四次全体会议通过了《关于全面推进依法治国若干重大问题的决定》，明确规定了："凡立法涉及重大体制和重大政策调整的，必须报党中央讨论决定。党中央向全国人大提出宪法修改建议，依照宪法规定的程序进行宪法修改。法律制定和修改的重大问题由全国人大常委会党组向党中央报告"。② 这为后续国家监察体制改革的路径奠定了顶层设计的法律基础。

2016 年 1 月 12 日，习近平总书记在十八届中央纪委六次全会上发表重要讲话，强调要坚持党对党风廉政建设和反腐败工作的统一领导，扩大监察范围，整合监察力量，健全国家监察组织架构，形成全面覆盖国家机关及其公务员的国家监察体系。2016 年 10 月 27 日，党的十八届六中全会公报发布，其中指出："各级党委应当支持和保证同级人大、政府、监察机关、司法机关等对国家机关

---

① 中共中央政治局召开会议审议通过《党的纪律检查体制改革实施方案》［J］. 中国纪检监察，2014（14）：4.

② 习近平. 关于《中共中央关于全面推进依法治国若干重大问题的决定》的说明［N］. 人民日报，2014-10-29（002）.

及公职人员依法进行监督。"① 这是首次在党的正式公报中将"监察机关"与"人大、政府、司法机关"等并列提出，意味着国家监察体制改革的序幕即将拉开。同时，在党的十八届六中全会上通过的《中国共产党党内监督条例》第三十七条也规定："各级党委应当支持和保证同级人大、政府、监察机关、司法机关等对国家机关及公职人员依法进行监督。"② 该规定首次以党内法规的形式将"监察机关"与"人大、政府、司法机关"并列提出，表明了"党规"对改革的引领作用，也预示着一场影响深远的改革即将到来。③

（三）《关于在北京市、山西省、浙江省开展国家监察体制改革试点方案》

在前期不断酝酿和调整的基础上，2016 年 11 月 7 日，中共中央办公厅正式印发《关于在北京市、山西省、浙江省开展国家监察体制改革试点方案》（以下简称《方案》），部署在 3 省市设立各级监察委员会，从体制机制、制度建设上先行先试、探索实践，为在全国推开积累经验。④ 从方案的内容来看，国家监察体制改革被定位为"事关全局的重大政治改革，是国家监察制度的顶层设计"，其目的是通过组织和制度创新来整合反腐败资源，实现"对行使公权力的公职人员监察全面覆盖扩大监察范围"，通过建立"党统一领导下的国家反腐败工作机构"，进而建立集中统一、权威高效的监察体系。

从试点《方案》的内容来看，北京市、山西省、浙江省的监察委员会将作为行使国家监察职能的专责机关，由省（市）人民代表大会产生。在机构整合上，首先进行的是将纪律检查委员会和监察委员会合署办公，此后还将逐步推进包括建立组织架构、明确职能职责以及建立监察委员会与司法机关的协调衔接机制等在内的深化改革。为使改革得以顺利推进，中央和试点地区还将成立

---

① 中国共产党第十八届中央委员会第六次全体会议公报 [J]. 中国纪检监察，2016（21）：4-7.

② 习近平. 关于《关于新形势下党内政治生活的若干准则》和《中国共产党党内监督条例》的说明 [J]. 党建，2016（11）：9-13.

③ 杨建顺. 国家监察体制改革十大课题 [J]. 中国法律评论，2017（6）：56-79.

④ 李建国. 关于《全国人民代表大会常务委员会关于在北京市、山西省、浙江省开展国家监察体制改革试点工作的决定（草案）》的说明——2016 年 12 月 19 日在第十二届全国人民代表大会常务委员会第二十五次会议上 [J]. 中华人民共和国全国人民代表大会常务委员会公报，2017（01）：51-53.

深化监察体制改革试点工作领导小组，对试点工作进行指导、协调和服务。

（四）《关于在北京市、山西省、浙江省开展国家监察体制改革试点工作的决定》

为进一步落实和法律化中共中央办公厅的试点《方案》，2016 年 12 月 25 日，第十二届全国人民代表大会常务委员会第二十五次会议通过了《关于在北京市、山西省、浙江省开展国家监察体制改革试点工作的决定》（以下简称《决定》），其目的在于通过人大的法律性程序，进一步推进党中央确定的《关于在北京市、山西省、浙江省开展国家监察体制改革试点方案》，为监察体制改革提供合法性支撑。

根据《决定》的内容，监察体制改革的试点范围是"北京市、山西省、浙江省及所辖县、市、市辖区"，监察委员会的具体组成是由试点地区"人民政府的监察厅（局）、预防腐败局及人民检察院查处贪污贿赂、失职渎职以及预防职务犯罪"等部门的相关职能整合组成，监察委员会行使的职权是监察权。在监察委员会的产生程序上，《决定》指出，试点地区监察委员会将由"本级人民代表大会产生"；在监察委员会的人员任命上，监察委员会主任将由"本级人民代表大会选举产生"，监察委员会副主任、委员，将由"监察委员会主任提请本级人民代表大会常务委员会任免"；在领导和监督方式上，监察委员会"对本级人民代表大会及其常务委员会和上一级监察委员会负责，并接受监督"。① 上述内容可以看出，从权力制约与监督的关系来看，虽然监察委员会是由多部门组建而成，但由于监察委员会仅对本级人民代表大会及其常务委员会和上一级监察委员会负责，其本质仍是一个新的、独立的国家机关。监察委员会在国家权力结构中，将同人民政府、人民检察院和人民法院一样都由人民代表大会产生。监察委员会的出现将打破现有人大之下"一府两院"的国家权力结构，形成"一府一委两院"的国家权力结构，同时，监察委员会行使的权力也将不同于人民政府的行政权和人民检察院、人民法院的司法权，是一种新的、独立的权力——监察权。

---

① 李建国. 关于《全国人民代表大会常务委员会关于在北京市、山西省、浙江省开展国家监察体制改革试点工作的决定（草案）》的说明——2016 年 12 月 19 日在第十二届全国人民代表大会常务委员会第二十五次会议上 [J]. 中华人民共和国全国人民代表大会常务委员会公报，2017（01）：51-53.

在监察委员会的具体职权上，根据《决定》的内容，监察委员会将拥有对"本地区所有行使公权力的公职人员依法实施监察"的监察权，主要履行"监督、调查、处置"三项基本职责。监督，主要是指公职人员的"依法履职、秉公用权、廉洁从政以及道德操守情况"；调查，主要是指对公职人员涉嫌"贪污贿赂、滥用职权、玩忽职守、权力寻租、利益输送、徇私舞弊以及浪费国家资财"等职务违法和职务犯罪行为进行查证核实；处置，主要是指对上述行为作出党纪、政纪的"处置决定"以及对"涉嫌职务犯罪的，移送检察机关依法提起公诉"。为履行上述职权，监察委员会可以采取包括"谈话、讯问、询问、查询、冻结、调取、查封、扣押、搜查、勘验检查、鉴定、留置"等具体措施。

在相关法律的调整方面，由于监察体制改革是涉及多部门、全方位、事关全局的重大政治体制改革，为建立一个"集中统一、权威高效的监察体系"，保障整个监察的运行机制得以畅通，必须再做出相应的法律调整。根据《决定》的内容，在北京市、山西省和浙江省将"暂时调整或者暂时停止适用《中华人民共和国行政监察法》《中华人民共和国刑事诉讼法》第三条、第十八条、第一百四十八条以及第二编第二章第十一节关于检察机关对直接受理的案件进行侦查的有关规定，《中华人民共和国人民检察院组织法》第五条第二项，《中华人民共和国检察官法》第六条第三项，《中华人民共和国地方各级人民代表大会和地方各级人民政府组织法》第五十九条第五项关于县级以上的地方各级人民政府管理本行政区域内的监察工作的规定。其他法律中规定由行政监察机关行使的监察职责，一并调整由监察委员会行使"①。从《决定》调整的具体法律条款内容可以看出，国家监察体制改革的下一步将涉及相关法律的制定和修改，包括制定《国家监察法》、修改《中华人民共和国刑事诉讼法》《中华人民共和国人民检察院组织法》《中华人民共和国检察官法》和《中华人民共和国地方各级人民代表大会和地方各级人民政府组织法》等相关内容。此后，2017 年 1 月18 日，山西成立全国第一个省级监察委员会，2017 年 1 月 20 日，北京市监察委员会成立，同日，浙江省监察委员会成立。2017 年 3 月 17 日，杭州市上城区监察委对杭州市某机关下属工作人员采取留置措施，实现了监察体制改革以来首

---

① 全国人大常委会关于在北京市、山西省、浙江省开展国家监察体制改革试点工作的决定 [J]. 中国人大，2017（01）：4.

次留置措施的行使。与此同时，2017 年 6 月底，第十二届全国人大常委会第二十八次会议首次审议监察法草案，将行政监察法修改为国家监察法，以立法形式将实践证明行之有效的做法和经验上升为法律。

（五）《关于在全国各地推开国家监察体制改革试点方案》

在北京市、山西省、浙江省三地试点日益成熟的基础上，国家监察体制改革开始寻求从试点向全国铺开的解决方案。2017 年 10 月 18 日，党的十九大报告继续对国家监察体制改革提出了两点要求：一是要继续深化国家监察体制改革，"将试点工作在全国推开，组建国家、省、市、县监察委员会"，进而实现对所有行使公权力的公职人员监察全覆盖，这意味着监察体制改革将在前期试点的基础上进一步向纵深发展，由点及面地向全国展开；二是提出要"制定国家监察法，依法赋予监察委员会职责权限和调查手段，用留置取代'双规'措施"，这一要求意味着国家监察体制改革将在宪法和专门法的框架范围内依法展开，体现了依法治国的精神。①

为完成十九大报告中提出的任务，推动全面从严治党向纵深发展，2017 年 10 月 29 日，中共中央办公厅印发了《关于在全国各地推开国家监察体制改革试点方案》（以下简称《方案》），部署在全国范围内深化国家监察体制改革的探索实践，完成省、市、县三级监察委员会组建工作，实现对所有行使公权力的公职人员监察全覆盖。根据《方案》的内容，除北京市、山西省、浙江省继续深化改革试点以外，其他 28 个省（自治区、直辖市）需设立省、市、县三级监察委员会，各级监察委员会将在 2017 年底和 2018 年初召开的人民代表大会上分别产生，从而"使改革与地方人大换届工作紧密衔接"。此外，各省、市、县所产生的监察委员会需进一步"完成相关机构、职能、人员转隶，明确监察委员会职能职责，赋予惩治腐败、调查职务违法犯罪行为的权限手段，建立与执法机关、司法机关的协调衔接机制"等任务。② 为保障《方案》得以依法顺利开展，2017 年 11 月 4 日，第十二届全国人大常委会第三十次会议审议通过《关

---

① 习近平. 决胜全面建成小康社会 夺取新时代中国特色社会主义伟大胜利——在中国共产党第十九次全国代表大会上的报告 [J]. 党建，2017（11）：15-34.

② 全国人民代表大会常务委员会关于在全国各地推开国家监察体制改革试点工作的决定 [J]. 中华人民共和国全国人民代表大会常务委员会公报，2017（06）：951.

于在全国各地推开国家监察体制改革试点工作的决定》（以下简称《决定》），以此对《方案》的内容和涉及的相关法律问题进行了进一步细化和明确。《决定》的具体内容涉及了监察委员会的组成、产生方式、职权、履职方式和相关法律适用等问题，在具体规定上同《关于在北京市、山西省、浙江省开展国家监察体制改革试点工作的决定》的内容保持一致。2017 年 11 月 5 日，国家监察体制改革试点工作在全国各地正式推开，至此，全国范围内的国家监察体制改革正式拉开序幕。2017 年 11 月 7 日，中华人民共和国监察法（草案）开始面向社会征求意见。

（六）国家监察体制的法规制度总体框架

国家监察体制改革在全国推开后，仍面临着相关法律的修改和制定问题，在监察委员会的内设机构、人员融合、措施使用和制度建设方面仍需进行整体框架的进一步确定。为此，2018 年 2 月 28 日，党的十九届三中全会审议通过了《中共中央关于深化党和国家机构改革的决定》和《深化党和国家机构改革方案》①。要求推进党的纪律检查体制和国家监察体制改革，健全党和国家监督体系，并进一步提出组建国家监察委等改革任务。为使国家监察体制改革获得宪法依据，2018 年 3 月 11 日，十三届全国人大一次会议第三次全体会议表决通过了宪法修正案，共计对我国现行宪法作出 21 条修改，其中 11 条同设立监察委员会有关，从宪法上确立了监察委员会作为国家机构的宪法地位，其内容主要涉及国家监察委员会和地方各级监察委员会的性质、地位、名称、人员组成、任期任届、领导体制、工作机制等。② 为适应宪法修正案的调整内容，2018 年 3 月 17 日，十三届全国人大一次会议通过《关于批准国务院机构改革方案的决定》，根据方案的内容，改革后监察部、国家预防腐败局并入监察委员会。2018 年 3 月 20 日第十三届全国人民代表大会第一次会议通过《中华人民共和国监察法》，共计九章 69 条内容，这对推进全面依法治国，在法治的轨道上深入开展反腐败工作具有重大意义。2018 年 8 月，中共中央印发修订后的《中国共产党纪律处分条例》，结合深化国家监察体制改革，新修订的条例总则完善了纪法衔

---

① 中共中央印发《深化党和国家机构改革方案》[N]. 人民日报，2018-03-22（001）.
② 中华人民共和国宪法 [N]. 人民日报，2018-03-22（001）.

接条款。① 2018 年 8 月 24 日，中央纪委国家监察委引发《国家监察委员会特约监察员工作办法》，对国家监委特约监察员的聘请范围、任职条件、聘请程序及任期、工作职责、权利义务和履职保障等内容做出了规定，以发挥特约监察员参谋咨询、桥梁纽带和舆论引导等作用。② 2018 年 10 月 26 日，十三届全国人大常委会第六次会议表决通过了关于修改《中华人民共和国刑事诉讼法》的决定，以此来对接监察委员会的职权和调整人民检察院与监察委员会的关系③。2018 年 10 月 30 日，中共中央办公厅印发《关于深化中央纪委国家监委派驻机构改革的意见》，在巩固党的十八大以来派驻监督成效的基础上，进一步完善派驻监督体制机制，赋予派驻机构监察职能，深化转职能、转方式、转作风，把制度优势转化为治理效能。2019 年 1 月 11 日，十九届中央纪委三次全会将"切实把制度优势转化为治理效能"列为 2019 年主要任务。至此，国家监察体制改革正式从酝酿、试点、铺开、制度框架构建开始向追求治理效能的转变。

**二、有关国家监察体制改革相关宪法问题的讨论**

作为重大政治体制改革的国家监察体制改革，是近年来法学界最为关注的法律问题，在第五次宪法修正案前，学界曾围绕国家监察体制改革的相关宪法问题进行了大量的讨论和分析，其内容主要涉及监察体制改革是否应该修改宪法，监察委员会的设立程序是否存在程序瑕疵以及监察体制改革的修宪边界等内容而展开讨论。本节内容主要梳理了学界对有关国家监察体制改革相关宪法问题讨论的不同观点，通过对不同观点的内容及其论证依据的分析，来探讨和呈现作为重大政治体制改革的复杂性、困难性和多维性特点。

（一）学界讨论一：监察体制改革与修宪

国家监察体制改革的整体历程大致经历了从党的主张到国家任务的转换流程，从中共中央办公厅的试点《方案》再到全国人民代表大会常务委员会的试点《决定》。由于涉及新的国家机构的产生和国家权力结构的重新配置，国家监

---

① 刘卫东，王建华. 党的纪律建设的制度创新经验——基于四版《中国共产党纪律处分条例》的制定与完善［J］. 理论探索，2019（04）：50-57.

② 国家监察委员会特约监察员工作办法［J］. 中国纪检监察，2018（17）：59.

③ 全国人民代表大会常务委员会关于修改《中华人民共和国刑事诉讼法》的决定［J］. 中华人民共和国全国人民代表大会常务委员会公报，2018（06）：688-726.

察体制改革首先面临的便是是否具有宪法依据的问题，也即是否应该修改宪法的问题。关于创设监察委员会是否需要修宪的问题上，学界存在不同观点。有观点认为，依据宪法，全国人大闭会期间，全国人大常委会可以行使全国人大的权力，包括作出设立国家监察委员会的决定。但有学者认为，全国人大常委会作为全国人大的常设机关，只能行使宪法列举的职权，不能行使全国人大的全部权力，《宪法》第六十七条规定了全国人大常委会行使 21 项职权，无法推导出授权开展国家监察体制改革的相关内容（杨建顺，2017），因此全国人大常委会既不能行使修改宪法的权力（韩大元，2017），也不能为新设国家机关提供宪法依据。① 那么从全国人大的职权中是否可以导出国家监察体制改革的依据？有观点认为，国家监察体制改革的合法性和正当性要求，只需由全国人大通过"国家监察法"等基本法律就能满足，因为宪法第六十二条第三款规定了全国人大"制定和修改刑事、民事、国家机构的和其他的基本法律"。也有观点认为，若单从宪法第六十三条第三款的宽泛性规定来看，全国人大确实有职权制定有关监察委员会的基本法律，但这仅限于宪法上已经列举的国家机关（杨建顺，2017），不能涉及宪法上没有规定的国家机关②。而监察委员会的设立将改变国家政权组织形式，即人民代表大会制度的基本内涵，而这是"宪法保留"的项目，因此必须有明确的宪法规定（秦前红，2017），才能在此基础上进行相关的基本法制定③。其第十五项虽为"兜底条款"，但也应限于全国人大行使宪法上没有具体列举的职权，并只限于立法权范围，而不能直接涉及修宪权范围（韩大元，2017）。

从国家的权力结构角度看，有学者认为国家监察委员会的设立使其在组织和职权上拥有了独立性，这将打破人大之下的"一府两院"四元权力结构，形成人大之下的"一府一委两院"新的五元结构④（林彦，2017），因此必须通过修宪来确定监察委员会在国家权力结构中的宪法地位。从我国人民代表大会制度的核心内容和制度基石的角度来看，有学者认为监察委员会的设立将对宪法

---

① 韩大元. 论国家监察体制改革中的若干宪法问题［J］. 法学评论，2017（3）：11–22.

② 杨建顺. 国家监察体制改革十大课题［J］. 中国法律评论，2017（6）：56–79.

③ 秦前红. 国家监察体制改革宪法设计中的若干问题思考［J］. 探索，2017（6）：31–39.

④ 林彦. 从"一府两院"制的四元结构论国家监察体制改革的合宪性路径［J］. 法学评论，2017（3）：163–166.

确立的人民代表大会制度、监督体系、公民权力和国家机构等产生影响①。所以，为适应国家监察体制改革，应当适时修改宪法，确认监察委员会的宪法地位（杨建顺，2017），并对相关制度机制作出调整。这既是《关于全面推进依法治国若干重大问题的决定》中所要求的"重大改革于法有据"的精神体现，也是降低改革中的各种风险，确保改革的合法性与合宪性基础的法治原则（韩大元，2017），因此，国家监察体制改革应当由全国人大修宪来提供宪法依据。②监察委员会是一个新的国家机构，既然在国家机构体系中与政府、法院、检察院处于并列地位，就应在修宪时作专节规定。③

（二）学界讨论二：监察委员会设立的程序

作为重大政治体制改革的国家监察体制改革，在党中央顶层设计的基础上，先后经历从中共中央办公厅在北京市、山西省和浙江省的试点《方案》到全国人民代表大会常务委员会在北京市、山西省和浙江省的试点《决定》，再从中共中央办公厅在全国各地推开国家监察体制改革的试点《方案》到全国人大常委会在全国各地推开国家监察体制改革的试点《决定》的变迁历程，这引发了学者关于监察委员会设立程序是否具有程序瑕疵问题的讨论。

有学者认为，国家监察体制改革的全程法律需求状况可区分为三个发展阶段：改革试点预备阶段、改革试点实施阶段和全面铺开阶段（童之伟，2016）。这三个阶段虽时间相继，但对法律根据需求强度有着显著差异。从现有改革的历程来看，"改革试点预备阶段的相关行为都处于宪法法律的范围内，改革试点预备阶段需要采取的措施在宪法方面没有明显障碍"。但国家监察体制改革试点应在其预备阶段获得最高权力机关的授权，得到这项授权可以赋予整个改革试点过程以宪法正当性（童之伟，2016）。改革试点实施阶段虽涉及新的地方国家机关类型，应当预先完成相应的宪法层次法源的创制，但基于中国的具体情况和许多法治国家部奉行的"法律合宪性解释"原则，从宪法上看只要对全国人民代表大会关于监察体制改革试点的授权做"合宪法律理解"，就完全可以替代在改革试点实施阶段落实具体改革行为所需的宪法根据和法律根据。"在国家监

① 李忠. 国家监察体制改革与宪法再造 [J]. 环球法律评论，2017（2）：83-92.
② 韩大元. 论国家监察体制改革中的若干宪法问题 [J]. 法学评论，2017（3）：11-22.
③ 陈光中. 关于我国监察体制改革的几点看法 [J]. 环球法律评论，2017（2）：15-117.

察体制改革全面推开阶段则需要完整意义上的宪法根据",按照宪法和建设法治国家的要求,要形成新的国家机构和权力结构,绝对不可以没有相应的宪法根据。① 也有观点认为由于现行宪法文本并不存在设立监察委员会的条款,故欲设立新的国家机关便涉及人民代表大会制度和宪法的根本的问题,应当在修宪的基础上推开(焦洪昌,叶远涛,2017)。② "即便只是进行改革试点,也应当由全国人大作出改革试点的决定"(杨建顺,2017)。而在全国范围内作为一项基本制度"设立国家监察机关",则必须通过修宪才行。③ 而修宪的内容和规模应采取"中修"的模式并辅之以详尽立法(秦前红,2017)。④ 然从国家监察体制改革试点工作来看,试点工作缺乏修改宪法的基础,也没有在全国人大授权的背景下推开,虽然试点工作的阶段性成果值得肯定,也应当在事后进行相应程序瑕疵的治愈,尽快启动修宪程序及相关法规范的修改和制定程序,为监察体制改革提供具体推进的程序保障。

### (三)学界讨论三:监察体制改革的宪法限度

国家监察体制改革的目标是要实现监察全面覆盖,但在法律上则应对这一权力实行必要的限制,即必须恪守相当的法律限度,尊重权力机关的宪法地位,尊重民主集中制原则、议会自律原则以及恪守审判独立等宪法原则。监察全覆盖的宪法限度首先面临的问题便是如何监督人大。在理论上,监察委可以实现对人大工作人员的监督,但不能监督人大代表,否则无法保障人大代表的言论保障权、人身特殊保护权(秦前红,2017)。然而我国的人大代表绝大多数是兼职人大代表,如果不许监督人大代表,就意味着无法实现监察全覆盖,这是监察全覆盖需要回应的问题。有学者认为,人大代表不能简单地被视为公职人员,应建立特殊的惩戒制度来予以处理(秦前红,2018),在对人大代表涉嫌职务犯罪采取监察留置措施时,必须恪守宪法、组织法规定的对人大代表的特殊保护法律程序。此外,监察全覆盖还涉及是否需要以及如何覆盖基层民主自治组织、如何处理监察机关与政协、司法机关的关系等问题。

---

① 童之伟. 将监察体制改革纳入法治轨道之方略 [J]. 法学, 2016 (12): 3-13.

② 焦洪昌, 叶远涛. 论国家监察体制改革的修宪保障 [J]. 北京行政学院学报, 2017 (3): 10-16.

③ 杨建顺. 国家监察体制改革十大课题 [J]. 中国法律评论, 2017 (6): 56-79.

④ 秦前红. 国家监察体制改革宪法设计中的若干问题思考 [J]. 探索, 2017 (6): 31-39.

其次，国家监察体制改革的宪法限度还涉及监察权的行使问题，可以说整个国家监察体制改革里最让社会聚焦的问题是有关监察权的行使问题。对这一问题讨论的起点便是有关调查权的权力性质。因为对权力性质的界定关系到权力的属性定位、刑事诉讼法以及律师介入等问题。有学者认为调查权涉及犯罪调查时要定位在刑事犯罪领域（秦前红，2017），否则会带来人权问题。也有学者建议在试点以及正式修法时，不应将一般调查和特殊调查（职务犯罪的调查，"实为刑事侦查"）完全混同，而应当予以必要的区分（陈光中，2017），监察委员会对于涉嫌犯罪的调查同公安机关的侦查在性质上应该是一样的。① 为限制监察委的权力行使，需要构建监察委与其他国家机关的制约与监督关系。有学者认为，在刑事诉讼中，监察委员会和检察机关的关系属于分工负责、互相配合、互相制约的关系（陈光中，2017），不得因此违规干预检察院和法院依法独立行使职权。在权力的特点上，由于监察委既行使部分侦查权，具有一定的司法权属性，又存在党政合署办公的权力统合，这使得党权与行政权、部分司法权结合在一起，使权力行使更具有强势性（韩大元，2017）。因此，对监察委权力的制约除了需从理念、已有制度资源与建立新机制等几个方面加以限制外，还应真正落实依宪治国、依宪执政的原则。

最后，国家监察体制改革的宪法限度还体现在对监察机关命名的讨论上，因为命名的不同将直接关系到机构的属性及权力配置问题。在监察机关性质的宪法设计上，有学者认为监察机关的命名应为"人民监察委员会"而非"国家监察委员会"（秦前红，2017），国家机关冠以"人民"字样既符合新中国的政治传统，也彰显国家机关的人民性。然也有学者认为，监察委员会称为"国家监察委员会"比"人民监察委员会"妥当（焦洪昌，叶远涛，2017）。命名为"国家监察委员会"区别于"人民政府、人民检察院、人民法院"，更能突出国家监察权的独立性。此外，国家监察体制改革的宪法限度还应体现在合理配置监察权的法治体系上，通过建立监察组织法、行为法和基准法的融贯体系来明确监察权限、监察程序和监察标准（叶海波，2017），形成"有限"和"有效"的国家监察法治体系。

---

① 陈光中. 关于我国监察体制改革的几点看法［J］. 环球法律评论，2017（2）：15-117.

### 三、我国宪法的历史沿革及其第五次修正

随着国家监察体制改革的不断推进以及在学界、社会和官方的不断讨论、论证，为解决国家监察体制改革中面临的宪法问题和相关法律问题，更好地回应社会、学者的关切和现实需求，进一步提升国家监察体制改革的合法性和合宪性，2018 年 3 月，我国的宪法迎来了历史沿革中的第五次修订。本节将在回顾我国宪法历史沿革的基础上，分析第五次宪法修正案的内容及其与国家监察体制改革的关系。

（一）我国宪法的历史沿革

自 1954 年第一部《中华人民共和国宪法》颁布以来，作为国家根本大法的《宪法》已经走过了 65 年的发展历程。随着社会的不断发展进度，我国宪法也在历经数次修订后，日臻完善。从宪法的发展历程来看，在通俗的意义上，我国宪法大致经历了"五四宪法""七五宪法""七八宪法"和"八二宪法"这四个阶段，其中至今沿用的"八二宪法"又分别在 1988、1993、1999、2004、2018 年经历了五次修订。

1. 1954 年宪法

1954 年，中华人民共和国的第一部宪法由第一届全国人民代表大会第一次会议通过并颁布，其基础蓝本来源于 1949 年颁布的《中国人民政治协商会议共同纲领》。"五四宪法"作为中华人民共和国的第一部宪法，共计 4 章 106 条。宪法贯穿民主和社会主义两大原则，其总纲第一条便确认了我国的国家性质是"工人阶级领导的、以工农联盟为基础的人民民主国家"，第二条确定了国家的"一切权力属于人民，人民行使权力的机关是全国和地方各级人民代表大会。全国和地方各级人民代表大会及其他国家机关一律实行民主集中制"。在国家机构一章，五四宪法确定了中华人民共和国全国人民代表大会"是最高国家权力机关"和"行使国家立法权的唯一机关"，地方各级人民代表大会都是"地方国家权力机关"；中华人民共和国主席由"全国人民代表大会选举"产生，"任期四年"；中华人民共和国国务院，即中央人民政府，是"最高国家权力机关的执行机关，是最高国家行政机关"；最高人民法院、地方各级人民法院和专门人民法院行使审判权，且人民法院"独立进行审判，只服从法律"；最高人民检察院

对于"国务院所属各部门、地方各级国家机关、国家机关工作人员和公民是否遵守法律,行使检察权",地方各级人民检察院和专门人民检察院"依照法律规定的范围行使检察权",人民检察院的组织由法律规定,"独立行使职权,不受地方国家机关的干涉"等内容。① 除此以外,五四宪法还规定了我国的经济体制、公民权力等内容。

2. 1975 年宪法

1975 年 1 月 17 日第四届全国人民代表大会第一次会议通过大规模修改"五四宪法"的内容,形成了新的《中华人民共和国宪法》。作为我国的第二部宪法,除序言外,虽然仍分总纲,国家机构,公民的基本权利和义务,国旗、国徽、首都,共 4 章,但在具体条款上却仅剩 30 条。② 由于这部宪法是在特殊历史条件下形成的,因而无论在制定宪法的指导思想或是具体条款的规定上,都存在较大的缺陷。

3. 1978 年宪法

1978 年 3 月 5 日,第五届全国人民代表大会第一次会议又对"七五宪法"文本作了重新修改。作为我国第三部宪法,"七八宪法"除序言外,仍旧分总纲,国家机构,公民的基本权利和义务,国旗、国徽、国歌等共计 4 章,但在具体条款上,则由原有"七五宪法"的 30 条增加为 60 条,主要是增加了实现四个现代化以及发扬社会主义民主、发展科学、教育事业等内容。虽然"七八宪法"也在主要内容上继承了"五四宪法"的一些基本原则,但由于当时历史条件的限制,"七八宪法"并未能彻底清理"文化大革命"期间"左"的思想影响,仍受"两个凡是"错误思想理论的影响,以及不适应客观实际的规定。③例如,"七八宪法"的序言中仍然确定新时期的总任务是"坚持无产阶级专政下的继续革命,开展阶级斗争、生产斗争和科学实验三大革命运动",且仍对"文化大革命"持有肯定的态度等。然相较于"七五宪法"而言,"七八宪法"则继承了"五四宪法"中有关"中华人民共和国国务院是最高国家权力机关的执行机关,是最高国家行政机关","最高人民法院、地方各级人民法院和专门人

---

① 韩大元."五四宪法"的历史地位与时代精神 [J]. 中国法学,2014(04):28-47.

② 王人博. 被创造的公共仪式——对七五宪法的阅读与解释 [J]. 比较法研究,2005(03):1-15.

③ 中华人民共和国宪法的历史沿革 [J]. 中国法治文化,2016(02):20-21.

民法院行使审判权。人民法院的组织由法律规定"等内容，整体而言，相较于"七五宪法"具有一定的进步。

中共十一届三中全会后，全国人大又分别于1979年和1980年进行了较大规模的修正，进一步矫正"七八宪法"中存在的不合理的规定。1979年7月1日，第五届全国人民代表大会第二次会议通过关于修正《中华人民共和国宪法》若干规定的决议，主要内容是"同意县和县以上的地方各级人民代表大会设立常务委员会，将地方各级革命委员会改为地方各级人民政府，将县的人民代表大会改为由选民直接选举，将上级人民检察院同下级人民检察院的关系由监督改为领导"。1980年9月10日，第五届全国人民代表大会第三次会议通过了关于修改《中华人民共和国宪法》第四十五条的决议，其目的是"为了充分发扬社会主义民主，健全社会主义法制，维护安定团结的政治局面，保障社会主义现代化建设的顺利进行"。决议将原"七八宪法"第四十五条中公民"有言论、通信、出版、集会、结社、游行、示威、罢工的自由，有运用'大鸣、大放、大辩论、大字报'的权利。"修改为"公民有言论、通信、出版、集会、结社、游行、示威、罢工的自由"。①

4. 1982年宪法

1982年12月4日，大规模修改的宪法由第五届全国人民代表大会第五次会议通过并颁布，通过后的宪法分为序言，总纲，公民的基本权利和义务，国家机构，国旗、国徽、首都五个部分，共4章138条，其条文比"五四宪法"还多32条，是我国现行生效的宪法。作为现行宪法，"八二宪法"继承并发展了"五四宪法"的基本原则，在总结中国社会主义发展经验的基础上，进一步吸收国际经验，是一部有中国特色、适应中国社会主义现代化建设需要的根本大法。"八二宪法"作为中国共产党拨乱反正，推翻"文化大革命"功绩的成果之一，有着与"七八宪法"截然不同的地方。在国家性质上，将原"七八宪法"中的"无产阶级专政"恢复为"人民民主专政"；在指导思想和工作方针上，"八二宪法"摒弃两个"凡是"的错误思想和进行阶级斗争的错误战略定位，改为强

---

① 中华人民共和国第五届全国人民代表大会第三次会议关于修改《中华人民共和国宪法》第四十五条的决议 一九八〇年九月十日第五届全国人民代表大会第三次会议通过 [J]. 中华人民共和国国务院公报，1980（12）：374.

调"坚持四项基本原则,以经济建设作为国家的工作重点",明确规定今后国家的根本任务是"集中力量进行社会主义现代化建设";在国家的基本支持力量方面,"八二宪法"将知识分子与工人、农民并列为三大基本的社会力量;在国家的经济结构方面,"八二宪法"承认国营、集体、个体三种经济都不可缺少,并进一步明确保护个体经济的合法权益;在关于公民的基本权利和义务上,"八二宪法"重新继承了"五四宪法"的精神,规定"公民在法律面前一律平等,任何组织或个人都不得有超越宪法和法律的特权",并新增"公民的人格尊严不受侵犯"的条文;在国家机构方面,"八二宪法"在继承了"五四宪法"的基础上,进一步加强了人民代表大会制度,将原来属于全国人大的一部分职权交由人大常委会行使。"八二宪法"的历史意义在于正式开启了我国改革开放以来法制建设的大幕,为我国未来的法制建设设定了合法性基础和边界。

为适应我国经济和社会发展的需要,现行的"八二宪法"到目前为止共历经了五次修正。与原1982年颁布的宪法相比,现行的"八二宪法"除序言外,共计4章143条,所增加的5条皆为有关监察委员会的条款。

第一次修正是在1988年。1988年4月12日第七届全国人民代表大会第一次会议通过了《中华人民共和国宪法修正案》,将宪法(1982)第十一条增加规定:"国家允许私营经济在法律规定的范围内存在和发展。私营经济是社会主义公有制经济的补充。国家保护私营经济的合法的权利和利益,对私营经济实行引导、监督和管理",并将宪法第十条第四款"任何组织或者个人不得侵占、买卖、出租或者以其他形式非法转让土地。"修改为:"任何组织或者个人不得侵占、买卖或者以其他形式非法转让土地。土地的使用权可以依照法律的规定转让"。① 这是我国第一次采用宪法修正案的形式修改宪法,其意义在于确认了私营经济的合法地位和允许土地使用权可以依法转让。

第二次修正是在1993年。1993年3月29日第八届全国人民代表大会第一次会议通过了《中华人民共和国宪法修正案》,修改的内容共计9条,主要涉及市场经济合法化问题。修正的内容包括将"社会主义初级阶段"和"建设有中国特色的社会主义"及"改革开放"正式写进宪法,将"家庭联产承包为主的

---

① 郭道晖. 中国法治发展的历程与社会动力——纪念82宪法颁布30周年[J]. 河北法学, 2012, 30(08): 8-15.

责任制”取代“人民公社”，“市场经济”取代“计划经济”。这次修正的背景是贯彻党的十三大、1992 年邓小平南方谈话以及党的十四大精神，其意义在于确认了我国处于社会主义初级阶段的基本国情以及坚持改革开放和建设有中国特色的社会主义的基本道路选择。

第三次修正是在 1999 年。1999 年 3 月 15 日第九届全国人民代表大会第二次会议通过了《中华人民共和国宪法修正案》。此次修正以“以党的十五大为依据，对宪法部分内容作适当修改”，修正的内容包括：在序言中将“邓小平理论”写进宪法，与马克思列宁主义、毛泽东思想一起，成为指引我国社会主义现代化建设的旗帜；在宪法第五条中增加“中华人民共和国实行依法治国，建设社会主义法治国家”，确认了依法治国是中国共产党领导人民治理国家的基本方面；在宪法第六条中明确规定了社会主义初级阶段的基本经济制度和分配制度；在宪法第八条中修改了我国的农村生产经营制度；在宪法第十一条中确立了非公有制经济在社会主义市场经济中的地位和作用，以及将宪法第二十八条“反革命的活动”修改为“危害国家安全的犯罪活动”等。①

第四次修正是在 2004 年。2004 年 3 月 14 日第十届全国人民代表大会第二次会议通过了《中华人民共和国宪法修正案》。此次修正以党的十六届三中全会为背景，修正的内容包括：在宪法序言中确立了“三个代表”重要思想在国家政治和社会生活中的指导地位，增加“推动物质文明、政治文明和精神文明协调发展”并在统一战线中增加“社会主义的建设者”；在宪法第十条第三款中进一步区分理顺市场经济条件下因征收、征用而发生的不同的财产关系；在宪法第十一条第二款中，增加“国家鼓励、支持和引导非公有制经济的发展”，以此来体现十六大关于对非公有制经济既鼓励、支持和引导，又依法监督管理的精神；在宪法第十三条中，进一步贯彻党的十六大关于“完善保护私人财产的法律制度”的精神，将第十三条修改为“公民的合法的私有财产不受侵犯”“国家依照法律规定保护公民的私有财产权和继承权”“国家为了公共利益的需要，可以依照法律规定对公民的私有财产实行征收或者征用并给予补偿”；在宪法第十四条中，增加“国家建立健全同经济发展水平相适应的社会保障制度”；在宪

---

① 田纪云. 关于中华人民共和国宪法修正案（草案）的说明—1999 年 3 月 9 日在第九届全国人民代表大会第二次会议上 [J]. 人大工作通讯，1999（Z1）：17-18.

法第三十三条中，增加"国家尊重和保障人权"作为第四款，以此促进我国在国家人权事业中的交流与合作；除此以外还包括修改人大的组成、国家主席的职权、乡镇政权的任期等内容。①

第五次修正是在 2018 年。2018 年 3 月 11 日第十三届全国人民代表大会第一次会议通过了《中华人民共和国宪法修正案》。此次宪法修正以党的十九大为背景，共作出 21 条修改，修正的内容包括：在宪法序言中确立了"科学发展观、习近平新时代中国特色社会主义思想"在国家政治和社会生活中的指导地位，把"新发展理念""社会文明、生态文明""和谐美丽"写入宪法，以调整中国特色社会主义事业的总体布局，以及第二个百年奋斗目标的内容；将"健全社会主义法制"修改为"健全社会主义法治"，同时，增加"国家工作人员就职时应当依照法律规定公开进行宪法宣誓"，以完善依法治国和宪法实施的举措；增加"改革"这一时代发展及成就，以完善党和人民团结奋斗的光辉历程；增加"致力于中华民族伟大复兴的爱国者"，以完善爱国统一战线和民族关系；增加"坚持和平发展道路，坚持互利共赢开放战略"，以充实我国的和平外交政策；在宪法第一条中增加"中国共产党领导是中国特色社会主义最本质的特征"，以充实坚持和加强中国共产党的全面领导，以及增加了有关监察委员会的各项规定等内容。

回顾我国宪法制度发展历程可以发现，我国宪法的修改与完善基本随着社会实践的发展而不断变迁。由宪法及时确认实践中的有益经验，以更好地发挥宪法的规范、引领、推动、保障作用，是实践发展的必然要求，也是我国宪法发展的一个显著特点，是一条基本规律。

（二）第五次宪法修正案与国家监察体制改革

根据王晨向十三届全国人大一次会议作关于《中华人民共和国宪法修正案（草案）》的说明，第五次宪法修改的背景和目的是将自 2004 年宪法修改以来，特别是党的十八大以来，所形成的一系列治国理政新理念新思想新战略和一系列改革取得的理论创新、实践创新、制度创新成果通过国家根本法确认下来，使之成活动准则，以此更好地适应推进国家治理体系和治理能力现代化的要求。

---

① 王兆国. 关于《中华人民共和国宪法修正案（草案）》的说明——2004 年 3 月 8 日在第十届全国人民代表大会第二次会议上［J］. 中国人大，2004（06）：1-20.

1. 第五次宪法修正案中有关监察体制改革的内容

为贯彻和体现深化国家监察体制改革的精神，为成立监察委员会提供宪法依据，2018 年 3 月 11 日第十三届全国人民代表大会第一次会议通过的宪法修正案，共计对我国现行宪法作出 21 条修改，其中 11 条同设立监察委员会有关。修改的内容主要是在宪法修正案（草案）在宪法第三章《国家机构》第六节后增加一节，作为第七节"监察委员会"，对国家监察委员会和地方各级监察委员会的性质、地位、名称、人员组成、任期任届、领导体制、工作机制等作出了规定，并对其他相应条款作了修改。具体修改的条款原文摘录如下。

　　第三十七条　宪法第三条第三款"国家行政机关、审判机关、检察机关都由人民代表大会产生，对它负责，受它监督。"修改为："国家行政机关、监察机关、审判机关、检察机关都由人民代表大会产生，对它负责，受它监督。"

　　第四十一条　宪法第六十二条"全国人民代表大会行使下列职权"中增加一项，作为第七项"（七）选举国家监察委员会主任"，第七项至第十五项相应改为第八项至第十六项。

　　第四十二条　宪法第六十三条"全国人民代表大会有权罢免下列人员"中增加一项，作为第四项"（四）国家监察委员会主任"，第四项、第五项相应改为第五项、第六项。

　　第四十三条　宪法第六十五条第四款"全国人民代表大会常务委员会的组成人员不得担任国家行政机关、审判机关和检察机关的职务。"修改为："全国人民代表大会常务委员会的组成人员不得担任国家行政机关、监察机关、审判机关和检察机关的职务。"

　　第四十四条　宪法第六十七条"全国人民代表大会常务委员会行使下列职权"中第六项"（六）监督国务院、中央军事委员会、最高人民法院和最高人民检察院的工作"修改为"（六）监督国务院、中央军事委员会、国家监察委员会、最高人民法院和最高人民检察院的工作"；增加一项，作为第十一项"（十一）根据国家监察委员会主任的提请，任免国家监察委员会副主任、委员"，第十一项至第二十一项相应改为第十二项至第二十二项。

第四十六条　宪法第八十九条"国务院行使下列职权"中第六项"（六）领导和管理经济工作和城乡建设"修改为"（六）领导和管理经济工作和城乡建设、生态文明建设"；第八项"（八）领导和管理民政、公安、司法行政和监察等工作"修改为"（八）领导和管理民政、公安、司法行政等工作"。

第四十八条　宪法第一百零一条第二款中"县级以上的地方各级人民代表大会选举并且有权罢免本级人民法院院长和本级人民检察院检察长。"修改为："县级以上的地方各级人民代表大会选举并且有权罢免本级监察委员会主任、本级人民法院院长和本级人民检察院检察长。"

第四十九条　宪法第一百零三条第三款"县级以上的地方各级人民代表大会常务委员会的组成人员不得担任国家行政机关、审判机关和检察机关的职务。"修改为："县级以上的地方各级人民代表大会常务委员会的组成人员不得担任国家行政机关、监察机关、审判机关和检察机关的职务。"

第五十条　宪法第一百零四条中"监督本级人民政府、人民法院和人民检察院的工作"修改为"监督本级人民政府、监察委员会、人民法院和人民检察院的工作"。这一条相应修改为："县级以上的地方各级人民代表大会常务委员会讨论、决定本行政区域内各方面工作的重大事项；监督本级人民政府、监察委员会、人民法院和人民检察院的工作；撤销本级人民政府的不适当的决定和命令；撤销下一级人民代表大会的不适当的决议；依照法律规定的权限决定国家机关工作人员的任免；在本级人民代表大会闭会期间，罢免和补选上一级人民代表大会的个别代表。"

第五十一条　宪法第一百零七条第一款"县级以上地方各级人民政府依照法律规定的权限，管理本行政区域内的经济、教育、科学、文化、卫生、体育事业、城乡建设事业和财政、民政、公安、民族事务、司法行政、监察、计划生育等行政工作，发布决定和命令，任免、培训、考核和奖惩行政工作人员。"修改为："县级以上地方各级人民政府依照法律规定的权限，管理本行政区域内的经济、教育、科学、文化、卫生、体育事业、城乡建设事业和财政、民政、公安、民族事务、司法行政、计划生育等行政工作，发布决定和命令，任免、培训、考核和奖惩行政工作人员。"

第五十二条　宪法第三章"国家机构"中增加一节，作为第七节"监察委员会"；增加五条，分别作为第一百二十三条至第一百二十七条。内容如下：

第七节　监察委员会

第一百二十三条　中华人民共和国各级监察委员会是国家的监察机关。

第一百二十四条　中华人民共和国设立国家监察委员会和地方各级监察委员会。

监察委员会由下列人员组成：

主任，

副主任若干人，

委员若干人。

监察委员会主任每届任期同本级人民代表大会每届任期相同。国家监察委员会主任连续任职不得超过两届。

监察委员会的组织和职权由法律规定。

第一百二十五条　中华人民共和国国家监察委员会是最高监察机关。

国家监察委员会领导地方各级监察委员会的工作，上级监察委员会领导下级监察委员会的工作。

第一百二十六条　国家监察委员会对全国人民代表大会和全国人民代表大会常务委员会负责。地方各级监察委员会对产生它的国家权力机关和上一级监察委员会负责。

第一百二十七条　监察委员会依照法律规定独立行使监察权，不受行政机关、社会团体和个人的干涉。

监察机关办理职务违法和职务犯罪案件，应当与审判机关、检察机关、执法部门互相配合，互相制约。

第七节相应改为第八节，第一百二十三条至第一百三十八条相应改为第一百二十八条至第一百四十三条。

上述 11 条具体修正条款的内容主要涉及国家监察委员会和地方各级监察委员会的性质、地位、名称、人员组成、任期任届、领导体制、工作机制等。从修改的规模来看，本次修改属于"中修"，修改内容基本将之前社会、学界的公认讨论结果和试点经验纳入宪法，是对实现问题的有效回应。

2. 第五次宪法修正案对监察体制改革相关宪法问题讨论的回应

第五次宪法修正案在一定程度上回应了修宪前有关监察体制改革宪法问题的部分讨论。首先，本次宪法修订表明，监察体制改革需要通过修订宪法来为改革的合宪性提供依据；其次，第五次宪法修正案的通过，意味着全国人大对此前改革成果的实质性追认，在一定程度上弥补了之前监察体制改革存在的"程序瑕疵"问题；最后，第五次宪法修正案回应了之前讨论的部分具体问题，比如，在回应监察机关在国家权力结构中的定位上，第五次宪法修正案同之前中共中央试点《方案》、全国推广《方案》和全国人大常委会的试点《决定》、全国推广《决定》中的定位保持一致，将监察机关和国家行政机关、审判机关、检察机关一同并列为由人民代表大会产生（第四十八条、第一百二十六条）并接受其监督（第五十条）的国家机构，在宪法上确定了监察委员会的地位和"一府一委两院"新的国家权力结构架构；在对监察机关具体名称的回应上，宪法修正案以"国家监察委员会"代替"人民监察委员会"（国家机构第七节），表明国家监察权的独立性和重要性；在回应监察委员会的性质和职权上看，第五次宪法修正案将监察委员会的性质定义为"监察机关"（第一百二十三条），其所履行的职权是"监察权"（第一百二十七条），不受行政机关、社会团体和个人的干涉，且上下级监察委员会之间的关系是垂直"领导"（第一百二十五条）关系；在回应监察机关与其他国家机关的关系上，第五次宪法修正案将监察委员会与审判机关、检察机关、执法部门的关系定为人大之下的"互相配合，互相制约"（第一百二十七条）的权力制约关系；在回应监察体制改革可能带来的重复管理和任职限制问题时，第五次宪法修正案修改了国务院的行使职权（第四十六条）、县级以上地方各级人民政府的行使职权（第五十一条）以及人大代表的任职规定（第四十九条）。

当然，由于第五次宪法修正案属于"中修"，在对监察委员会的监督对象、监督边界、权力行使限度等问题上未做出相关的回应，这就需要进一步合理配置监察权的法治体系上，建立监察专门法、组织法、行为法和基准法来明确监察权限、监察程序和监察标准。

### 四、修宪后的相关法律问题

第五次宪法修正案主要解决的是监察体制改革中的合宪性问题，修宪后还需进一步解决监察体制改革中的相关法律问题。除了修宪的法律问题之外，国家监察体制改革还应当遵循《全面依法治国决定》中有关"必须坚持立法先行，发挥立法的引领和推动作用"和"实现立法和改革决策相衔接，做到重大改革于法有据、立法主动适应改革和经济社会发展需要"的法治精神和法治原则，通过对相关法律的立、改、废，为改革的顺利推行提供法律支持。这主要涉及制定《国家监察法》《监察委员会组织法》，修改《刑事诉讼法》《人民检察院组织法》《检察官法》《地方各级人民代表大会和地方各级人民政府组织法》《全国人民代表大会组织法》《全国人民代表大会和地方各级人民代表大会代表法》《各级人民代表大会常务委员会监督法》《人民警察法》《监狱法》《公务员法》《立法法》《行政处罚法》和《治安管理处罚法》等相关法律条款。

# 第三章

# 《监察法》的制定及其限度

为了在总体上保持宪法的连续性、稳定性、权威性，2018 年 3 月 11 日，《中华人民共和国宪法修正案》正式通过，"监察委员会"正式作为国家机构中独立的一部分，置于与行政机关、司法机关、检察机关同等级别的位置上①。同月 20 日，第十三届全国人民代表大会第一次会议表决通过《中华人民共和国监察法》，国家监察体制改革的治理成效转化为制度优势，国家监察体系的总体框架初步建立。

监察法是在新形势下为反腐败斗争提供坚强法治保障的现实需要，也是实现党内监督与国家监察走向有机统一的创制之举。本章将通过梳理监察法的制定历程，为读者理顺国家监察法从公开征求意见到二审稿、两会草案摘要，最终到监察法出台的发展历程。其次将对监察法的核心内容进行深层解读，结合监察法运行一年以来的治理成效，剖析法律文本与实际运行中的问题，指明监察法与中国现行法律衔接之间的断层与冲突，为以宪法为中心的国家反腐败法律体系的完善提供有益借鉴。

## 一、《监察法》的制定历程分析

制定监察法是保障国家监察体制改革于法有据和规范监察委员会运行机制的法治化需求。从监察法的制定历程来看，监察法的制定大致经历了从酝酿、一审、公开征求意见、二审、三审到定稿的完善历程，其制定步伐同国家监察体制改革的法治化需求基本保持一致。本节将按时间顺序重点描述监察法从一

---

① 王晨向十三届全国人大一次会议作关于《中华人民共和国宪法修正案（草案）》的说明（摘要）[N].人民日报，2018-03-07（006）.

审、二审到定稿的发展历程，通过对比不同阶段监察法重点条款的差异性特点和梳理监察法制定过程中的相关法律建议，来分析监察法制定的法律原则、法律取向及其此后面临的相关法律问题。

（一）监察法草案公开征求意见

监察法的制定，在最初研究深化国家监察体制改革方案的时候，便由中纪律委酝酿将行政监察法修改为国家监察法。2014年6月30日，中共中央政治局会议提出要"推动修订行政监察法"，以通过修法的途径来解决我国行政监察体制存在的问题。① 此后，中纪委便开始着手监察法的制定工作，2016年10月，党的十八届六中全会后，中纪委同全国人大常委会法制工作委员会共同组成国家监察立法工作专班，进一步开展调研和起草工作，经反复修改完善，形成了监察法草案。② 2016年12月25日，第十二届全国人民代表大会常务委员会第二十五次会议通过了《关于在北京市、山西省、浙江省开展国家监察体制改革试点工作的决定》，明确在北京市、山西省和浙江省将"暂时调整或者暂时停止适用《中华人民共和国行政监察法》"，这意味着改革急需及时制定《国家监察法》为国家监察体制改革和监察委员会的运行机制提供法律依据和法律规范。2017年1月19日，十八届中央纪委七次全会工作报告中提及将在十三届全国人大一次会议审议通过中华人民共和国国家监察法，为监察法的制定提供了准确的时间表。2017年5月2日，全国人大常委会公布了2017年立法工作计划，提出将行政监察法修改为国家监察法，并拟于6月提请全国人大常委会会议初次审议，表明监察法的出台已进入倒计时。2017年6月15日，习近平总书记主持中央政治局常委会会议，审议并原则同意全国人大常委会党组关于监察法草案几个主要问题的请示。2017年6月下旬，十二届全国人大常委会第二十八次会议对监察法草案进行了初次审议，并听取了相关代表和专家学者的意见。2017年10月18日，党的十九大报告继续对国家监察体制改革提出要"制定国家监察法，依法赋予监察委员会职责权限和调查手段，用留置取代'两规'措施"，

---

① 中共中央政治局召开会议审议通过《党的纪律检查体制改革实施方案》[J]. 中国纪检监察，2014（14）：4.

② 李建国. 关于《中华人民共和国监察法（草案）》的说明 [N]. 人民日报，2018-03-14（005）.

这一要求意味着国家监察体制改革将在宪法的框架范围内依法展开。2017 年 11 月 7 日,中华人民共和国监察法(草案)开始面向社会征求意见。《中华人民共和国监察法(草案)》面向社会征求意见稿共计十章六十七条,除第一章总则和第十章附则外,监察法草案覆盖了监察机关、监察范围、监察职责、监察权限、监察程序、反腐败国际合作、对监察机关和监察人员的监督和法律责任八个方面。

(二)监察法草案二审

监察法草案规定了国家监察体制、监察机关的产生和职责权限以及监察程序等,是规范国家监察工作的基本法律。自征求意见稿发布以来,截至 2017 年 12 月 6 日,共有 3700 多人提出 1.3 万多条意见和建议。为进一步完善监察法的具体内容,回应各方关切,突出规范监察权力运行和依法保障被调查人合法权利的内容,体现科学立法、民主立法、依法立法的精神。根据党的十九大精神和全国人大常委会组成人员的审议意见以及人大代表、政协委员等各方面意见,2017 年 12 月,十二届全国人大常委会第三十一次会议对监察法草案进行了再次审议,草案二审对于社会关注的热点内容作出的回应主要涉及如何保障被留置人员安全、规范技术调查措施的适用范围和批准程序、保障被调查人合法权利、完善监察机关职责、监督机制和其他国家机关的关系等问题。

1. 关于保障被留置人员安全的问题

在关于保障被留置人员安全的问题方面,相关讨论主要涉及如何规范监察机关采取留置措施的条件、留置所规定的场所、采取留置措施的决定程序、留置措施的适用时限以及家属知情权等方面,这主要涉及监察法一审稿第二十四条、第四十一条的相关条款。从具体条文来看,监察法一审稿第二十四条虽规定了可以在采取留置措施四种情形,但未对留置场所的管理措施做出进一步规定,因此有的常委会委员、地方和专家建议对留置场所相关规范进一步予以明确。二审稿在此基础上增加"留置场所的设置和管理依照国家有关规定执行"这一规定,二审稿增加留置场所设置和管理的条文,实质上是授权性条款。监察法通过之后,后续还应出台留置场所的相关规定,对留置场所的设置和管理进一步细化;监察法一审稿第四十一条第一款虽规定了省级监察机关决定采取留置措施时的报备程序,但却未对省级以下机关决定的批准程序作出相应的规定。考虑到留置措施对人身自由限制的强制性特点，为防止监察机关留置措施的滥用，二审稿在留置措施决定的批准程序上进一步规定"设区的市级以下监察机关采取留置措施，应当报上一级监察机关批准。"；监察法一审稿第四十一条第一款最后一句话虽有通知被留置人员所在单位和家属的规定，但"除有碍调查的"这一规定显得太过笼统，为此，二审稿在此基础上进一步细化为"除有可能毁灭、伪造证据，干扰证人作证或者串供等有碍调查情形的，应当在二十四小时以内，通知被留置人员所在单位和家属。"；监察法一审稿第四十一条第四款虽规定了留置所适用的期限，却未对留置措施的解封做出进一步规定，二审稿在此基础上增加"监察机关发现采取留置措施不当的，应当及时解除。"这一规定；监察法一审稿第四十一条第三款虽规定了监察机关保障被留置人员的饮食和休息的义务，但缺少对被留置人员人身安全保护的规定，考虑到监察机关办案的封闭性特点和被留置对象的特殊性身份，二审稿在此基础上其修改为："监察机关应当保障被留置人员的饮食、休息和安全，提供医疗服务。"这体现了安全保障义务在监察机关，在负责留置的相关人员的要求，是对被留置人员合法权利的保障。

2. 关于规范技术调查措施的适用范围和批准程序问题

在关于严格规范技术调查措施的适用范围和批准程序问题方面，主要涉及监察法一审稿第二十九条。一审稿第二十九条第一句中将可以采取技术调查措施的案件范围规定为"涉嫌重大贪污贿赂、失职渎职等职务犯罪"，考虑到"失职渎职"一词的宽泛性、在职务违法行为中的相对普遍性以及违法危害后果程度相对较轻等特点，相关专家学者认为应严格规范技术调查措施的适用范围，不宜在调查失职渎职职务犯罪时适用技术调查措施。基于上述考量，二审稿在此基础上将其修改为"涉嫌重大贪污贿赂等职务犯罪"；在技术调查措施的适用程序方面，一审稿第二十九条虽然规定了批准决定采取技术调查措施的有效时间及其延长时间，但却缺乏对解除技术调查措施的规定。为此，二审稿在一审稿第二十九条的批准程序后又增加了"对于不需要继续采取技术调查措施的，应当及时解除。"的规定。

3. 关于保障被调查人合法权利的问题

现代法治原则要求尊重和保障人权，监察法草案在提请十二届全国人大常委会第三十一次会议二审的过程中，除探讨如何保障被留置人员安全和限制监察机关的技术调查措施以外，还修改了多项关于保障被调查人合法权利的条款。如二审在一审稿第二十五条中增加最后一款"冻结的财产经查明与案件无关的，应当在三日内解除冻结，予以退还"以及在一审稿第二十七条中增加最后一款"查封、扣押的财物、文件经查明与案件无关的，应当在三日内解除查封、扣押，予以退还"，以此来完善冻结条款中的解冻规定，保障被调查人合法的财产权；在一审稿第二十六条中增加第二款"搜查女性的身体，应当由女工作人员进行"，以此来保障女性被调查人的隐私；在一审稿第四十二条中增加最后一款"监察机关经过调查，对没有证据证明存在违法犯罪行为的，应当撤销案件"，以此来完善监察机关办案的终结程序。这些新增的条款很好地践行了法治原则，有利于保障被调查人的合法权利。

4. 关于完善监察机关职责和监督机制的问题

十二届全国人大常委会第三十一次会议二审中对相关代表、社会和专家关于完善监察委员会职责和监督机制的规定作了进一步修改和完善。其中包括：完善监察委员会的监督机制，将2014年以来中央纪委和省级纪检机关设立干部监督室，强化对监察机关工作人员的监督机制，以法律化的方式在监察法中作出明确规定，将一审稿第五十四条修改为："监察机关通过设立内部专门的监督机构等方式，加强对监察人员执行职务和遵守法律情况的监督，建设忠诚、干净、担当的监察队伍。"，设立监察室有利于严防"灯下黑"，根据十八届中央纪委工作报告，党的十八大以来，全国纪检系统处分1万余人，组织处理7600余人，谈话函询1.1万人。在监察委内部设立专门的监督机构，加强自我监督，体现了将实践中行之有效的做法上升为法律规定；完善监察对象对监察机关处理决定不服的申诉程序，将一审稿第四十条修改为"监察对象可以向作出决定的监察机关申请复审；对复审决定仍不服的，可以向上一级监察机关申请复核。"，以此来细化申诉程序，明确受理申诉的机关；完善监察机关的职责，考虑到一审稿第二章"监察机关"与第四章"监察职责"联系紧密，在一章中作规定体例上更合理、更恰当，二审稿将两章合并作为第二章，将第二章的章名修改为"监察机关及其职责"，并在一审稿第十五条监察机关履行监督、调查、处置职责的具体条款增加"对公职人员开展廉政教育"的规定，以此来体现监察法教育优先，预防腐败的法律精神；二审稿在第五章监察程序中新增第三十五条"监察机关对于报案或者举报，应当接受并按照有关规定处理。对于不属于本机关管辖的，应当移送主管机关处理。"有关监察机关处理报案职责的规定；完善被监察对象及其近亲属申诉的兜底条款，在一审稿第六十条中增加"其他违反法律法规、侵害被调查人合法权益的行为"这一兜底条款；完善监察机关及其工作人员的责任条款，与征求意见稿相比，草案二审加大了对监察人员的监督和追责力度，将之前的征求意见稿中列举了监察机关及其工作人员如有 7 种行为扩大到 9 种，并且对部分行为的表述进行了补充和修改；二审明确规定了一审稿第六十四条的责任人为"负有责任的领导人员和直接责任人员"，并增加了"发现重大案情隐瞒不报""违反规定发生办案安全事故，或者发生安全事故后隐瞒不报、报告失实、处置不当的""违反规定采取留置措施的""违反规定限制他人出境，或者不按规定解除出境限制的"等条款；同时，二审稿第六十三条还增加"控告人、检举人、证人捏造事实诬告陷害监察对象的，依法予以处理"的内容，体现了法律关系中的各个主体在享有权利的同时，也要承担义务、负有责任的法治精神。

5. 关于完善监察机关和其他国家机关的关系问题

社会对监察法关注的热点之一便是监察法如何处理监察机关与其他国家机关的关系，如何在职权上进行互相配合和互相监督。针对社会关注的热点问题和相关代表的建议，十二届全国人大常委会第三十一次会议在对监察法进行二审时修改完善了监察法中的部分相关条款。比如，完善人大对监察委员会的监督制度，删去一审稿第五十一条中"可以"的表述，将一审稿第五十一条修改为："各级人民代表大会常务委员会听取和审议本级监察机关的专项工作报告，根据需要可以组织执法检查。"，以明确监察机关向人大做专项工作报告是必须履行的法定职责而非可以选择性的法定职责；完善了一审稿第四十六条有关违法所得的没收程序，将原"由监察机关提请检察机关依法定程序，没收违法所得。"这一条款修改为"由监察机关提请人民检察院依照法定程序，向人民法院提出没收违法所得的申请。"，进一步明确了违法所得没收程序中检察机关、监察机关和法院的各自职责；完善一审稿第四十五条有关不起诉程序的批准规定，将原"对于证据不足、犯罪行为较轻，或者没有犯罪事实的，应当征求监察机关意见并报经上一级检察机关批准，依法作出不起诉的决定。"这一条款修改为"对于有刑事诉讼法规定的不起诉的情形的，经上一级人民检察院批准，依法作出不起诉的决定。"，体现了在依法反腐败的过程中监察机关与司法机关互相配合、互相制约的关系，保障了检察机关办案的独立性原则①；合理配置监察机关行使监察权的强制性特点，将一审稿第十条第一款"监察机关依法独立行使监察权，任何组织和个人不得拒绝、阻碍或者干涉监察人员依法执行职务，不得对其打击报复。"的规定修改为"监察机关依照法律规定独立行使监察权，不受行政机关、社会团体和个人的干涉。"；进一步明确公安机关的配合义务，监察法一审稿第四十一条第二款虽然规定了公安机关的配合义务，但是缺少较为强制性的规定。考虑到监察机关办案对公安机关强制力手段及其技术侦查措施的依赖性特点，二审稿在此基础上增加了"应该"一词，以"公安机关应该依法予以协助"来增强公安机关的配合义务。

（三）监察法草案定稿

监察法草案在经过二审后，国家监察体制改革的步伐也开始正式步入修宪阶段。2018 年 1 月 29 日，十二届全国人大常委会第三十二次会议决定将《中华人民共和国宪法修正案（草案）》提请十三届全国人大一次会议审议，3 月 11 日第十三届全国人民代表大会第一次会议通过了宪法修正案，其中 11 条同设立监察委员会有关。宪法作为国家各种制度和法律法规的总依据，促使了监察法的制定必须与宪法修改保持一致，监察法中的相关内容及表述必须与宪法修正案中关于监察委员会的各项规定相衔接、相统一。在此背景下，监察法草案又根据宪法修正案的精神以及十三届全国人大代表的修改意见作了进一步修改。3 月 14 日，《中华人民共和国监察法（草案）》（摘要）发布，3 月 20 日第十三届全国人民代表大会第一次会议正式通过了《中华人民共和国监察法》，共计九章 69 条内容。

在定稿的监察法的具体内容条款上，与一审、二审以及摘要版的具体内容相比，正式定稿的监察法主要做了以下几个方面的调整和修改：

1. 衔接宪法修正案中的相关内容

第五次宪法修正案中涉及监察委员会的条款共计有 11 条，为了依宪立法，保证监察法的相关内容及表述与宪法修正案中关于监察委员会的各项规定相衔接、相统一，定稿的监察法主要做了以下几个方面的修正：一是，修改了监察

---

① 张德江委员长在十二届全国人大常委会第三十一次会议上的讲话 [J]. 中国人大，2018
（01）：6-8.

机关的具体名称，将二审稿第二章第七条中"中华人民共和国监察委员会是最高国家监察机关"修改为"中华人民共和国国家监察委员会是最高监察机关"，将第八条、第十条、第五十条、第五十二条中"中华人民共和国监察委员会"修改为"国家监察委员会"，将第八条"中华人民共和国监察委员会主任"修改为"国家监察委员会主任"，将第九条"县级以上地方各级监察委员会"修改为"地方各级监察委员会"，将第十一条"监察机关"修改为"监察委员会"；将第四十三条"应当报中华人民共和国监察委员会备案"修改为"应当报国家监察委员会备案"；二是，同宪法修正案保持一致，将国家监察委员会主任的任期规定为"连续任职不得超过两届"；三是，同宪法保障人权的精神相一致，在二审稿第五条中增加"保障当事人的合法权益"的论述；四是，监察法定稿考虑到目前法律界对"司法机关"含义解释的争议，为保持与宪法修正案第一百二十七条第二款的内容相一致，将二审稿第四条第二款"监察机关办理职务违法犯罪案件，应当与司法机关互相配合、互相制约。"这一论述修改为"监察机关办理职务违法和职务犯罪案件，应当与审判机关、检察机关、执法部门互相配合，互相制约。"①

2. 进一步规范有关条款的内容和表述

定稿的监察法在具体条款词语的斟酌上，对二审稿进行了进一步规范、限制和细化。主要包括：将二审稿第一条中"加强对公职人员的监督"进一步强化修改为"加强对所有行使公权力的公职人员的监督"；将二审稿第十三条中的"有关单位和行政区域的公职人员"进一步周延为"公职人员"；将二审稿第十七条"可以请求移送上级监察机关管辖"中"请求"一词进一步斟酌修改为"报请"；将二审稿第十九条"对可能发生职务违法的公职人员"修改为"对可能发生职务违法的监察对象"；将二审稿第二十条"对涉嫌职务违法的被调查人"进一步限定为"在调查过程中，对涉嫌职务违法的被调查人"；将二审稿第二十四条中的"搜查证件"进一步规范为"搜查证"；将二审稿第三十一条、三十二条中"监察机关经集体研究"进一步规范为"监察机关经领导人员集体研究"；将二审稿第三十九条中"对涉嫌职务违法犯罪"的规定，进一步规范调整为"对监察对象涉嫌职务违法犯罪"；进一步完善第四十四条，在第一款后增

---

① 中华人民共和国监察法 ［N］. 人民日报，2018-03-27（001）.

加"有碍调查的情形消失后，应当立即通知被留置人员所在单位和家属。"的规定，同时删除第四款中"留置期限应当折抵刑期"的表述；进一步完善第四十七条中人民检察院的法律适用规定，增加"人民检察院依照《中华人民共和国刑事诉讼法》对被调查人采取强制措施。"，同时完善对补充侦查次数和时间的规定，增加"对于补充调查的案件，应当在 1 个月内补充调查完毕。补充调查以 2 次为限。"这一规定；进一步完善第四十九条中对复审、复核相关期限的规定，增加"可以在收到处理决定之日起 1 个月内，向作出决定的监察机关申请复审，复审机关应当在 1 个月内作出复审决定；监察对象对复审决定仍不服的，可以在收到复审决定之日起 1 个月内，向上一级监察机关申请复核，复核机关应当在 2 个月内作出复核决定。"这一规定。以及完善第六十条中对申诉时间的规定，增加"受理申诉的监察机关应当在受理申诉之日起 1 个月内作出处理决定。申诉人对处理决定不服的，可以在收到处理决定之日起 1 个月内向上一级监察机关申请复查，上一级监察机关应当在收到复查申请之日起 2 个月内作出处理决定，情况属实的，及时予以纠正。"的申诉时间限制规定。具体内容详见本书附录 1"监察法公开征求意见稿、二审稿、草案和定稿全文对比表"。

监察法作为推进全面依法治国，实现国家监察全面覆盖，深入开展反腐败工作而制定的法律，其目的在于实现对所有行使公权力的公职人员监察全覆盖，使依规治党与依法治国、党内监督与国家监察有机统一。从监察法的具体内容条款来看，从一审、二审到定稿，重点条款的不断完善与细化，体现了监察法的制定的问题导向原则和坚持科学立法、民主立法、依宪立法的原则。通过着力解决我国监察体制机制中存在的突出问题，充分吸收各方面意见，认真回应社会关切，严格依法按程序办事，使监察法的内容更加科学合理和协调衔接。

### 二、《监察法》释义

现行监察法自颁布之日起已施行两年之多，这部总共 9 章 69 条法律涵盖了监察委员会的运行原则、指导思想；各级监察机关的产生、职责、范围、管辖、权限及职权行使程序；监察机关与其他国家机关的关系以及对涉外追逃工作的进行；对监察委员会内部的监督以及法律责任和附则。下面将对监察法运行的主要原则、监察对象、监察职能及程序进行解读，以期为读者理解该法提供参考。

（一）监察原则

1. 坚定党对监察工作的领导，坚定政治站位

《宪法》总则部分载明："中国共产党领导是中国特色社会主义的最本质特征，"《监察法》在总则部分亦载明："坚持中国共产党对国家监察工作的领导……构建集中统一、权威高效的中国特色国家监察体制。"党政军民学，东西南北中，在我国，党是领导一切的。深化国家监察体制改革的根本目的之一，就是加强党对反腐败工作的领导，及时遏制党组织和干部的违法违纪行为。国家监察体制改革能否巩固反腐成效，形成长久的制度化优势，关键在于能够在国家监察工作的各个环节坚持党的领导。

现行监察委员会不设党组、不决定人事等重大问题，遵循党的纪律检查机关与国家监察机关合署办公的体制，实质就是国家监委向党中央报告工作。各级监察委员会直接受代表党的机关——纪律检查委员会的领导，间接接受上级监察机关领导，从领导体制可以看出，监察委既是国家权力机关中的一部分，也是执政党内部职能所属的一部分。在合署办公的组织体制下，监察委员会不是单一的国家机关，其职能不仅有隶属国家权力序列的监察权属性，还有从属于党的纪律检查职能。十九届中央纪委第二次全会上，中纪委书记赵乐际也表明"纪检监察机关的政治机关定位是由其所处的特殊位置和承担的重要职责"决定的。

2. 严格依据宪法和法律，严格依权责监督

宪法是我国的根本法，法律位阶最高，效力最高。《监察法》总则第五条载明："国家监察工作严格遵循宪法和法律，以事实为根据，以法律为准绳；在适用法律上一律平等，保障当事人的合法权益；权责对等，严格监督。"此有两层意思，其一，各级监察委的监察活动以《监察法》为直接行动指导，以宪法为准则，任何监察规范、决定等行为不得逾越宪法底线，不得与宪法相抵触。此外，监察委审理监察案件不仅依据宪法、《监察法》，还要依据监察委制定的其他行为规范、国务院部门规章、地方政府规章与刑诉法等之间的衔接。其次，监察委员会的调查、监督、处置三项职能的行使须严格依据法律规范，监察权作为与行政权、司法权、审判权同级别的"国家第四权"，亦须将其关在"笼子"里。各级监察委员会在运用 12 项调查措施办理监察案件时，必须以合法、

合理的手段获得以客观事实为根据的证据，并通过审查等法律程序将其转化成有法定效力的证据，同时不能损害当事人合法权益的代价，"不偏私、不专断、不歧视"① 的处理监察案件。

其二，权责对等、严格监督则首先体现在监察权行使须承担相应责任。其次在处理监察案件时，对监察对象的地位、权责必须搞清楚，是主要负责人还是一般职员。监察机关对其采取措施必须依据"权责原则"，监察对象不同，采取的监察措施也理应采取相应的措施。最后，严格监督则体现对监察对象必须从严要求，从严要求不仅体现在监察机关行使监察权的态度要从严，不徇私、不偏袒，保持中正客观，还体现在调查的手段要从严，不能逾法调查。

3. 与其他机关相互配合制约，坚定独立行使监察权

《监察法》总则第四条载明："监察委员会依照法律规定独立行使监察权，不受行政机关、社会团体和个人的干涉；监察机关办理职务违法和职务犯罪案件，应当与审判机关、检察机关、执法部门互相配合，互相制约；监察机关在工作中需要协助的，有关机关和单位应当根据监察机关的要求依法予以协助。"

首先，监察委员会是专责行使监察权的国家机关，监察权与行政权、检察权、审判权是同一位阶，监察机关行使监察权理应不受任何个人、社会团体、行政机关的干涉，其中也包括不受监察机关内部与案件无关人员的干预，《监察法》第五十七条明确规定："对于监察人员打听案情、过问案件、说情干预的，办理监察事项的监察人员应当及时报告。有关情况应当登记备案；发现办理监察事项的监察人员未经批准接触被调查人、涉案人员及其特定关系人，或者存在交往情形的，知情人应当及时报告。有关情况应当登记备案。"其次，"独立"也包含第二层意思，即监察机关行使监察权不能有越位，不能够超越法定职权，也不能代替其他国家机关。再次，监察机关办理职务违法和职务犯罪案件时，势必要与审判机关、检察机关等建立联系，一方面出于全责分工，相互配合，另一方面则出于程序上相互牵制，防止某一方出现疏降低案件处理质量，权力上相互牵制以避免一权独大。最后，有关机关应在监察机关办案过程中依法给予支持和协助。尤其是监察机关行使搜查、留置等强制性措施时，公安机关等执法机关应提供协助。《监察法》第六十二条对违反协助监察机关办案的惩罚性

① 姜明安. 监察工作理论与实务 ［M］. 中国法制出版社，2018.

措施作出规定："有关单位拒不执行监察机关作出的处理决定，或者无正当理由拒不采纳监察建议的，由其主管部门、上级机关责令改正，对单位给予通报批评；对负有责任的领导人员和直接责任人员依法给予处理。"

4. 构建反腐长效机制，秉持标本兼治、综合管理

党的十九大报告指出："夺取反腐败斗争的压倒性胜利，要不断强化不敢腐的震慑，扎牢不能腐的笼子，增强不想腐的自觉。"① 不敢腐、不能腐、不想腐不仅须形成制度化约束，而且要在纪律震慑、道德自觉上形成反腐制度环。《监察法》总则第五条载明："国家监察工作坚持标本兼治、综合治理，强化监督问责，严厉惩治腐败；深化改革、健全法治，有效制约和监督权力；加强法治教育和道德教育，弘扬中华优秀传统文化，构建不敢腐、不能腐、不想腐的长效机制。"不敢腐解决治标问题，不能腐和不想腐解决治本的问题，标本兼治、综合治理不仅要求监察委依法独立行使调查职能，更要将注意力逐渐转移到监督上来，监督是监察机关的第一职责，目的就是惩前毖后、抓早抓小、防微杜渐，是形成不想腐道德约束的关键。此外，综合管理要求监察委不能将大部分精力放在调查办案上，对公职人员进行监督的根本目的不是惩戒，而是要养成法治思维和依法做事的习惯，《中国共产党纪律处分条例》也对党的纪律处分工作作出要求："处理违反党纪的党组织和党员，应当实行惩戒与教育相结合，做到宽严相济。"

（二）监察对象与范围

《中共中央关于全面推进依法治国若干重大问题的决定》提出："必须以公权力约束为重点，加大监督力度。"监察机关的监督范围，即所有行使公权力的公职人员。其一，公职人员在国家的政治、经济、社会中履行公共职责；其二，即使没有取得公职，只要行使国家公权力，同属于被监察对象。《监察法》第三章对六类监察对象以及管辖规则作出规定："（1）中国共产党机关、人民代表大会及其常务委员会机关、人民政府、监察委员会、人民法院、人民检察院、中国人民政治协商会议各级委员会机关、民主党派机关和工商业联合会机关的公务员，以及参照《中华人民共和国公务员法》管理的人员；（2）法律、法规授

---

① 习近平. 决胜全面建成小康社会 夺取新时代中国特色社会主义伟大胜利——在中国共产党第十九次全国代表大会上的报告 [J]. 党建，2017（11）：15-34.

权或者受国家机关依法委托管理公共事务的组织中从事公务的人员；（3）国有企业管理人员；（4）公办的教育、科研、文化、医疗卫生、体育等单位中从事管理的人员；（5）基层群众性自治组织中从事管理的人员；（6）其他依法履行公职的人员。"以下我们将对上述六类监察对象作简要阐释。

1. 参公管理人员及公务员

此类是监察机关的主要监察对象。《公务员法》第二条对公务员作出解释："依法履行公职、纳入国家行政编制、由国家财政负担工资福利的人员，"即公职、编制、财政是区别公务员的三大条件，主要覆盖八类。

（1）中国共产党机关公务员。包括中央和地方各级党委、纪律检查委员会的领导人员；中央和地方各级党委工作部门、办事机构和派出机构的工作人员；中央和地方各级纪律检查委员会机关和派出机构的工作人员；街道、乡、镇党委机关的工作人员。

（2）人民代表大会及其常务委员会机关公务员。包括县级以上各级人民代表大会常务委员会领导人员，乡、镇人民代表大会主席、副主席；县级以上各级人民代表大会常务委员会工作机构和办事机构的工作人员；各级人民代表大会专门委员会办事机构的工作人员。关于对人大代表进行监察的适用问题，将在下节进行具体分析。

（3）人民政府公务员。包括各级人民政府的领导人员；县级以上各级人民政府工作部门和派出机构的工作人员；乡、镇人民政府机关的工作人员。人民政府公务员系统是行使行政权的主要队伍，也是公权力行使的主要行使者，理应也是主要受监察对象。

（4）监察委员会公务员。包括各级监察委员会的组成人员；各级监察委员会内设机构和派出监察机构的工作人员，派出的监察专员等。刀刃向内是落实"监察全覆盖"的必然要求，是国家机关内部的一种自我查弊和纠错机制，[1] 但在具体操作层面依然存在制度空隙。

（5）人民法院公务员和人民检察院公务员。包括最高人民法院和地方各级人民法院的法官、审判辅助人员；最高人民法院和地方各级人民法院的司法行

---

[1] 侯志山. 国家监察：中国特色监督的创举［J］. 中国党政干部论坛，2018（04）：56-59.

政人员；最高人民检察院和地方各级人民检察院的检察官、检察辅助人员；最高人民检察院和地方各级人民检察院的司法行政人员等。

（6）中国人民政治协商会议各级委员会机关公务员。包括中国人民政治协商会议各级委员会的领导人员；中国人民政治协商会议各级委员会工作机构的工作人员。

（7）民主党派机关和工商业联合会机关公务员。包括中国国民党革命委员会中央和地方各级委员会，中国民主同盟中央和地方各级委员会，中国民主建国会中央和地方各级委员会，中国民主促进会中央和地方各级委员会，中国农工民主党中央和地方各级委员会，中国致公党中央和地方各级委员会，九三学社中央和地方各级委员会，台湾民主自治同盟中央和地方各级委员会的公务员，以及中华全国工商业联合会和地方各级工商联等单位的公务员。①

2. 法律法规授权或受国家机关依法委托管理公共事务的组织中从事公务的人员

此类监察对象即参公管理以外其他管理公共事务的事业单位。事业单位是我国特色的社会组织形式，有关学者对事业单位作出解释："由政府利用国有资产设立，从事教育、科技、文化、卫生等活动的社会服务组织，是提供公共产品和公共服务的主要载体。"② 据统计，我国政府机关和事业单位人员分别占政府公务人员的28%和72%，③ 将事业单位纳入监察对象不仅引起涉及人员规模大，而且其职能多是由政府派生出的对公共事务管理的具体事项，其运行也有赖于国家财政拨款。

3. 国有企业及其管理人员

国有企业兼具商业化和公益化双重属性，既要追求国有资产的保值增值，又要兼顾调节国家经济目标；既是企业经营的决策者和管理者，又是国有资产

---

① 中央纪委国家监委法规室编. 中华人民共和国监察法释义［M］. 北京，中国方正出版社，2018.

② 改革杂志社专题研究部，罗重谱. 中国事业单位分类改革轨迹及走向判断［J］. 改革，2012（04）：5-15.

③ 李帆，樊轶侠. 中国政府公务人员规模与结构研究：基于国际比较视角［J］. 国家行政学院学报，2017（06）：136-141.

的经营者和监督者①。此类监察对象主要包括国有独资企业、国有控股企业（含国有独资金融企业和国有控股金融企业）及其分支机构的领导班子成员，包括设董事会的企业中由国有股权代表出任的董事长、副董事长、董事，总经理、副总经理，党委书记、副书记、纪委书记，工会主席等；未设董事会的企业的总经理（总裁）、副总经理（副总裁），党委书记、副书记、纪委书记，工会主席等。此外，对国有资产负有经营管理责任的国有企业中层和基层管理人员，包括部门经理、部门副经理、总监、副总监、车间负责人等；在管理、监督国有财产等重要岗位上工作的人员，包括会计、出纳人员等；国有企业所属事业单位领导人员，国有资本参股企业和金融机构中对国有资产负有经营管理责任的人员，也应当理解为国有企业管理人员的范畴，涉嫌职务违法和职务犯罪的，监察机关可以依法调查。

4. 公办教育、科研、文化、医疗卫生、体育等单位中从事管理的人员

作为监察对象的公办的科、教、文、卫、体等单位中的管理人员，主要是该单位及其分支机构的领导班子成员，以及该单位及其分支机构中的国家工作人员，比如，公办学校的校长、副校长，科研院所的院长、所长，公立医院的院长、副院长等。公办教育、科研、文化、医疗卫生、体育等单位及其分支机构中层和基层管理人员，包括管理岗六级以上职员，从事与职权相联系的管理事务的其他职员；在管理、监督国有财产等重要岗位上工作的人员，包括会计、出纳人员，采购、基建部门人员涉嫌职务违法和职务犯罪，监察机关可以依法调查。此外，临时从事与职权相联系的管理事务，包括依法组建的评标委员会、竞争性谈判采购中谈判小组、询价采购中询价小组的组成人员，在招标、政府采购等事项的评标或者采购活动中，利用职权实施的职务违法和职务犯罪行为，监察机关也可以依法调查。

5. 基层群众性自治组织中从事管理的人员

此处的"从事管理"，指的是：救灾、抢险、防汛、优抚、扶贫、移民、救济款物的管理；社会捐助公益事业款物的管理；国有土地的经营和管理；土地征用补偿费用的管理；代征、代缴税款；有关计划生育、户籍、征兵工作；协

---

① 黄小彤，曾慧华. 当下我国国有企业经营者去行政化改革的路径建构——规范行政者行为还是解除公务员身份 [J]. 理论探讨，2015（02）：99-103.

助人民政府等国家机关在基层群众性自治组织中从事的其他管理工作。基层群众性自治组织中从事管理的人员包括村民委员会、居民委员会的主任、副主任和委员，以及其他受委托从事管理的人员。

6. 其他依法履行公职的人员

作为兜底款项，词条的设计初衷则是为了防止出现对监察对象列举不全的情况，避免挂一漏万。

在监察范围的规定上，根据《监察法》第十六、十七条，各级监察机关奉行级别管辖、地域管辖和指定管辖。首先，监察委员会虽然有内部分工，但《监察法》第十六条第二款也作出例外："上级监察机关可以办理下一级监察机关管辖范围内的监察事项，必要时也可以办理所辖各级监察机关管辖范围内的监察事项，"也就是说，并不是省纪监委不仅可以办理市级监委的监察事项，必要时也可以办理市辖区、县级监委的事务。其次，按照监察全覆盖的对象为人而非机关的逻辑，一般适用地域管辖原则。当公职人员出现岗位调动、挂职锻炼、交换等特殊情况，《监察法》也作出例外说明："监察机关之间对监察事项的管辖有争议的，由其共同的上级监察机关确定。"最后，当涉及的监察案件复杂、需要回避等情形时，"上级监察机关可以将其所管辖的监察事项指定下级监察机关管辖，也可以将下级监察机关有管辖权的监察事项指定给其他监察机关管辖。"

（三）监察职责与权限

国家监察是对公权力最直接、最有效的监督。①《监察法》第二章第十一条载明："监察委员会依照本法和有关法律规定履行监督、调查、处置职责。"以下分别对监察委员会这三项职责予以阐释。

1. 监督职责

2016 年第十八届中央纪委六次全会上，习近平将纪委的三项主要任务概括为监督、执纪、问责，同年 10 月，《党内监督条例》对党内的不同主体明确了监督职责。《监察法》的出台使得党内监督与国家监督相结合，两者内在的高度一致性构成了中国特色廉政治理的重要组成部分。

---

① 王卓. 深化纪检监察体制改革 健全党和国家监督体系［N］. 中国纪检监察报，2022-01-15（001）.

监察委员会的政治定位决定了其必须将监督检查放在首位。① 首先，监督检查的情况是依法履职，即监察对象是否依法、依职权履行职务，是否存在违法作为的情况。其次，监察对象是否秉公用权，是否存在以权谋私、以权谋利等情况。再次，监察对象是否廉洁从政，是否存在贪污受贿、权钱交易、权色交易等情况。最后，还要对监察对象的道德操守情况进行监督，受监察对象属行使国家公权力的人员，一定程度上具备模范带头作用，其从业道德、社会公德、个人美德会对社会产生一定的正效应，因此也理应受到监督。

2. 调查职责

"对涉嫌贪污贿赂、滥用职权、玩忽职守、权力寻租、利益输送、徇私舞弊以及浪费国家资财等职务违法和职务犯罪进行调查"是《监察法》对监察委调查措施的具体阐释。职务违法与职务犯罪虽在内容上会呈现出重合的现象，但两者有性质上的区别。职务违法之前属于行政监察的范畴，情节较轻，而职务犯罪此前属于检察监察的范畴，情节较重。对公职人员进行涉嫌职务违法和职务犯罪行为的调查，能够扎进不敢腐的制度的笼子，强化不敢腐的震慑，也体现了监委工作的特色。作为监委的一项经常性工作，调查措施适用得当与否关乎监察委的合法性和合宪性能否得到党和人民的认可。

为了确保监委能够切实、妥当行使调查职责，《监察法》赋予了其15项具体的调查措施，即谈话、讯问、询问、查询、冻结、调取、查封、扣押、搜查、勘查检验、鉴定、留置。对留置这一有限制人身自由倾向的强制性措施而言，《监察法》亦对可适用的四种情况作出限制："涉及案情重大、复杂的；可能逃跑、自杀的；可能串供或者伪造、隐匿、毁灭证据的；可能有其他妨碍调查行为的。"

3. 处置职责

根据《监察法》中对监察委行使处置职责的对象划分，主要包括四个方面：（1）"对违法的公职人员依法作出政务处分决定。"监委有权依据监督、调查的结果对违法的公职人员作出警告、记过、记大过、降级、撤职、开除等政务处分。（2）"对履行职责不力、失职失责的领导人员进行问责。"此处问责的对象

---

① 黄武. 述评之二 监督是纪委监委的首要职责基本职责 [J]. 中国纪检监察，2018（09）：24–26.

主要指公职人员中的管理人员，包括中国共产党机关、人大机关、行政机关、监察机关、审判机关、检察机关、政协机关、民主党派和工商联机关中担任各级领导职务和副调研员以上非领导职务的人员；参照公务员法管理的单位中担任各级领导职务和副调研员以上非领导职务的人员；大型、特大型国有和国有控股企业中层以上领导人员，中型以下国有和国有控股企业领导班子成员，以及上述企业中其他相当于县处级以上层次的人员；事业单位领导班子成员及其他六级以上管理岗位人员。（3）"对涉嫌职务犯罪的，将调查结果移送人民检察院依法审查、提起公诉。"对被调查人涉嫌职务犯罪，监察机关经调查认为犯罪事实清楚，证据确实、充分的，制作起诉意见书，连同案卷材料、证据一并移送检察机关依法审查、提起公诉。（4）"向监察对象所在单位提出监察建议。"监察建议是监察委员会依照法定职权，根据监督、调查结果，对监察对象所在单位廉政建设和履行职责存在的问题等提出的。监察建议不同于一般的工作建议，它具有法律效力，被提出建议的有关单位无正当理由必须履行监察建议要求其履行的义务，否则，就要承担相应的法律责任。

### 三、监察法的适用及其限度

2018 年 3 月 20 日，第十三届全国人大一次会议表决通过《中华人民共和国监察法》（以下简称《监察法》），这是我国法律制度、政治制度以及政治体制建设中具有里程碑意义的举措，象征着国家监察体制改革已经完成了监察权的顶层制度设计。《监察法》是我国第一部针对国家监察反腐败工作的基础性作用和统领性的法律，对于构建不敢腐、不能腐、不想腐的国家长效反腐败机制具有重大影响。其运行一年多以来，坚定了党在领导国家反腐败工作中的地位，进一步扩大监察范围，监察力量更加集中、权威，监察依据更加合法、合理，反腐败行动在逐渐完善制度优势的同时，转化为治理效能，对推进我国反腐败立法工作具有重大意义。

但《监察法》作为一部反腐败基础性法律，立法设计上并非像《刑法》与《刑诉法》那般实体法与程序法分离，而是为了尽量减小监察体制改革的阻力，《监察法》遵循了"综合立法模式"①，将主体法、组织法、行为法、程序法集

---

① 秦前红. 监察法学的研究方法刍议［J］. 河北法学，2019，37（04）：14-21.

于一体。同时由于监察委被定位为政治机关，《监察法》中包含了大量的政治性用语，这使得在具体运行上会出现法律依据不明确、较强的自由裁量性等弊端，加之落实反腐败的下位法尚未形成，监察官法、监察委员会组织法等尚在讨论中，为了使当下国家各级监察工作更加明朗，比对《刑法》，将《监察法》管辖的罪名在下表中列明，并对《监察法》适用中的问题及局限作简要分析。

**《监察法》管辖的罪名一览表（选自《刑法》）**

| | |
|---|---|
| 贪污贿赂犯罪 | 贪污罪（第382条）；挪用公款罪（第384条）；受贿罪（第385条）；单位受贿罪（第387条）；利用影响力受贿罪（第388条节选）；行贿罪（第389条）；对有影响力的人行贿罪（第390条）；对单位行贿罪（第391条）；介绍贿赂罪（第392条）；单位行贿罪（第393条）；巨额财产来源不明罪（第395条）；隐瞒境外存款罪（第395条节选）；私分国有资产罪（第396条）；私分罚没财物罪（第396条）；非国家工作人员受贿罪（第163条）；对非国家工作人员行贿罪（第164条）；对外国公职人员、国际公共组织官员行贿罪（第164条）。 |
| 滥用职权犯罪 | 滥用职权罪（第397条）；国有公司、企业、事业单位人员滥用职权罪（第168条）；滥用管理公司、证券职权罪（第403条）；食品监管渎职罪（第408条）；故意泄漏国家秘密罪（第398条）；报复陷害罪（第254条）；阻碍解救被拐卖、绑架妇女、儿童罪（第416条）；帮助犯罪分子逃避处罚罪（第417条）；违法发放林木采伐许可证罪（第407条）；办理偷越国（边）境人员出入境证件罪（第415条）；放行偷越国（边）境人员罪（第415条）；挪用特定款物罪（第273条）；非法剥夺公民宗教信仰自由罪（第251条）；侵犯少数民族风俗习惯罪（第251条）；打击报复会计、统计人员罪（第255条）。 |
| 玩忽职守犯罪 | 玩忽职守罪（第397条）；国有公司、企业、事业单位人员失职罪（第168条）；签订、履行合同失职被骗罪（第406条）；国有机关工作人员签订、履行合同失职被骗罪（第406条）；环境监管失职罪（第408条）；传染病防治失职罪（第409条）；商检失职罪（第412条）；动植物检疫失职罪（第413条）；不解救被拐卖、绑架妇女、儿童罪（第416条）；失职造成珍贵文物损毁、流失罪（第419条）；过失泄漏国家秘密罪（第398条）。 |

| | |
|---|---|
| 徇私舞弊犯罪 | 徇私舞弊低价折股、出售国有资产罪（第169条）；非法批准征收、征用、占用土地罪（第410条）；非法低价出让国有土地使用权罪（第410条）；非法经营同类营业罪（第165条）；为亲友非法牟利罪（第166条）；枉法仲裁罪（第399条）；徇私舞弊发售发票、抵扣税款、出口退税罪（第405条）；商检徇私舞弊罪（第412条）；动植物检疫徇私舞弊罪（第413条）；放纵走私罪（第411条）；放纵制售伪劣商品犯罪行为罪（第414条）；招收公务员、学生徇私舞弊罪（第418条）；徇私舞弊不移交刑事案件罪（第402条）；违法提供出口退税凭证罪（第405条）；徇私舞弊不征、少征税款罪（第404条）。 |
| 责任事故犯罪 | 重大责任事故罪（第134条）；教育设施重大安全事故罪（第138条）；消防责任事故罪（第139条）；重大劳动安全事故罪（第135条）；强令违章冒险作业罪（第134条）；不报、谎报安全事故罪（第139条）；铁路运营安全事故罪（第132条）；重大飞行事故罪（第131条）；大型群众性活动重大安全事故罪（第135条）；危险物品肇事罪（第136条）；工程重大安全事故罪（第137条）。 |
| 其他犯罪 | 破坏选举罪（第256条）；背信损害上市公司利益罪（第169条）；金融工作人员购买假币、以假币换取货币罪（第171条）；利用未公开信息交易罪（第180条）；诱骗投资者买卖证券、期货合约罪（第181条）；背信运用受托财产罪（第185条）；违法运用资金罪（第185条）；违法发放贷款罪（第186条）；吸收客户资金不入账罪（第187条）；违规出具金融票证罪（第188条）；对违法票据承兑、付款、保证罪（第189条）；非法转让、倒卖土地使用权罪（第228条）；私自开拆、隐匿、毁弃邮件、电报罪（第253条）；职务侵占罪（第271条）；挪用资金罪（第272条）；故意延误投递邮件罪（第304条）；泄漏不应公开的案件信息罪（第308条）；披露、报道不应公开的案件信息罪（第308条）；接送不合格兵员罪（第374条）。 |

（一）监察全覆盖的边界

习近平在党的第十九次全国人民代表大会上提出："深化国家监察体制改革，将试点工作在全国推开，组建国家、省、市、县级监察委员会，同党的纪律检查机关合署办公，实现对所有行使公权力的公职人员监察全覆盖。"针对监察体制改革提出的"全覆盖"，应作特定情景下的分析，即使属于监察对象，如果出现多重身份加身的情况，也须在明确其职权性质的基础上再做定夺。基于此，监察委员会在行使监察权时应对监察对象的行为性质有清晰的认识。

首先，监察委对监察对象的监督应紧紧围绕反腐败建设展开，对监察手段的选择要以是监察对象为第一考虑因素，其次明确监察对象的行为是否属于可监察事项，是否有法律依据，是否妨碍其他国家机关的运行。其一，监察委对人大的监督。我国人大不仅是代议机关或立法机关，更是地位优越于其他国家机关的权力机关。① 对于人大代表来讲，因人大代表属于特殊的非典型国家公职人员，在担任人大代表的同时还兼任其他职务，不能将其完全等同于典型的公职人员纳入监察范围，而是须先对人大代表的行为性质作出界定。② 当人大代表不履行代表义务，而是依仗某一职务（职位本身自带公权力属性）作出某些行为时，理应受到监察委的监督。当其一人大代表的身份履行立法权、决定权、任免权、监督权时，监察机关则不应介入，《宪法》第七十五条也提出："全国人民代表大会代表在全国人民代表大会各种会议上的发言和表决，不受法律追究。"其二，按照国家新政权组织结构"一府一委两院"的设计，监察委是与法院、检察院平行的人大之下的国家权力机关，行政权、监察权、审判权、检察权之间本能存在相互制约与平衡的结构，监察权对审判权、检察权的监督也是应有之义。但监察委对法院、检察院的监督应以不能触碰司法独立为底线。司法独立作为一项宪法原则，"调整着国家司法机关与立法、行政机关等其他职能部门之间的关系"。监察机关对审判机关的监督，不得有碍于法官的独立审判，监督应限于对司法行政人员、辅助人员进行监督。监察机关对检察机关的监督，更多体现在业务上的相互衔接和制约，下文将作深入分析。

其次，县级监察委员会作为本辖区内唯一履行监察权的监察主体，如果县域内所有监察对象都有县级监察委管辖，则势必会出现心有余而力不足的窘境。基于此，《监察法》第十二条提出："各级监察委员会可以向本级中国共产党机关、国家机关、法律法规授权或者委托管理公共事务的组织和单位以及所管辖的行政区域、国有企业等派驻或者派出监察机构、监察专员，"给予各级监察委

---

① 王超之，陈云生. 新宪法讲话 ［M］. 四川人民出版社 1983：85.
② 秦前红. 国家监察法实施中的一个重大难点：人大代表能否成为监察对象 ［J］. 武汉大学学报（哲学社会科学版），2018，71（06）：139-151.

派驻、派出监察机构和监察专员的权力。但在实践中,《监察法》并未赋予原依据《行政监察法》设置的派出机构,导致现有乡镇监察室"名不正言不顺",存在职责不明的情况。《监察法》运行中的这些问题尚有待进一步在理论和实践上给予回应和探索。

## (二) 调查权的依法谨慎行使

《监察法》赋予了监察委通过统一的调查来确定三项违法犯罪事实的职能,实现了党纪调查、政纪调查与刑事调查的有机衔接,避免了不同调查机关对同一案件调查的重复和拖延,提高了反腐败案件调查活动的效率。① 调查权是监察权的重要内容之一,对于保障监察权的运行具有保障性意义。《监察法》第十一条第二款提出监察委将对涉嫌贪污贿赂、滥用职权、玩忽职守、权力寻租、利益输送、徇私舞弊以及浪费国家资财七类职务违法和职务犯罪行为展开调查。就此,将原适用《刑诉法》,属于检察机关的职务犯罪调查权或涉嫌职务犯罪的侦查权全部归纳至监察委。基于此,如何科学定位与理解、妥当地行使调查权必将影响到监察权的强度、力度、准度。②

为了履行监察委监督、调查、处置职能,监察委依法享有 12 项具体的措施。根据调查的性质和后果,将调查权分为强制性调查,适用查询、冻结、调取、查封、扣押、搜查等措施;剥夺人身自由的调查,适用留置、限制出境、决定发布通缉令等措施;专业技术调查,适用记录监控、行踪监控、通信监控、场所监控等措施。技术性调查的适用条件需满足以下几个条件:一是采取审慎原则,一定是常规措施无法满足调查目的时才可适用,考虑到实际需要的同时必须三思涉及的公民、组织的基本权利;二是必须严格依据程序办事,采取措施、适用对象一定要明确;三是技术性调查监察委不能自己进行,必须交公安机关协助执行;四是要严格遵照"三个月"的期限,如果一经延长,依然要履行原来的审批程序;五是对于在三个月有效期限内不需要继续采取技术调查措施的,应及时解除,以免对公民、组织的权力造成损害。③ 弱强制性调查,适

---

① 彭训文. 四大亮点引领反腐败国家立法 [N]. 人民日报海外版, 2018-03-26 (005).
② 华小鹏. 监察权运行中的若干重大问题探讨 [J]. 法学杂志, 2019, 40 (01): 56-63.
③ 倪铁. 监察技术调查权运作困境及其破局 [J]. 东方法学, 2019 (06): 41-50.

用谈话、询问、讯问、勘验检查、鉴定等措施。①

根据监察委员会为政治机关的定位，调查不等同于侦查，留置不等同于刑事强制措施，被调查人也不等同于犯罪嫌疑人。单从案件措施来看，行政强制措施包括限制人身自由、查封、扣押、冻结和其他，刑事强制措施包括取保候审、拘传、监视居住、拘留和逮捕，这与监察委对职务违法和职务犯罪的调查措施有重合之处。但如果将监察委的调查权等同于行政调查权，不但无法解决监察权的权威性和独立性，而且行政调查不受《刑诉法》约束，国家监察体制改革将处于难显其效的尴尬，也难逃同体监督的弊端。因此，虽然监察委的调查权对于党纪调查、政纪调查和刑事调查一体化的调查方式，割裂地看待监察委员会调查活动的行政调查属性和刑事侦查属性都是不合适的，监察委调查权的具体职能并非单一行使侦查权或行政调查权所能涵盖的。②

目前，学术界对于监察委调查权的质疑主要集中在其与刑事侦查措施的相似性，但因监察委的调查权在调查阶段不受《刑诉法》约束，不经司法审批和授权程序，亦不允许律师在监察委调查阶段介入，导致监察委在调查程序上的法治化水平受到质疑。在实务界，监察委调查措施的使用程序虽然没有像公安机关刑事侦查权那般严格，但也需要完成一定的审批程序，尤其是在留置权的适用条件上，因为政治机关的定位，目前也没有明确的法律依据，在运行上尤其谨慎小心。

"职务犯罪措施的基本目的是实现惩罚犯罪与保障人权的统一，直接目的是及时快速实现侦查目的"。③ 时下，在监察委使用调查权时，首先应明确调查对象，是否囊括在监察委的监察对象内，监察"全覆盖"并不意味着监察对象范围的无限扩大。其次，应对调查对象的违纪、违法、犯罪行为作一定区分，党纪调查、政纪调查和犯罪调查应在事前尝试分流处理。调查对象的违法、犯罪行为也须区别是否与职务相关。

（三）《监察法》与《刑诉法》

《监察法》以《行政监察法》为立法蓝本，吸收借鉴了行政监察的内容，

① 陈瑞华. 论监察委员会的调查权［J］. 中国人民大学学报，2018，32（04）：10-20.
② 秦前红. 监察体制改革的逻辑与方法［J］. 环球法律评论，2017，39（02）：17-27.
③ 王建明. 职务犯罪侦查措施的结构、功能及适用原则［J］. 中国法学，2007（05）：27-38.

在立法层面实现《行政监察法》向《监察法》的转变,① 但"监察机关既不是政府部门,也不是司法机关,而是一个与行政机关和司法机关平行的执法监督机关。"② 根据《宪法》对监察机关的定位,即"行使国家监察职能的专责机关;监察委员会依照法律规定独立行使监察权,不受行政机关、社会团体和个人的干涉,"监察权的主要内容,即将此前原属于检察机关的职务犯罪的侦查权整合至监察委。基于此,为了确保职务违法犯罪工作在法治框架内运行,监察机关须与检察机关实现在《刑诉法》规范内的对接。

从监察委与纪委合署办公的组织机制来看,根据其监督对象及职权配置,监察委的调查权包括党纪调查、政纪调查及涉嫌职务违法犯罪的刑事调查。对于调查认定事实以违反党纪为结果的,根据《党章》《中国共产党纪律处分条例》等党内法规为依据,由纪委作出警告、严重警告、撤销党内职务、留党察看和开除党籍的党纪处分。对于调查认定事实以违反政纪为结果的,监察委可以作出三种处分:一是针对职务违法但情节较轻的公职人员,即轻微政务处分,通过"谈话提醒、批评教育、责令检查、予以诫勉"等措施进行矫正;二是针对违法公职人员,即作出正式的政务处分,"警告、记过、记大过、降级、撤职、开除"等决定;三是针对不履行或不正确履行职责并负有领导责任的领导人员,可直接作出问责决定,或向有权作出问责决定的机关提出问责建议。③

受《监察法》约束的监察委,须与受《刑诉法》约束的检察机关实现衔接的部分,即监察委对涉及职务犯罪的调查。监察程序是监察机关在《监察法》的约束下履行监督、调查、处置的职能,检察机关的公诉程序是检察机关依据《刑诉法》向审判机关提请追究被告人刑事责任的程序。

两者衔接的关键点在于,如何实现监察委采取留置措施到检察机关审查起诉的有序衔接。按照检察机关对刑事案件的公诉程序,监察委适用留置到审查起诉的衔接顺序应是:留置,适用监察程序;逮捕或其他强制性措施和审查起

① 刘艳红.《监察法》与其他规范衔接的基本问题研究 [J]. 法学论坛, 2019, 34 (01):5-15.

② 马怀德. 国家监察体制改革的重要意义和主要任务 [J]. 国家行政学院学报, 2016(06): 15-21.

③ 李庚. 复审、复核机关撤销原政务处分决定应符合哪些情形? [J]. 中国纪检监察, 2020 (13): 29.

诉，适用司法程序；提起公诉，进入司法审判程序；退回补充侦查，返回监察程序；决定不起诉，案件终结，或返回监察程序进行复议。①

另一个关键点涉及《监察法》与《刑诉法》的程序维度，同样具有侦查性质，监察委在对职务犯罪案件进行调查之后，将案件移送检察机关，在职务犯罪认定标准上能否与《刑诉法》一致。监察机关的调查已经实质构成了刑事诉讼的前置程序，② 具备《刑诉法》上犯罪侦查的法律效果，成为检察机关制约监察机关的基础。③ 因此，就监察委对职务犯罪的调查而言，与《刑诉法》规范的犯罪侦查只应存在分工上的差异，不应存在犯罪认定标准上的区分。

第三个关键点在于监察委在职能上的包容性，不仅对职务犯罪享有调查权，同时还享有对职务违纪、违法的调查权和处置权。明确职务犯罪与职务违纪违法的边界，理清政务处分与刑事追究的界限，是《监察法》与《刑诉法》衔接的实体维度之一。④

（四）监察机关自身职权的限度

权力制约即以社会各种控制手段规范公职权力的合理界限的一切活动，其实质就是"以权力制约权力"。⑤ 为了解决"同体监督乏力，异体监督缺失，党纪国法断层，监察资源分散，对象难以周延"等⑥反腐弊端，现行的监察权集行政监督、检察监督、司法监督于一身，兼具行政权和检察权的属性⑦。监察委作为国家专责监督机关，法律定位平行于"一府两院"，监察权亦升格为有别

---

① 秦前红，叶海波. 国家监察制度改革研究［M］. 法制出版社，2018.

② 陈邦达. 推进监察体制改革应当坚持以审判为中心［J］. 法律科学（西北政法大学学报），2018，36（06）：170-178.

③ 魏小伟. 论刑事审判对监察机关职务犯罪调查的制约［J］. 安徽大学学报（哲学社会科学版），2021，45（06）：90-99.

④ 姜涛. 国家监察法与刑事诉讼法衔接的重大问题研究［J］. 南京师大学报（社会科学版），2018（06）：97-108.

⑤ 林喆. 权力腐败与权力制约［M］. 法律出版社1997.

⑥ 秦前红. 困境、改革与出路：从"三驾马车"到国家监察——我国监察体系的宪制思考［J］. 中国法律评论，2017（01）：176-182.

⑦ 韩大元. 论国家监察体制改革中的若干宪法问题［J］. 法学评论，2017，35（03）：11-22.

于行政权、司法权、立法权的"现代公共权力'第四权'"。① 基于此,监察权作为独立性强、综合性强且高效的国家权力,理应受到监督和制约。

《监察法》第七章就对监察机关和监察人员的监督作出规定,分别就人大及其常委会的监督、民主监督、社会监督、舆论监督和内部专门监督的方式进行具体说明。

---

① 魏昌东. 国家监察委员会改革方案之辨正:属性、职能与职责定位 [J]. 法学,2017 (03):3-15.

# 第四章

# 监察体制改革中的相关法律法规衔接问题

第五次宪法修正案主要解决的是监察体制改革中的合宪性问题，《监察法》的制定解决的是监察机关权力行使的规范性问题。继修宪监察法和制定之后，国家监察体制改革还应遵循《全面依法治国决定》中有关"实现立法和改革决策相衔接，做到重大改革于法有据、立法主动适应改革和经济社会发展需要"的法治精神和法治原则，进一步解决监察体制改革中涉及的相关法律法规修改完善问题，特别是相关刑事法律的法律衔接问题。结合 2016 年 12 月 25 日，第十二届全国人民代表大会常务委员会第二十五次会议通过的《关于在北京市、山西省、浙江省开展国家监察体制改革试点工作的决定》和 2017 年 11 月 4 日，第十二届全国人大常委会第三十次会议审议通过的《关于在全国各地推开国家监察体制改革试点工作的决定》的内容的基础上，本章重点选取了监察体制改革主要涉及的《中华人民共和国刑事诉讼法》《中华人民共和国人民检察院组织法》和《中华人民共和国国际刑事司法协助法》三部刑事法律的修订或制定情况进行分析。考虑到作为政治体制改革的监察体制改革还涉及党内法规的衔接问题，因此，本章在第二部分选取了《中国共产党纪律处分条例》《公职人员政务处分暂行规定》和《中国共产党纪律检查机关监督执纪工作规则》三部重要的规范性文件作为分析对象。此外，本章第三部分，还专门针对监察体制改革中较为热点的非法证据排除规则问题，进行了学理上梳理和讨论，以此来分析国家监察体制改革中涉及的相关刑事法律和监察法在非法证据排除规则方面的衔接和适用问题。

**一、监察体制改革中的刑事法律衔接问题**

（一）监察体制改革与《刑事诉讼法》的修订

2018 年 10 月 26 日，十三届全国人大常委会第六次会议表决通过关于修改刑事诉讼法的决定，这是自 1979 年制定《刑事诉讼法》以来第三次对其作出修改，新的刑诉法建立了刑事缺席审判制度，以加强境外追逃，同时，完善了与监察法的衔接机制，刑事案件认罪认罚从宽制度等，以顺应国家监察体制改革、反腐败国际追逃追赃以及深化司法体制改革所进行的一系列重大决策部署。通过对比新旧刑事诉讼法的内容来看（详细内容可参考本书附录 2），其修改的内容主要涉及以下几个方面。

1. 调整检察机关的案件管辖范围与侦查权

监察法确定对于公职人员的职务犯罪由监察机关负责调查，这需要对人民检察院的侦查职权做出相应的调整。在司法程序与监察程序衔接方面，新修改的刑事诉讼法第二章"管辖"对人民检察院的侦查权做了相应的调整，其第十九条规定："人民检察院在对诉讼活动实行法律监督中发现的司法工作人员利用职权实施的非法拘禁、刑讯逼供、非法搜查等侵犯公民权利、损害司法公正的犯罪，可以由人民检察院立案侦查。"① 新的条文删除了原条文中人民检察院拥有的一般职务犯罪侦查权，保留人民检察院在诉讼监督中对"司法工作人员"利用职权实施的"侵害公民权利、损害司法公正犯罪的侦查权"。对这一条文的理解还需明确以下两个问题：

一是，第十九条规定的人民检察院的侦查对象是"司法工作人员"，按照《宪法》和《监察法》的规定，监察委员会是"监察机关"，其履行的职能是"监察权"，那么监察机关工作人员是否应归属于司法人员？按照现行的说法，如果不归属于司法工作人员，那么人民检察院对于监察人员利用职权侵犯公民权利、损害司法公正的犯罪也就无管辖权，那么对监察机关调查过程中"侵害公民权利、损害司法公正犯罪的侦查权"的行为又该如何进行监督？这就值得思考。

---

① 全国人民代表大会常务委员会关于修改《中华人民共和国刑事诉讼法》的决定 ［J］. 中华人民共和国全国人民代表大会常务委员会公报，2018（06）：688-726.

二是，第十九条规定的人民检察院侦查权的管辖范围是"非法拘禁、刑讯逼供、非法搜查等侵犯公民权利、损害司法公正的犯罪"。根据以前最高检的规定，人民检察院在诉讼监督中所拥有的"侵害公民权利犯罪的侦查权"包括了"非法拘禁罪、非法搜查罪、刑讯逼供罪、暴力取证罪、虐待被监管人罪、报复陷害罪、破坏选举罪"等，"损害司法公正犯罪的侦查权"则包括了"徇私枉法罪，民事、行政枉法裁判，执行判决裁定失职罪，执行判决裁定滥用职权罪，私放在押人员罪，失职致使在押人员脱逃罪，徇私舞弊减刑、假释、暂予监外执行罪、帮助犯罪分子逃避处罚罪"等。如果按照选择条件来理解，这些罪名都是人民检察院的管辖范围，如果按照并列条件来理解，则只有"非法拘禁、刑讯逼供、非法搜查"这三个罪名恰恰是"侵犯公民权利"和"损害司法公正"的共同罪名，这在字面释义上存在一定歧义。根据 2018 年 4 月 17 日，中纪委国家监察委印发的《国家监察委员会管辖规定（试行）》中详细列举的监察机关可以管辖的 88 个罪名，以及根据 2018 年 11 月 24 日，最高人民检察院印发的《关于人民检察院立案侦查司法工作人员相关职务犯罪案件若干问题的规定》中规定的人民检察院在对诉讼活动实行法律监督中，可以管辖的司法工作人员涉嫌利用职权实施的包括"非法拘禁罪（刑法第二百三十八条）（非司法工作人员除外）；非法搜查罪（刑法第二百四十五条）（非司法工作人员除外）；刑讯逼供罪（刑法第二百四十七条）；暴力取证罪（刑法第二百四十七条）；虐待被监管人罪（刑法第二百四十八条）；滥用职权罪（刑法第三百九十七条）（非司法工作人员滥用职权侵犯公民权利、损害司法公正的情形除外）；玩忽职守罪（刑法第三百九十七条）（非司法工作人员玩忽职守侵犯公民权利、损害司法公正的情形除外）；徇私枉法罪（刑法第三百九十九条第一款）；民事、行政枉法裁判罪（刑法第三百九十九条第二款）；执行判决、裁定失职罪（刑法第三百九十九条第三款）；执行判决、裁定滥用职权罪（刑法第三百九十九条第三款）；私放在押人员罪（刑法第四百条第一款）；失职致使在押人员脱逃罪（刑法第四百条第二款）；徇私舞弊减刑、假释、暂予监外执行罪（刑法第四百零一条）。"[①] 14 项侵犯公民权利、损害司法公正的具体罪名。人民检察院和监察机

---

① 王建平，高翼飞.《关于人民检察院立案侦查司法工作人员相关职务犯罪若干问题的规定》理解与适用［J］. 人民检察，2019（04）：56-59.

关在管辖的罪名上虽然并没有冲突，但却减少了人民检察院在诉讼监督中所拥有的包括"报复陷害罪（刑法第二百五十四条），破坏选举罪（刑法第二百五十六条），帮助犯罪分子逃避处罚罪（刑法第四百一十七条）"等原有侦查权，将这部分权力归属于监察机关。

2. 完善关联案件管辖的协调衔接

所谓关联案件，是指"一人犯数罪、共同犯罪、共同犯罪嫌疑、被告人实施了其他犯罪，以及多个犯罪嫌疑人、被告人实施的犯罪存在关联"，因此两个以上的办案机关都有权管辖的案件，针对关联案件，既可以由一个机关对多个犯罪实行并案处理，也可以由不同机关分别侦查。为解决关联案件的管辖冲突问题，2012 年最高人民法院、最高人民检察院等六部联合发布了《关于实施刑事诉讼法若干问题的规定》，以确定了分别立案侦查，同时实行"主罪为主"的管辖原则。其第一条规定："公安机关侦查刑事案件涉及人民检察院管辖的贪污贿赂案件时，应当将贪污贿赂案件移送人民检察院；人民检察院侦查贪污贿赂案件涉及公安机关管辖的刑事案件，应当将属于公安机关管辖的刑事案件移送公安机关。在上述情况中，如果涉嫌主罪属于公安机关管辖，由公安机关为主侦查，人民检察院予以配合；如果涉嫌主罪属于人民检察院管辖，由人民检察院为主侦查，公安机关予以配合。"① 这一规定已经明确了职能管辖中互涉案件的处理原则，即分别立案侦查，同时实行"主罪为主"管辖原则。

然而，监察法草案第三十四条规定："人民法院、人民检察院、公安机关、审计机关等国家机关在工作中发现公职人员涉嫌贪污贿赂、失职渎职等职务违法或者职务犯罪的问题线索，应当移送监察机关，由监察机关依法调查处置。被调查人既涉嫌严重职务违法或者职务犯罪，又涉嫌其他违法犯罪的，一般应当由监察机关为主调查，其他机关予以协助。"② 这一规定采用了"监察为主"管辖原则，与长期的管辖实践相冲突。为解决案件管辖的冲突问题，2018 年 4月 17 日，中纪委国家监察委印发了《国家监察委员会管辖规定（试行）》，详细列举了监察机关可以管辖的 88 个罪名③。2018 年 11 月 24 日，最高人民检察

---

① 关于实施刑事诉讼法若干问题的规定［N］. 检察日报，2012-12-28（003）.

② 中华人民共和国监察法［N］. 人民日报，2018-03-27（001）.

③ 林艺芳. 监察检察主体互涉案件管辖问题检视［J］. 法学杂志，2021，42（05）：110-118.

院印发了《关于人民检察院立案侦查司法工作人员相关职务犯罪案件若干问题的规定》，规定了人民检察院在对诉讼活动实行法律监督中可以管辖的司法工作人员涉嫌利用职权侵犯公民权利、损害司法公正的 14 项具体罪名。从双方公布的具体管辖罪名来看，在具体的罪名上，并没有出现管辖冲突，且最高人民检察院印发的《关于人民检察院立案侦查司法工作人员相关职务犯罪案件若干问题的规定》中规定："人民检察院立案侦查时，发现犯罪嫌疑人同时涉嫌监察委员会管辖的职务犯罪线索的，应当及时与同级监察委员会沟通，一般应当由监察委员会为主调查，人民检察院予以协助。经沟通，认为全案由监察委员会管辖更为适宜的，人民检察院应当撤销案件，将案件和相应职务犯罪线索一并移送监察委员会；认为由监察委员会和人民检察院分别管辖更为适宜的，人民检察院应当将监察委员会管辖的相应职务犯罪线索移送监察委员会，对依法由人民检察院管辖的犯罪案件继续侦查。人民检察院应当及时将沟通情况报告上一级人民检察院。沟通期间，人民检察院不得停止对案件的侦查。监察委员会和人民检察院分别管辖的案件，调查（侦查）终结前，人民检察院应当就移送审查起诉有关事宜与监察委员会加强沟通，协调一致，由人民检察院依法对全案审查起诉。"① 这与监察法的第三十四条的规定相衔接，在一定程度上有利于规范和调整人民检察院在处理关联案件时的习惯性做法，实现了制度规范上的衔接。

3. 建立值班律师制度

法律援助值班律师制度的主要目的是为进入刑事诉讼程序的犯罪嫌疑人或者被告人提供即时初步的服务。新修改的刑事诉讼法在第四章"辩护与代理"第三十六条新增了值班律师制度，"为没有委托辩护人、法律援助律师没有指派律师为其辩护的当事人提供法律咨询、程序选择建议、申请变更强制措施以及对案件的处理提出意见等法律援助"。根据法条"法律援助机构可以在人民法院、看守所等场所派驻值班律师"，且"人民法院、人民检察院、看守所应当告知犯罪嫌疑人、被告人有权约见值班律师，并为犯罪嫌疑人、被告人约见值班

---

① 王建平，高翼飞.《关于人民检察院立案侦查司法工作人员相关职务犯罪若干问题的规定》理解与适用 [J]. 人民检察，2019（04）：56-59.

律师提供便利"。① 这一规定是刑事诉讼法在人权保障方面作出的重大进步。早在 2017 年 8 月 28 日,两高三部就出台《关于开展法律援助值班律师工作的意见》②,对值班律师制度作出相关规定,以此来落实中共中央办公厅、国务院办公厅《关于完善法律援助制度的意见》,充分发挥法律援助值班律师在以审判为中心的刑事诉讼制度改革和认罪认罚从宽制度改革试点中的职能作用,依法维护犯罪嫌疑人、刑事被告人诉讼权利。③ 配置必要的人权保障措施,是维系刑事诉讼程序正当性,同时保证取证质量的必为之举。④

4. 建立刑事缺席审判制度

新修订的刑事诉讼法第五编"特别程序"中新增第三章"缺席审判程序"共计七条,规定了刑事缺席审判制度。缺席审判制度,就是法院对未到庭的被告人进行定罪量刑的审判活动。这一制度的建立,一方面是将 2012 年修改刑事诉讼法时,增加的犯罪嫌疑人、被告人逃匿死亡案件违法所得的没收程序,进一步提升和完善;另一方面是基于"以零容忍的态度惩治腐败"的考量,将自 2014 年以来对建立刑事缺席审判制度的论证和实践正式上升为法律规定。⑤ 通过建立刑事缺席审判制度,对外逃的犯罪分子及时作出法律上的否定评价,有助于丰富惩治犯罪的手段、促进反腐败国际追逃,避免因为时间过长让证据灭失情况的发生。且这一制度的建立符合国际惯例,国外多数国家都规定了一定条件下的刑事缺席审判制度,国际公约也不排除在严格保障被告人权利的前提下进行缺席审判。

从整个的刑事诉讼的制度来讲,被告人出庭的对席审判是一个常态,缺席审判实际是作为一个被告人审判时应当在场的例外性的补充性规定,为了确保这一制度的正确和公正实施,这次增加缺席审判时,对案件的适用范围做了严

---

① 全国人民代表大会常务委员会关于修改《中华人民共和国刑事诉讼法》的决定 [J]. 中华人民共和国全国人民代表大会常务委员会公报,2018 (06):688-726.
② 罗庆东,周颖. 《法律援助值班律师工作办法》的理解与适用 [J]. 人民检察,2021 (02):48-52.
③ 高法院、高检院、公安部、安全部、司法部关于印发《法律援助值班律师工作办法》的通知 [J]. 中华人民共和国国务院公报,2020 (30):60-64.
④ 龙宗智. 监察与司法协调衔接的法规范分析 [J]. 政治与法律,2018 (1):1-18.
⑤ 郭烁. 刑事诉讼法修改的修正案模式检讨 [J]. 环球法律评论,2021,43 (02):119-133.

格的限制。就范围来讲，第二百九十一条将其规定为"贪污贿赂犯罪案件，以及需要及时进行审判，经最高人民检察院核准的严重危害国家安全犯罪、恐怖活动犯罪案件"。①同时，还要求犯罪嫌疑人和被告人在境外，排除在国内潜逃的适用，目的是保证缺席审判得到正确适用，保障当事人的相关合法权益和司法公正。

建立刑事缺席审判制度充分保障了当事人的诉讼权利。从相关的条款设计来讲，缺席审判的管辖明确为"由犯罪地、被告人离境前居住地或者最高人民法院指定的中级人民法院组成合议庭进行审理"，对管辖级别要求比较明确。另外，要求法院要将传票和起诉书副本送达境外被告人，保证被告人的知情权。同时对委托辩护权和上诉权，作了明确的规定，并规定了最高人民法院指定中级人民法院管辖的规定和检察机关对缺席审判判决抗诉的权利，这有利于给缺席审判的被告人一个程序保障。②

5. 确立认罪认罚从宽制度和速裁程序

新刑事诉讼法在第一章总则新增第十五条规定"犯罪嫌疑人、被告人自愿如实供述自己的罪行，承认指控的犯罪事实，自愿接受处罚的，可以依法从宽处理"，将认罪认罚从宽制度正式纳入刑诉法总则。从宽处罚是刑罚运用制度中的重要内容，实体上具体包括"从轻、减轻和免除处罚"，程序上可以采用"速裁程序""简易程序"，以增加办案效率，减少对犯罪嫌疑人或被告人不必要的羁押。新刑事诉讼法明确将认罪认罚的法律效果及其相关规定作为侦查、审查起诉、审判三个环节的内容之一。第八十一条在逮捕的条件中新增一款"批准或者决定逮捕，应当将犯罪嫌疑人、被告人涉嫌犯罪的性质、情节，认罪认罚等情况，作为是否可能发生社会危险性的考虑因素。"规定，将认罪认罚从宽制度纳入审查批准逮捕的考量内容，把认罪认罚情况作为社会危险性的考虑因素之一。第一百六十二条在侦查终结阶段增加"犯罪嫌疑人自愿认罪的，应当记录在案，随案移送并在起诉意见书中写明有关情况"。这一认罪记录随案移送制度，有利于保障将认罪认罚从宽制度的精神一以贯之。第二章"提起公诉"第

①　全国人民代表大会常务委员会关于修改《中华人民共和国刑事诉讼法》的决定［J］.中华人民共和国全国人民代表大会常务委员会公报，2018（06）：688-726.

②　李育林. 刑事重要证据缺失裁判规则研究——以2021年修改的《刑事诉讼法》司法解释新增之第73条为中心展开［J］. 证据科学，2021，29（06）：684-696.

一百七十二条中新增第二款认罪认罚从宽制度和速裁程序的规定："犯罪嫌疑人认罪认罚，符合速裁程序适用条件的，应当在十日以内作出决定，对可能判处的有期徒刑超过一年的，可以延长至十五日。"明确速裁程序的审查起诉期限为十日，可延长十五日。第一百七十三条新增了人民检察院提起公诉前听取意见的相关规定，条文第二款规定"犯罪嫌疑人认罪认罚的，人民检察院应当告知其享有的诉讼权利和认罪认罚的法律规定，听取犯罪嫌疑人、辩护人或者值班律师、被害人及其诉讼代理人对下列事项的意见，并记录在案：（1）涉嫌的犯罪事实、罪名及适用的法律规定；（2）从轻、减轻或者免除处罚等从宽处罚的建议；（3）认罪认罚后案件审理适用的程序；（4）其他需要听取意见的事项。"并明确了值班律师在本条中的作用，条文第三款规定"人民检察院依照前两款规定听取值班律师意见的，应当提前为值班律师了解案件有关情况提供必要的便利。"第一百七十四条针对认罪认罚从宽制度新增了有关签署认罪认罚具结书的规定，条文第一款规定"犯罪嫌疑人自愿认罪，同意量刑建议和程序适用的，应当在辩护人或者值班律师在场的情况下签署认罪认罚具结书。"，并在第二款明确了不需要签署具结书的情形。第一百七十六条第二款针对认罪认罚从宽制度新增了向法院提起公诉提出量刑建议和随案移送具结书的规定："犯罪嫌疑人认罪认罚的，人民检察院应当就主刑、附加刑、是否适用缓刑等提出量刑建议，并随案移送认罪认罚具结书等材料。"这一条款相比一般刑事案件，量刑建议要求明确是否适用缓刑的建议。

在第二章"提起公诉"中针对认罪认罚案件中存在重大立功或者涉及国家重大利益的重大突破性情况，新增第一百八十二条"犯罪嫌疑人自愿如实供述涉嫌犯罪的事实，有重大立功或者案件涉及国家重大利益的，经最高人民检察院核准，公安机关可以撤销案件，人民检察院可以作出不起诉决定，也可以对涉嫌数罪中的一项或者多项不起诉。根据前款规定不起诉或者撤销案件的，人民检察院、公安机关应当及时对查封、扣押、冻结的财物及其孳息作出处理。"这对于鼓励检举重大犯罪、维护国家利益有一定积极意义。在审判程序中，第一百九十条规定了一审中法官对认罪认罚被告人的告知义务和审查合法性和真实性的义务"被告人认罪认罚的，审判长应当告知被告人享有的诉讼权利和认罪认罚的法律规定，审查认罪认罚的自愿性和认罪认罚具结书内容的真实性、合法性"。第二百零一条对于认罪认罚案件规定了人民法院在一般情况下"应当采纳检察机关指控罪名和量刑建议"，以尊重检察机关量刑建议为原则，以不采纳为例外，保证认罪认罚速裁程序的高效。在第二章"第一审程序"中增加第四节"速裁程序"共计五条，详细规定了速裁程序的相关内容，包括速裁程序的适用条件、除外条件、启动规定、审理程序、审理期限、当庭宣判，以及审理程序转化等规定。

6. 完善审查起诉阶段的衔接问题

（1）审查起诉

新刑事诉讼法第二章"提起公诉"新增第一百七十条规定"人民检察院对于监察机关移送起诉的案件，依照本法和监察法的有关规定进行审查。人民检察院经审查，认为需要补充核实的，应当退回监察机关补充调查，必要时可以自行补充侦查。对于监察机关移送起诉的已采取留置措施的案件，人民检察院应当对犯罪嫌疑人先行拘留，留置措施自动解除。人民检察院应当在拘留后的十日以内作出是否逮捕、取保候审或者监视居住的决定。在特殊情况下，决定的时间可以延长一日至四日。人民检察院决定采取强制措施的期间不计入审查起诉期限。"①

这一条文是监察与刑事诉讼衔接的重要规定，规定了监察机关移送起诉、补充调查、检察机关自行补充侦查及现行拘留的内容。第二款在监察机关留置和检察机关审查逮捕之间增加先行拘留程序，给下一步审查逮捕、取保候审、监视居住留出时间，根据规定，先行拘留最长 14 日且不计入审查起诉期限，类似于单独的"审查批准逮捕"程序。但审查起诉后，如果人民检察院对犯罪嫌疑人作出监视居住的决定，则便面临另一个法律衔接问题。

（2）监视居住

新刑事诉讼法第七十五条规定："监视居住应当在犯罪嫌疑人、被告人的住处执行；无固定住处的，可以在指定的居所执行。对于涉嫌危害国家安全犯罪、恐怖活动犯罪，在住处执行可能有碍侦查的，经上一级公安机关批准，也可以在指定的居所执行。但是，不得在羁押场所、专门的办案场所执行。"② 同原七

---

① 全国人民代表大会常务委员会关于修改《中华人民共和国刑事诉讼法》的决定［J］.中华人民共和国全国人民代表大会常务委员会公报，2018（06）：688-726.

② 全国人民代表大会常务委员会关于修改《中华人民共和国刑事诉讼法》的决定［J］.中华人民共和国全国人民代表大会常务委员会公报，2018（06）：688-726.

十三条的条文相比，这一条文删除了"特别重大贿赂犯罪嫌疑人"经批准指定居所监视居住的规定。这一条文虽衔接了贿赂犯罪已由检察机关侦查改为监察机关调查，监察机关调查期间的特大贿赂犯罪案件适用监察法的留置措施，不再适用监视居住的规定。① 但这导致对于重特大贿赂犯罪在检察机关审查起诉阶段以及自行补充侦查阶段采取监视居住措施的，也将无法适用此条特殊规定，这就意味着对于特大贿赂犯罪案件的监视居住，可以在羁押场所、专门的办案场所执行。

7. 新增保障人权制度

新刑事诉讼法第一百二十条在讯问犯罪嫌疑人的规定中新增"侦查人员在讯问犯罪嫌疑人的时候，应当告知犯罪嫌疑人享有的诉讼权利，如实供述自己罪行可以从宽处理的法律规定"一款，将讯问时告知犯罪嫌疑人享有的诉讼权利正式纳入刑诉法规定，进一步加强犯罪嫌疑人的人权保障。并对第四编"执行"第二百六十一条第二款中死缓期间故意犯罪一律执行死刑的规定作出重大修改，将原有的规定修改为两种情形：（1）对"被判处死刑缓期二年执行的罪犯，如果故意犯罪，情节恶劣，查证属实，应当执行死刑的"，由最高人民法院核准死刑；（2）对情节并非恶劣的，死缓期间重新计算，并报最高人民法院备案。

（二）监察体制改革与《人民检察院组织法》的修订

人民检察院组织法是规定人民检察院机构设置及其职责权限的重要法律，是我国司法制度的支柱性法律。② 为巩固近年来我国司法体制改革的成果，衔接国家监察体制改革的相关法律规定，2018 年 10 月 26 日，十三届全国人大常委会第六次会议审议通过了修订后的《中华人民共和国人民检察院组织法》③，

---

① 田宏杰. 知识转型与教义坚守：行政刑法几个基本问题研究 [J]. 政法论坛，2018，36（06）：25-36.

② 何晔晖. 关于《中华人民共和国人民检察院组织法（修订草案）》的说明——2017 年 8 月 28 日在第十二届全国人民代表大会常务委员会第二十九次会议上 [J]. 中华人民共和国全国人民代表大会常务委员会公报，2018（06）：754-758.

③ 中华人民共和国人民检察院组织法 [J]. 中华人民共和国最高人民检察院公报，2018（06）：1-5.

这是 1979 年人民检察院组织法颁布以来作出的第一次重大修改①，修订后的人民检察院组织法共计 6 章 53 条，较之原《人民检察院组织法》的 3 章 28 条，修改的力度较大，主要内容是对人民检察院的设置和职权、办案组织、组成人员以及行使职权的保障措施做进一步修改和调整。从衔接国家监察体制改革的需要来看，修订后的《人民检察院组织法》主要在以下几个方面对检察机关的法律监督职能作出明确规定。

一是明确人民检察院的性质和任务，坚持人民检察院是国家法律监督机关的宪法定位。修订后的人民检察院组织法第二条规定："人民检察院是国家的法律监督机关。人民检察院通过行使检察权，追诉犯罪，维护国家安全和社会秩序，维护个人和组织的合法权益，维护国家利益、社会公共利益，保障法律正确实施，维护社会公平正义，维护国家法制统一、尊严、权威，保障中国特色社会主义建设的顺利进行。"并在第五条进一步修改规定："人民检察院行使检察权在适用法律上一律平等，不允许任何组织和个人有超越法律的特权，禁止任何形式的歧视。"在第四十七条又增加了"对于领导干部等干预司法活动、插手具体案件处理，或者人民检察院内部人员过问案件情况的，办案人员应当全面如实记录并报告；有违法违纪情形的，由有关机关根据情节轻重追究行为人的责任"。以此来确定人民检察院独立行使法律监督权，平等使用检察权的基本原则。

二是新增公平正义、平和理性司法、自觉接受监督理念，增加了司法公正原则、司法公开原则、司法责任制原则以及接受人民群众监督原则等基本原则。修订后的人民检察院组织法第七条规定了"人民检察院实行司法公开"的原则；第八条规定了"实行司法责任制"的原则，并在第三十四条具体规定为"人民检察院实行检察官办案责任制"，"检察官对其职权范围内就案件作出的决定负责"，"检察长、检察委员会对案件作出决定的，承担相应责任"；第九条第二款规定"各级人民代表大会及其常务委员会对本级人民检察院的工作实施监督"；第十一条规定司法民主、"接受人民群众监督"的原则，并在第二十七条规定"人民监督员依照规定对人民检察院的办案活动实行监督"，将群众监督制度化、

---

① 1979 年，五届全国人大常委会第二次会议通过人民检察院组织法之后，1983 年和 1986 年分别就个别条款进行了修改。

具体化。①

　　三是对原有职权表述、职权范围、职权行使方式和职权保障方面做出调整。国家监察体制改革确定监察委员会对所有行使公权力的公职人员进行监察全覆盖，职务犯罪侦查和预防职能整合至监察委员会。为适应国家监察体制改革的需要，在职权表述的调整上，修订后的人民检察院组织法第二十条第二项将对"公安机关侦查的案件进行审查"改为"对刑事案件进行审查"，更准确地概括了公诉案件的范围；第三项规定"对刑事案件进行审查，决定是否提起公诉，对决定提起公诉的案件支持公诉"，删除了刑事诉讼法中已经取消的免予起诉的规定。在职权范围的调整上，修订后的人民检察院组织法第二十条规定人民检察院行使的职权包括八项"（1）依照法律规定对有关刑事案件行使侦查权；（2）对刑事案件进行审查，批准或者决定是否逮捕犯罪嫌疑人；（3）对刑事案件进行审查，决定是否提起公诉，对决定提起公诉的案件支持公诉；（4）依照法律规定提起公益诉讼；（5）对诉讼活动实行法律监督；（6）对判决、裁定等生效法律文书的执行工作实行法律监督；（7）对监狱、看守所的执法活动实行法律监督；（8）法律规定的其他职权。"在行使职权的措施和方式的调整上，其第二十一条规定："人民检察院行使本法第二十条规定的法律监督职权，可以进行调查核实，并依法提出抗诉、纠正意见、检察建议。"检察机关调查核实的方式主要包括调阅、借阅案卷材料和其他文件资料，查询、调取、复制相关证据资料，向有关单位及其工作人员了解情况，向当事人或者案外人询问取证等。在行使职权的保障方面，为防止对检察权的外部干预，其第四十七条规定了"对于领导干部等干预司法活动、插手具体案件处理，或者人民检察院内部人员过问案件情况"的如实记录并报告制度，对妨碍人民检察院依法行使职权的违法犯罪行为，依法追究法律责任，此外还对检察机关履职保护、职业保障和信息化建设等作出了规定②。

　　四是完善了人民检察院的办案组织和内设机构。按照司法责任制的要求，

---

①　中华人民共和国人民检察院组织法［J］. 中华人民共和国最高人民检察院公报，2018（06）：1-5.

②　何晔晖. 关于《中华人民共和国人民检察院组织法（修订草案）》的说明——2017年8月28日在第十二届全国人民代表大会常务委员会第二十九次会议上［J］. 中华人民共和国全国人民代表大会常务委员会公报，2018（06）：754-758.

完善了独任检察官和检察官办案组运行机制和检察委员会的职能、组成、议事程序、决定的效力等规定。首先,规定了人民检察院内设机构的设置,明确了人民检察院根据检察工作需要,设必要的业务机构"人民检察院根据检察工作需要,设必要的业务机构。"同时,为贯彻司法改革要求,合理精简整合人民检察院内设机构,其第十八条规定"检察官员额较少的设区的市级人民检察院和基层人民检察院,可以设综合业务机构。"且人民检察院根据工作需要,可以设必要的"检察辅助机构和行政管理机构";其次,规定了派驻检察室和巡回检察监督方式,人民检察院根据检察工作需要,可以在监狱、看守所等场所设立检察室,行使派出它的人民检察院的部分职权,也可以对上述场所进行巡回检察。第十七条第一款规定:"人民检察院根据检察工作需要,可以在监狱、看守所等场所设立检察室,行使派出它的人民检察院的部分职权,也可以对上述场所进行巡回检察。"同时,设置检察室应当从严掌握,"省级人民检察院设立检察室,应当经最高人民检察院和省级有关部门同意。市级人民检察院、基层人民检察院设立检察室,应当经省级人民检察院和省级有关部门同意。"① 这一规定为检察机关完善派驻检察室和巡回检察相结合的监督工作机制提供了法律依据。

(三) 监察体制改革与《国际刑事司法协助法》的制定

《中华人民共和国国际刑事司法协助法》由中华人民共和国第十三届全国人民代表大会常务委员会第六次会议于 2018 年 10 月 26 日通过,并公布施行。共计 9 章、70 条,其目的在于加强刑事司法领域的国际合作,确立中国境内的机构、组织和个人向外国提供用于境外刑事调查和诉讼所遵循的法律依据和法律程序。② 根据其内容,国际刑事司法协助的范围主要包括"在刑事案件调查、侦查、起诉、审判和执行等活动中相互提供协助,包括送达文书,调查取证,安排证人作证或者协助调查,查封、扣押、冻结涉案财物,没收、返还违法所得及其他涉案财物,移管被判刑人以及其他协助"。③ 而提供司法协助的先决条

---

① 中华人民共和国人民检察院组织法 [J]. 中华人民共和国最高人民检察院公报,2018 (06):1-5.

② 魏枭枭. 我国国际刑事司法协助体系的构建与完善 [J]. 中国司法,2020 (05):108-112.

③ 中华人民共和国国际刑事司法协助法 [J]. 中华人民共和国全国人民代表大会常务委员会公报,2018 (06):764-773.

件是需获得中国主管机关的事先同意和批准，即"非经中华人民共和国主管机关同意，外国机构、组织和个人不得在中华人民共和国境内进行本法规定的刑事诉讼活动，中华人民共和国境内的机构、组织和个人不得向外国提供证据材料和本法规定的协助"。这一条款的设定是为有效抵制外国的"长臂管辖"要求，其立法宗旨在于捍卫中国司法主权，搭建安全屏障，维护境内主体的合法权益。①

从具体内容来看，《中华人民共和国国际刑事司法协助法》主要对中国各相关部门在国际刑事司法协助中承担的具体职责和任务做了明确规定，以此解决此前国际刑事司法协助中各部门职责不清、协调不畅的问题，有利于强化分工合作、提升工作效率。就与国家监察体制改革的关联性来说，主要是解决了国家监察委员会在国际刑事司法协助中的地位问题。将国家监察委员会确定为国际刑事司法协助的主管机关之一，即"国家监察委员会、最高人民法院、最高人民检察院、公安部、国家安全部等部门是开展国际刑事司法协助的主管机关"，并且赋予监察机关在腐败犯罪案件调查等活动中，与外国有关部门和机构开展反腐败国际合作和刑事司法协助的职责，即"按照职责分工，审核向外国提出的刑事司法协助请求，审查处理对外联系机关转递的外国提出的刑事司法协助请求，承担其他与国际刑事司法协助相关的工作。"明确了监察机关和国内有关机关在刑事司法协助中的职责分工。这一规定衔接了《监察法》第六章"反腐败国际合作"中的相关规定。监察法第五十条虽规定"国家监察委员会统筹协调与其他国家、地区、国际组织开展的反腐败国际交流、合作，组织反腐败国际条约实施工作。"的职能，但并未确定监察机关在国际合作当中的主体地位，国际刑事司法协助法第一章第二条将国家监察委确定为主管机关之一，有助于国家监察委直接和外国的相关机关打交道，直接向外国的相关机关提出司法协助引渡或者是资产追缴方面的请求。这为监察机关依法履行职责、深入开展反腐败国际合作和反腐败追逃追赃工作、推进全面从严治党向纵深发展提供了坚实的法律基础。

---

① 黄风. 制定我国《国际刑事司法协助法》的几个问题 [J]. 中外法学，2011，23（06）：1151-1162.

**二、监察体制改革中的党内法规衔接问题**

（一）监察体制改革与《中国共产党纪律处分条例》的修订

自 2015 年《中国共产党纪律处分条例》（以下简称《条例》）印发后，中央先后制定、修订了《关于新形势下党内政治生活的若干准则》《中国共产党党内监督条例》等重要党内法规，为衔接党的十九大将党的纪律建设纳入党的建设总体布局的要求，固化十八大以来，党的纪律建设的理论、实践和制度创新成果，2018 年 8 月 26 日，中共中央印发了新修订的《中国共产党纪律处分条例》，新修订的《条例》共 142 条，与原《条例》相比新增 11 条，修改 65 条，整合了 2 条，修订后的条例政治性更强，指导性和可操作性也更强，就其与国家监察体制改革相关法律法规的衔接来看，主要体现在以下几个方面。

首先，条例对接监察法中涉及公职人员的相关犯罪条款，加强了对违法犯罪党员的纪律处分，规定了对有"贪污贿赂、滥用职权、玩忽职守、权力寻租、利益输送、徇私舞弊、浪费国家资财等违反法律涉嫌犯罪行为的"的党员，应当给予"撤销党内职务、留党察看或者开除党籍"的纪律处分。而对党在纪律审查中发现党员有刑法规定的行为，对"虽不构成犯罪但须追究党纪责任的，或者有其他违法行为"，则规定了"应当视具体情节给予警告直至开除党籍处分"。

其次，条例明确了纪法衔接的基本原则，指出党纪、政纪应在依法处理前做出。条例第二十九条规定："党组织在纪律审查中发现党员严重违纪涉嫌违法犯罪的，原则上先作出党纪处分决定，并按照规定给予政务处分后，再移送有关国家机关依法处理。"并对其相关权利义务的限制进行了明确，条例第三十条规定"党员被依法留置、逮捕的，党组织应当按照管理权限中止其表决权、选举权和被选举权等党员权利。根据监察机关、司法机关处理结果，可以恢复其党员权利的，应当及时予以恢复。"同时，为了积极鼓励涉嫌违纪违法的干部如实向组织交代违纪违法事实，条例第十七条规定："在组织核实、立案审查过程中，能够配合核实审查工作，如实说明本人违纪违法事实的"可以从轻或者减轻处分。①

最后，对党纪处分与相关处分决定的衔接方面。条例规定了党纪处分与人民检察院决定、司法机关判决、政务处分或行政处罚以及其他处分之间的衔接关系。其第三十一条指出，针对"党员犯罪情节轻微，人民检察院依法作出不起诉决定的，或者人民法院依法作出有罪判决并免予刑事处罚的党员"应当给予"撤销党内职务、留党察看或者开除党籍处分"；其第三十三条针对依法受到刑事责任追究的党员，规定了党组织应当"根据司法机关的生效判决、裁定、决定及其认定的事实、性质和情节"给予党纪处分，如果是公职人员，还应"交由监察机关给予相应政务处分"；针对依法受到政务处分、行政处罚，应当追究党纪责任的党员，规定了党组织可以"根据生效的政务处分、行政处罚决定认定的事实、性质和情节"，给予党纪处分或者组织处理；针对违反国家法律法规，违反企事业单位或者其他社会组织的规章制度受到其他纪律处分，应当追究党纪责任的党员，党组织可以"在对有关方面认定的事实、性质和情节进行核实后"，给予党纪处分或者组织处理。而在对党员权利的保护方面，条例对被误判的情形也做出了相应规定，其第三十三条最后一款指出，如果党组织作出党纪处分或者组织处理决定后，"司法机关、行政机关等依法改变原生效判决、裁定、决定等"，并且对原党纪处分或者组织处理决定产生影响的，党组织应当"根据改变后的生效判决、裁定、决定等重新作出相应处理"。②

（二）监察体制改革与《公职人员政务处分暂行规定》的制定

2018 年 4 月 16 日，中央纪委国家监察委关于印发《公职人员政务处分暂行规定》的通知，以 23 个条文对公职人员的政务处分做出规定。虽然《公职人员政务处分暂行规定》应归类为行政规章，但因其制定主体是中纪委和国家监察委，故在此将其归类到党内法规一类加以分析更加合适。就其与国家监察体制改革的相关法律法规衔接来看，主要体现在以下四个方面。

---

① 石伟. 党内法规中的"刑法"——新修订版《中国共产党纪律处分条例》解读 [J]. 马克思主义与现实，2016（04）：16-22.

② 郭玥. 开创新时代党的纪律建设的新篇章——学习新修订的《中国共产党纪律处分条例》[J]. 探索，2018（06）：95-101.

1. 衔接监察法的立法精神

《公职人员政务处分暂行规定》对监察法立法精神的衔接主要体现在政务处分对象的范围、政务处分与法律处罚的关系以及政务处分适用的法律法规等方面。首先，《公职人员政务处分暂行规定》第一条、第二条明确了政务处分的对象是"所有行使公权力的公职人员"，这一规定既继承了监察法第一条中"加强对所有行使公权力的公职人员的监督"的立法精神，又比监察法第十五条中所列的监察对象涵盖范围更广；其次，在做出政务处分和承担法律责任的衔接上，规定第二条也指出"公职人员有违法违规行为应当承担法律责任的，在国家有关公职人员政务处分的法律出台前，监察机关可以根据被调查的公职人员的具体身份，依照相关法律、法规、国务院决定和规章对违法行为及其适用处分的规定，给予政务处分"；最后，在政务处分适用的法律衔接方面，规定第三条指明监察机关实施政务处分的依据，主要包括"《中华人民共和国监察法》《中华人民共和国公务员法》《中华人民共和国法官法》《中华人民共和国检察官法》《中华人民共和国企业国有资产法》《行政机关公务员处分条例》《事业单位人事管理条例》《事业单位工作人员处分暂行规定》《国有企业领导人员廉洁从业若干规定》以及《农村基层干部廉洁履行职责若干规定（试行）》等"。

2. 实现政纪衔接

《公职人员政务处分暂行规定》衔接了《中国共产党党内监督条例》中"纪挺法前"的要求，根据《中国共产党党内监督条例》第三十七条第二款的规定："党员严重违纪，触犯刑律，纪检机关在将其移送司法机关追究刑事责任时，应当先作出党纪处分，不允许带着党籍进看守所、蹲监狱。"此前在移送司法机关追究刑事责任时，是否必须作出政务处分，尚未作出明确规定，此次《公职人员政务处分暂行规定》第七条明确规定："公职人员中的中共党员严重违犯党纪涉嫌犯罪的，应当由党组织先做出党纪处分决定，并由监察机关依法给予政务处分后，再依法追究其刑事责任。非中共党员的公职人员涉嫌犯罪的，应当先由监察机关依法给予政务处分，再依法追究其刑事责任。"表明在将公职人员移送司法机关追究刑事责任时，必须作出政务处分，且在第八条中明确了政务处分轻重程度要与党纪处分程度相匹配，"监察机关对公职人员中的中共党员给予政务处分，一般应当与党纪处分的轻重程度相匹配。其中，受到撤销党内职务、留党察看处分的，如果担任公职，应当依法给予其撤职等政务处分。

严重违犯党纪、严重触犯刑律的公职人员必须依法开除公职。"这回应了关于党纪重处分后，是否必须作出政务重处分的疑问，体现了政务处分轻重程度要与党纪处分程度相匹配的衔接原则。

3. 衔接监察机关的调查程序

首先，《公职人员政务处分暂行规定》赋予了监察机关暂停履行职务的组织处理权限。此前对行政机关公务员违法违纪，已经被立案调查，不宜继续履行职责的情况，受到《行政机关公务员处分条例》第三十八条规定的约束，由"任免机关可以决定暂停其履行职务"，也即纪检机关无独立的停职组织处理措施权。此次《公职人员政务处分暂行规定》第十二条第一款赋予了监察机关拥有暂停履行职务的组织处理权限，规定"公职人员有违法行为，已经被立案调查，不适宜继续履行职务的，监察机关可以暂停其履行职务"。并在第二款中对立案调查决定书做出了要列明纪律和告知所在单位的要求，规定"被调查的公职人员在被监察机关立案调查期间，不得交流、出境、辞去公职或者办理退休手续。监察机关应当在立案决定书中写明上述要求，并告知被调查人所在单位"。其次，为保障被调查人的权利，《公职人员政务处分暂行规定》规定了政务案件须与党纪案件一样，履行错误事实见面程序，其第十三条第一款第一项规定监察机关将调查认定的事实及拟给予政务处分的依据告知被调查的公职人员，听取本人陈述和申辩，"并对其陈述的事实、理由和证据进行复核，记录在案。被调查的公职人员提出的事实、理由和证据成立的，应予采信。"最后，在对退休公职人员、辞职公职人员、已去世的公职人员违纪行为处理规定上，此前《行政机关公务员处分条例》《事业单位工作人员处分暂行规定》对已退休的行政机关公务员、事业单位工作人员的重处分或者处理，作出明确规定，但均未明确监察机关可以立案调查，且未对已经死亡的行政机关公务员处分问题作出明确规定。此次《公职人员政务处分暂行规定》第十八条作出了监察机关可以立案调查的明确规定，即"有违法行为应当受到政务处分的公职人员，在监察机关作出处分决定前已经退休的，不再给予处分；监察机关可以对其立案调查，依法应当给予降级、撤职、开除处分的，应当按照规定降低或者取消其享受的待遇。有违法行为应当受到政务处分的公职人员，在监察机关作出处分决定前已经辞去公职或者死亡的，不再给予处分，但是监察机关可以立案调查。"而在对其违法取得的财物和用于违法的财物的处理权限上，第二十一条规定了监察机关具有没收、追缴或者责令退赔的权力，即"除依法应当由其他机关没收、追缴或者责令退赔的，由监察机关没收、追缴或者责令退赔。"

**4. 实现单位处分权相衔接**

为衔接《中华人民共和国公务员法》《事业单位工作人员处分暂行规定》和《行政机关公务员处分条例》等相关规范中有关处分权限的规定，《公职人员政务处分暂行规定》在其第十九条指明监委的政务处分权并不意味着取消单位的纪律处分权，即"公职人员有违法行为的，任免机关、单位可以履行主体责任，依照《中华人民共和国公务员法》等规定，对公职人员给予处分"。同时，第十九条第二款针对公职人员同一违法行为上，监察机关的政务处分权与其任免机关、单位的处分权关系进行了进一步明确，指出"监察机关已经给予政务处分的，任免机关、单位不再给予处分；任免机关、单位已经给予处分的，监察机关不再给予政务处分"。此处所指的任免机关、单位给予的处分，应理解为纪律处分，因为政务处分只能由监察机关作出，且只能由具有处分权的监察机关作出。因为《公职人员政务处分暂行规定》第二十条中明确规定："下级监察机关根据上级监察机关的指定管辖决定，对不属于本监察机关管辖范围内的监察对象立案调查的，应当按照管理权限交有处分权的监察机关依法作出政务处分决定，或者交由其任免机关、单位给予处分。"这意味着对于指定管辖的案件，被指定管辖的监察机制仅有初核权、立案调查权，但无处分权，体现了职权相一致的原则。

**（三）监察体制改革与《中国共产党纪律检查机关监督执纪工作规则》的修订**

2017年1月8日，十八届中央纪委七次全会审议通过了《中国共产党纪律检查机关监督执纪工作规则（试行）》，以此来主动强化自我约束，把监督执纪权力关进制度笼子。在试行两年后，2019年1月，中共中央办公厅正式印发了《中国共产党纪律检查机关监督执纪工作规则》（以下简称《规则》），将《规则》上升为中央党内法规。修订后《规则》共计十章七十七条，除总则和附则外，涵盖了领导体制、监督检查、线索处置、谈话函询、初步核实、审查调查、审理和监督管理八个方面，主要总结了党的十八大以来纪检监察体制改革理论、实践、制度创新成果，强化内控机制，细化监督职责，推动全面从严治党向纵深发展。就其与国家监察体制改革的纪法衔接部分来看，主要体现在以下几个方面。

1. 强化党对纪检监察工作的领导

《规则》第一章总则第一条就开宗明义强调，立规目的是"加强党对纪律检查和国家监察工作的统一领导"，体现监督执纪工作的政治性。而在党的具体领导体制上，《规则》第三条指出要"坚持纪律检查工作双重领导体制，监督执纪工作以上级纪委领导为主，线索处置、立案审查等在向同级党委报告的同时应当向上级纪委报告"。为了进一步明确和细化党的领导体制，《规则》在第二章专章规定领导体制，其第五条继续明确强调"中央纪律检查委员会在党中央领导下进行工作，地方各级纪律检查委员会和基层纪律检查委员会在同级党的委员会和上级纪律检查委员会双重领导下进行工作"，并明确了党委应当"定期听取、审议同级纪律检查委员会和监察委员会的工作报告，加强对纪委监委工作的领导、管理和监督"的规范性要求，在报告的内容上，《规则》第十条要求，纪检监察机关应当严格执行请示报告制度，"既要报告结果也要报告过程。执行党中央重要决定的情况应当专题报告。"① 除此以外《规则》还在监督检查、线索处置、谈话函询、初步核实、审查调查、审理等各章中，都规定了重要事项向党委请示报告的具体报批程序。

2. 明确监督执纪工作的协调机制

纪检监察机关既对党组织和党员开展监督，又对行使公权力的公职人员实施监察，这是信任也是考验。《规则》第三条指出，"坚持信任不能代替监督"应以严格的工作程序，有效管控风险，"强化对监督执纪各环节的监督制约"。《规则》第六条提出要把"执纪和执法贯通起来，实现党内监督和国家监察的有机统一"。并明确了管辖权限的基本原则是"谁主管谁负责的原则进行监督执纪"，在规范监督检查部门、审查调查部门、案件监督管理部门、案件审理部门、党风政风监督部门、信访部门、巡视巡察工作机构、干部监督部门和申诉办理部门相互协调、相互制约的工作机制的方面，《规则》第十一条指出，"市地级以上纪委监委实行监督检查和审查调查部门分设，监督检查部门主要负责联系地区和部门、单位的日常监督检查和对涉嫌一般违纪问题线索处置，审查

---

① 中国共产党纪律检查机关监督执纪工作规则（试行） ［N］. 人民日报, 2017-01-21 (003).

调查部门主要负责对涉嫌严重违纪或者职务违法、职务犯罪问题线索进行初步核实和立案审查调查；案件监督管理部门负责对监督检查、审查调查工作全过程进行监督管理，案件审理部门负责对需要给予党纪政务处分的案件审核把关"。《规则》第十二条规定："纪检监察机关案件监督管理部门负责对监督执纪工作全过程进行监督管理，做好线索管理、组织协调、监督检查、督促办理、统计分析等工作。党风政风监督部门应当加强对党风政风建设的综合协调，做好督促检查、通报曝光和综合分析等工作。"《规则》第二十条第一款规定："信访举报部门归口受理同级党委管理的党组织和党员、干部以及监察对象涉嫌违纪或者职务违法、职务犯罪问题的信访举报，统一接收有关纪检监察机关、派驻或者派出机构以及其他单位移交的相关信访举报，移送本机关有关部门。"第二款规定："巡视巡察工作机构和审计机关、行政执法机关、司法机关等单位发现涉嫌违纪或者职务违法、职务犯罪问题线索，应当及时移交纪检监察机关案件监督管理部门统一办理。"第三款规定："监督检查部门、审查调查部门、干部监督部门发现的相关问题线索，属于本部门受理范围的，应当送案件监督管理部门备案；不属于本部门受理范围的，经审批后移送案件监督管理部门，由其按程序转交相关监督执纪部门办理。"在对申诉案件的规定上，《规则》第五十九条明确了由申诉办理部门成立复查组，并"坚持复议复查与审查审理分离，原案审查、审理人员不得参与复议复查"的原则①。

3. 强调纪法贯通

《规则》明确"全面贯彻纪律检查委员会和监察委员会合署办公要求"，在指导思想上，在领导体制中，规定"把执纪和执法贯通起来，实现党内监督和国家监察的有机统一"，实现监督执纪和监察执法统一决策、一体推进，坚持纪法协同，推进反腐败工作法治化、规范化。从具体内容来看，主要体现在监督检查、线索处置、审查调查、审理、请示报告、措施使用等环节。例如，《规则》第三十四条规定"需要采取技术调查或者限制出境等措施的，纪检监察机关应当严格履行审批手续，交有关机关执行"；《规则》第四十条规定"审查调查组可以依照党章党规和监察法，经审批进行谈话、讯问、询问、留置、查询、

---

① 夏晓东. 把握《中国共产党纪律检查机关监督执纪工作规则》要义 打造忠诚干净担当的纪检监察铁军［J］. 中国纪检监察，2019（03）：26-28.

冻结、搜查、调取、查封、扣押（暂扣、封存）、勘验检查、鉴定，提请有关机关采取技术调查、通缉、限制出境等措施"；《规则》第五十五条规定案件审理部门对"涉嫌职务犯罪需要追究刑事责任的"，应当形成《起诉意见书》，作为审理报告附件；《规则》第五十八条规定"对涉嫌职务犯罪所得财物，应当随案移送司法机关"；《规则》第五十七条提出："被审查调查人涉嫌职务犯罪的，应当由案件监督管理部门协调办理移送司法机关事宜。对于采取留置措施的案件，在人民检察院对犯罪嫌疑人先行拘留后，留置措施自动解除。案件移送司法机关后，审查调查部门应当跟踪了解处理情况，发现问题及时报告，不得违规过问、干预处理工作。审理工作完成后，对涉及的其他问题线索，经批准应当及时移送有关纪检监察机关处置"。①

4. 严格规范审查调查程序

相比于《监察法》和《刑事诉讼法》中对监察机关审查调查程序的相关规定，《规则》体现了"纪挺法前"的要求，对监督执纪的审查调查程序做出了更为严格的规定。例如，《规则》第三十七条规定："凡报请批准立案的，应当已经掌握部分违纪或者职务违法、职务犯罪事实和证据，具备进行审查调查的条件。"第四十一条规定："需要对被审查调查人采取留置措施的，应当依据监察法进行，在 24 小时内通知其所在单位和家属，并及时向社会公开发布。因可能毁灭、伪造证据，干扰证人作证或者串供等有碍调查情形而不宜通知或者公开的，应当按程序报批并记录在案。有碍调查的情形消失后，应当立即通知被留置人员所在单位和家属。"第五十二条规定："审查调查报告以及忏悔反思材料，违纪或者职务违法、职务犯罪事实材料，涉案财物报告等，应当按程序报纪检监察机关主要负责人批准，连同全部证据和程序材料，依照规定移送审理。审查调查全过程形成的材料应当案结卷成、事毕归档。"第四十三条规定："审查调查应当充分听取被审查调查人陈述，保障其饮食、休息，提供医疗服务，确保安全。严格禁止使用违反党章党规党纪和国家法律的手段，严禁逼供、诱供、侮辱、打骂、虐待、体罚或者变相体罚。"第四十六条规定："严禁以威胁、引诱、欺骗以及其他违规违纪违法方式收集证据；严禁隐匿、损毁、篡改、伪

---

① 王岐山. 关于《中国共产党纪律检查机关监督执纪工作规则（试行）》的说明 [J]. 党建，2017（02）：14-15.

造证据。"第四十八条规定："对涉嫌严重违纪或者职务违法、职务犯罪问题的审查调查谈话、搜查、查封、扣押（暂扣、封存）涉案财物等重要取证工作应当全过程进行录音录像，并妥善保管，及时归档，案件监督管理部门定期核查。"第四十九条规定："对涉嫌严重违纪或者职务违法、职务犯罪问题的审查调查，监督执纪人员未经批准并办理相关手续，不得将被审查调查人或者其他重要的谈话、询问对象带离规定的谈话场所，不得在未配置监控设备的场所进行审查调查谈话或者其他重要的谈话、询问，不得在谈话期间关闭录音录像设备。"第五十条规定："监督检查、审查调查部门主要负责人、分管领导应当定期检查审查调查期间的录音录像、谈话笔录、涉案财物登记资料，发现问题及时纠正并报告。纪检监察机关相关负责人应当通过调取录音录像等方式，加强对审查调查全过程的监督。"第五十一条规定："查明涉嫌违纪或者职务违法、职务犯罪问题后，审查调查组应当撰写事实材料，与被审查调查人见面，听取意见。被审查调查人应当在事实材料上签署意见，对签署不同意见或者拒不签署意见的，审查调查组应当作出说明或者注明情况。审查调查工作结束，审查调查组应当集体讨论，形成审查调查报告，列明被审查调查人基本情况、问题线索来源及审查调查依据、审查调查过程，主要违纪或者职务违法、职务犯罪事实，被审查调查人的态度和认识，处理建议及党纪法律依据，并由审查调查组组长以及有关人员签名。对审查调查过程中发现的重要问题和意见建议，应当形成专题报告。"①

从整体上看，《规则》紧扣纪委监督执纪和监委监察执法的链条，体现促进执纪执法贯通、有效衔接司法的要求，实现执纪与执法同向发力、精准发力，把制度优势转化为治理效能。

### 三、监察体制改革中非法证据排除规则的衔接问题

2018 年《监察法》出台以来，受到各界的广泛关注，其运行与实施过程中产生的问题也是学者们探讨的重点。其中法律衔接问题中关于监察证据和刑事诉讼证据的讨论有许多，而非法证据排除也是其中不可回避的一个问题。

---

① 中国共产党纪律检查机关监督执纪工作规则（试行）［N］. 人民日报，2017-01-21（003）.

### （一）监察非法证据排除规则的学理分析

非证据排除规则，根据我国《刑事诉讼法》的规定，是指对于非法取得的证据予以排除，司法机关不得以非法证据作为定案的依据时遵循的一项法律规则的统称。① 我国从 1979 年《刑事诉讼法》第三十二条的规定"严禁非法取证"，才开始有非法证据排除的雏形，但是并没有明确如何对待非法证据。在 1994 年颁行的《最高人民法院关于审理刑事案件程序的具体规定》中，第四十五条的规定明确了对于非法证据应当排除的态度。在 1996 年《刑事诉讼法》修改过程中，有学者提出对非法应当予以排除、应当确立非法证据排除规则的建议，但是 1996 年《刑事诉讼法》终稿并没有采纳学者的建议，仍是照搬了 1979 年《刑事诉讼法》中关于非法证据的规定，并没有对非法证据的取舍予以明确的规定。1998 年《最高人民法院关于执行〈中华人民共和国刑事诉讼法〉若干问题的解释》中的第六十一条，不但规定严禁非法取证，而且明确对于非法证据在诉讼中不能作为定案依据的后果。② 1999 年《人民检察院刑事诉讼规则》也对非法证据的范围和在诉讼中的后果作出了规定。后直到 2010 年，两高三部联合发布的《关于办理死刑案件审查判断证据若干问题的规定》和《关于办理死刑案件排除非法证据若干问题的规定》，明确了非法证据排除规则的适用范围、证明责任和标准裁判程序，我国才正式确立了非法证据排除规则。2012 年《刑事诉讼法》修改，将非法证据排除规则写入法典。后又有一系列的司法解释和规定、文件出台，对我国的非法证据排除规则予以了发展和完善。

#### 1. 监察非法证据排除规则的确立背景及其必要性

在监察机关成立以前，对于职务犯罪以及违纪案件分别由检察院和纪委进行收集证据。对于职务犯罪案件，检察院由自侦部门进行侦查，侦查完毕后移送公诉部门提起公诉。在这个过程中，检察院受到《刑事诉讼法》《人民检察院刑事诉讼规则》的约束，其自侦部门进行侦查收集证据过程中，也应当使用合法的方法，不得对犯罪嫌疑人采用刑讯逼供等非法方法，对于采用上述非法方

---

① 吴国章. 非法证据排除规则实务研究［M］. 法律出版社，2017：28.

② 《最高人民法院关于执行〈中华人民共和国刑事诉讼法〉若干问题的解释》（法释［1998］23 号）第 61 条："严禁以非法的方法收集证据。凡经查证确实属于采用刑讯逼供或威胁、引诱、欺骗等非法的方法取得的证人证言、被害人陈述、被告人供述，不能作为定案的根据。"

法取得的证据应当予以排除，不得作为报请逮捕、批准或决定逮捕的依据，也不得将这些证据作为检察机关对案件定性的依据，即不能将非法证据作为是否移送审查起诉、提起公诉的根据。在实践中，由于公诉部门和自侦部门同属于检察院内设部门，虽然对职能进行区分，但是仍难免于受同事之间等诸多因素影响，因此，公诉部门对自侦部门移送的证据材料以非法证据定性予以排除的非常之少，这也是自侦自审的弊端所在。

对于党员的违纪案件，之前也主要是我国由纪律检查委员会负责查处。往往是纪委通过各个渠道受理、掌握相关线索后，采用谈话函询、初步核实等方式进行处置，再对违纪人员进行立案审查，对于被调查人构成职务犯罪的，纪委将其收集到的有罪证据等移送给检察院。检察院对于纪委移送的证据，根据《刑事诉讼法》及其司法解释以及《人民检察院刑事诉讼规则》等规定，在办理纪委移送的案件时，对待案件证据材料总原则是通过办理取证手续、重新取证以及由相关人员和单位签名、盖章等方式进行转换，使案件证据合乎刑事诉讼法和司法解释有关证据形式的要求。在实践中，检察机关常用的做法是直接对于纪委收集的证据按照规定进行转化和固定，一般不做过多的审查。对实物证据进行固定，对于证人证言、与被调查对象谈话笔录等言词证据通过签名确认的方式进行转化。

监察机关成立后，对职务违法和职务犯罪的调查均由监察机关进行。《监察法》以留置取代双规，并在第三十三条中规定监察机关调查过程中形成的证据无经过转化，只要符合法律规定即可进入刑事诉讼程序，作为刑事诉讼证据使用。这样，检察院对纪委关于职务违法和职务犯罪收集证据进行转化的问题就不存在了。同时，第三十三条中也规定非法证据排除规则，是在监察程序中明确了严禁非法取证的规定。为了防止在纪委时期有非法取证行为，而检察院只是机械地对证据进行转化固定，仅进行形式审查而让非法证据留入诉讼程序，从而损害被调查人的合法权益，危及司法公正。因此，《监察法》中必规定非法证据排除规则，防止之前纪委检察院证据对接中存在问题的恶性循环。

2. 监察非法证据排除规则与刑事非法证据排除规则的关系

除了《刑事诉讼法》之外，《监察法》也正式规定了非法证据排除规则。监察法第三十三条规定："监察机关依照本法规定收集的物证、书证、证人证言、被调查人供述和辩解、视听资料、电子数据等证据材料，在刑事诉讼中可以作为证据使用。监察机关在收集、固定、审查、运用证据时，应当与刑事审判关于证据的要求和标准相一致。以非法方法收集的证据应当依法予以排除，不得作为案件处置的依据。"第四十条规定："监察机关对职务违法和职务犯罪案件，应当进行调查，收集被调查人有无违法犯罪以及情节轻重的证据，查明违法犯罪事实，形成相互印证、完整稳定的证据链。严禁以威胁、引诱、欺骗及其他非法方式收集证据，严禁侮辱、打骂、虐待、体罚或者变相体罚被调查人和涉案人员。"《监察法》第三十三条总共有三款规定，第一款规定，监察机关依照本法规定收集的物证、书证、证人证言、被调查人供述和辩解、视听资料、电子数据等证据材料，在刑事诉讼中可以作为证据使用。第二款规定，监察机关在收集、固定、审查、运用证据时，应当与刑事审判关于证据的要求和标准相一致。第三款规定，以非法方法收集的证据应当依法予以排除，不得作为案件处置的依据。

根据《监察法》释义，监察法第三十三条的规定明确了监察证据作为刑事诉讼证据的资格，监察机关收集的证据材料可以在刑事诉讼中作为证据使用，而不需要刑事侦查机关再次履行取证手续。同时，也是关于与刑事审判关于证据的要求和标准相衔接的规定。要求监察机关在收集、固定、审查、运用证据的时候，应当以刑事审判中对证据的标准为标准。第三款是关于监察机关排除非法证据义务的规定。以非法方法获取的证据，虚假的可能性非常大，不能凭此就作为案件处置的根据，否则极易造成错案。

除了第三十三条明确规定了非法证据排除规则之外，《监察法》第四十条也对严禁非法取证进行了明确的规定。第四十条第二款规定，严禁以威胁、引诱、欺骗及其他非法方式收集证据，严禁侮辱、打骂、虐待、体罚或者变相体罚被调查人和涉案人员。

学界对于两部法律规定的非法证据排除规则的关系看法不一，部分学者认为两个非法证据排除规则是相互独立的两个制度，也有学者认为两部法律中的非法证据排除规则具有一致性。那么，在《监察法》与《刑事诉讼法》相衔接的背景下，《监察法》规定的非法证据排除规则和《刑事诉讼法》中的非法证据排除规则有什么关系？

《刑事诉讼法》中的非法证据排除规则主要体现在第五十六条的规定："采用刑讯逼供等非法方法收集的犯罪嫌疑人、被告人供述和采用暴力、威胁等非法方法收集的证人证言、被害人陈述，应当予以排除。收集物证、书证不符合法定程序，可能严重影响司法公正的，应当予以补正或者作出合理解释；不能补正或者作出合理解释的，对该证据应当予以排除。"根据监察法释义中的规定，对第三十三条第三款的释义与上述刑事诉讼法第五十六条的规定有很多相似之处，不仅对非法方法进行了列举式解释，还对非法证据的后果进行了进一步说明："对可能严重影响处置结果合法公正的，应当要求相关调查人员予以补正或者作出合理解释，如果作了补正或者合理解释，不影响证据使用的，该证据可以继续使用；不能补正或者不能作出合理解释的，对该证据应当予以排除。"这些是监察法制定时有参考《刑事诉讼法》所带来的必然结果，也是两者关系密切的证明。

虽然两部法律关系密切，但是两者却有很大的不同。《刑事诉讼法》规定的是司法权的诉讼规则，而监察却是监察权，并且《监察法》也为监察权的行使规定了独立的监察程序。在立法层面，《监察法》在监察机关办案上排除了《刑事诉讼法》的适用，并且为监察机关办案规定了独立的程序性规则，其与刑事诉讼程序两者在运行程序上是相互独立的，因此才存在两个程序的衔接问题。在此基础上，有的学者认为，《监察法》的非法证据排除规则与《刑事诉讼法》中规定的非法证据排除规则也是不相同的，第三十三条第三款的规定独立于前两款，《监察法》规定的是完全独立于《刑事诉讼法》的证据规则的非法证据排除规则。然对于第三十三条第三款的理解不应当与前两款相割裂开来，而应当把第三十三条当作一个整体进行理解，因此，《监察法》与《刑事诉讼法》在程序上是相互区别、相互独立的，但是两者的证据规定是相通的，是一体的。

首先，根据第三十三条前二款的释义，以及前文所述的第三款规定与《刑事诉讼法》非法证据排除规则的密切关系，监察机关调查的证据不再需要转化即可进入刑事诉讼程序，但是否可以作为定案依据还需要取决于证据的证据能力，不具有证据能力的证据，比如，以非法方法取得的证据，应当作为非法证据予以排除，也就是说，监察证据适用于《刑事诉讼法》中的非法证据排除规则。除证据能力外，这些证据能否作为定案依据还需要经过《刑事诉讼法》中的其他规定进行审查认定，"如果经审查属于应当排除的或者不真实的，不能作为定案的根据"。①

其次，依据监察调查应当遵循的"审判中心主义"的精神，其对于证据的相关规定也应当与刑事审判的标准和要求相一致，监察证据也应当符合《刑事诉讼法》及其配套的司法解释中关于证据的标准和要求，因此，监察机关调取的证据遵守刑事诉讼中的非法证据排除规则，排除的标准和范围依照《刑事诉讼法》及其配套的司法解释。

最后，从实用性的角度上来说，这是监察工作的现实需要的必然要求。《监察法》非法证据排除规则的规定仅仅只有几个条款，并且规定笼统，实际可操作性不强，而在监察实务工作中，对于证据合法性的审查、非法证据排除规则的适用需要明确的指引，因此，在《监察法》非法证据排除规则具体适用细则出台之前，在监察实务工作中可以参照《刑事诉讼法》及其配套的司法解释的证据规定。

综上而言，监察机关的证据适用于《刑事诉讼法》的非法证据排除规则，监察法的非法证据排除规则与刑事诉讼法的非法证据排除规则并不像运行程序一样完全独立存在，而是一个整体，对于监察法中非法证据排除规则的具体适用应参照《刑事诉讼法》及其配套的司法解释，以及两高三部联合发布的《关于办理死刑案件审查判断证据若干问题的规定》《关于办理刑事案件非法证据若干问题的规定》《公安机关办理刑事案件程序规定》等的规定。

（二）监察非法证据排除规则适用中的学术探讨

学界有关监察非法证据排除规则适用问题的讨论，主要集中在以下三个方面。

第一，《监察法》中的非法证据排除规则与《刑事诉讼法》中的非法证据排除规则的关系。这个问题有争议的探讨点在于《监察法》第三十三条确立的非法证据排除规则与《刑事诉讼法》中的非法证据排除规则在适用和对非法证据的认定方面标准是相一致的，还是《监察法》确立了独立的非法证据排除规则，独立进行适用与认定。对此，学界主要存在两种不同的观点：以刘艳红、李勇、纵博等教授为主要代表，他们认为《监察法》中的证据规则应当与刑事

---

① 中央纪委国家监委法规室编. 中华人民共和国监察法释义 [M]. 北京，中国方正出版社，2018：168.

诉讼法中的证据规则保持一致，包括非法证据排除规则的适用，因此监察法中非法证据排除规则的适用与非法证据的认定，应当与《刑事诉讼法》中的标准相一致。刘艳红教授认为，《监察法》通过第三十三条的规定，对监察机关设定了非法证据的自查与排除规定，并且适用刑事诉讼法上关于刑事审判的证据要求和标准，因此，在犯罪追诉流程上形成"监察机关→检察机关→审判机关"的同时，也在职务犯罪证据制度上最终形成了一体化适用标准：监察机关＝侦查机关＝检察机关＝审判机关。① 李勇教授主张程序二元，证据一体的思想，他认为，监察法程序与刑事诉讼程序是不同的程序，是独立的两个程序，但是由于《监察法》第三十三条的规定，《监察法》的证据方面与《刑事诉讼法》应当是一体的。他认为，在证据问题上，监察机关调查行为所收集的证据，都要符合《刑事诉讼法》的要求，在这个意义上，证据是一体的。② 证据一体是指监察机关调查的职务犯罪案件，其取证规范、证据规则、证明标准以来参照《刑事诉讼法》，其与刑事诉讼的取证规范、证据规则和证明标准并无二致。纵博教授也认为，监察委员会调查取证仍应适用《刑事诉讼法》的非法证据排除规定。他在《监察体制改革中的证据制度问题探讨》一文中写到，在性质上，《监察法》是作为组织法和行为法而存在，《刑事诉讼法》则是程序法，二者之间的交集或重合仅在于《监察法》对调查取证措施作出独立于《刑事诉讼法》的特别规范，在进入刑事诉讼后的其他方面仍应适用同位阶的《刑事诉讼法》规范，包括非法证据排除规定。③ 张中教授也在《论监察案件的证据标准——以刑事诉讼证据为参照》中表明，刑事诉讼法及相关司法解释对于证据的种类、收集证据的程序以及各类证据审查与认定的具体要求和标准都作了详细的规定，监察机关收集证据必须要与其相衔接、相一致④。

　　以高通教授为代表的学者则认为，《监察法》第三十三条确立了独立的非法证据排除规则，虽然监察非法证据与刑事非法证据在认定标准上存在密切联系，

---

① 刘艳红. 职务犯罪案件非法证据的审查与排除——以《监察法》与《刑事诉讼法》之衔接为背景 [J]. 法学评论, 2019, 37 (01): 172-183.

② 李勇.《监察法》与《刑事诉讼法》衔接问题研究——"程序二元、证据一体"理论模型之提出 [J]. 证据科学, 2018, 26 (05): 563-576.

③ 纵博. 监察体制改革中的证据制度问题探讨 [J]. 法学, 2018 (02): 119-127.

④ 张中. 论监察案件的证据标准——以刑事诉讼证据为参照 [J]. 比较法研究, 2019 (01): 16-27.

但是《监察法》的非法证据排除规则是独立的，其认定与适用标准与《刑事诉讼法》中的规定是不同的，不能简单地把两者相等同。其中，高通教授认为，监察非法证据具有自身的独立性。虽然他也认同监察程序应受刑事非法证据排除规则约束的观点，但同时认为，监察非法证据具有自身的独立性，其与刑事非法证据是两种不同种类的非法证据；虽然监察非法证据排除规则与刑事非法证据排除规则有着十分密切的联系，但是也不应忽视监察非法证据排除规则的独立性问题。① 他认为，没有必要用刑事非法证据排除规则来限制监察非法证据排除规则的发展。另外，刘昂教授认为，职务犯罪案件的特殊性决定了监察机关的调查和收集证据具有与刑事诉讼法不完全相同的程序和条件，这种不同在少数方面体现为《监察法》对取证合法性规范的规定超过了《刑事诉讼法》的规范力度，而更多的方面则体现为《监察法》对证据合法性的规范力度不及《刑事诉讼法》的规范要求。②

第二，监察人员出庭作证问题。对于调查人员是否应当出庭作证问题，学界基本上都是持支持的态度，即监察人员应当要出庭作证。陆而启教授在《我国监察证据规则的构造解析》提到，如果监察委办案人员不愿出庭说明情况，律师可依据最高人民法院《关于全面推进以审判为中心的刑事诉讼制度改革的实施意见》（法发〔2017〕5 号）第二十二条第二款的规定，要求法庭对有关证据予以排除。根据该条款，经人民法院通知，侦查人员不出庭说明情况，不能排除以非法方法收集证据情形的，对有关证据应当予以排除。汪海燕教授在《审判中心与监察体制改革———以证据制度为视角》一文中也说到监察人员出庭问题。职务犯罪案件审判中，当涉及证据收集的合法性问题而有出庭必要时，监察人员也应到庭作证。杨宇冠、高童非的《论监察机关与审判机关、检察机关、执法部门的互相配合和制约》中谈及有关调查人员出庭问题，认为直接参与案件办理的调查人员出庭说明情况对于查明案件事实，尤其是查明有关证据收集合法性的问题将起到关键作用。监察机关调查人员有必要根据上述规定履行出庭作证的义务，否则审判机关可能难以就非法证据问题进行审查。陈卫东、

---

① 高通. 监察程序中非法证据的法解释学分析 [J]. 证据科学，2018，26（04）：399-409.
② 刘昂.《监察法》实施中的证据合法性问题研究 [J]. 证据科学，2018，26（04）：410-419.

聂友伦老师在他们的文章《职务犯罪监察证据若干问题研究———以'监察法'第33条为中心》中表示，关于调查人员的出庭作证，认为可将《刑事诉讼法》第五十七条第二款"其他人员"解释为包括调查人员在内的其他人员，在有必要时出庭说明情况。

第三，监察案件非法证据随案移送问题。对此，学界主要有两种观点，一方表示支持应当要随案移送，张中教授在《论监察案件的证据标准———以刑事诉讼证据为参照》一文中表示赞同移送，但是对于被排除的非法证据，应当在案卷中"写明为依法排除的非法证据"，以提示法官审查证据时注意。而另一方是表示反对的，代表性的有韩旭教授，他在自己的文章《监察委员会调查收集的证据材料在刑事诉讼中使用问题》中表示，对于监察机关调查期间排除的证据材料随案移送问题。不赞成"随案移送"的做法，为防止司法人员"心证"受到"污染"，有违审判中心主义和公正原则。

# 第五章

# 域外监察制度的比较与借鉴

近代监察制度起源于瑞典，二战以后新兴国家面临政府机构膨胀、职权扩张、腐败和人权威胁的发展困境，由此监察制度开始在世界范围内传播，在适应各国的政治社会环境中形成了各种各样的监察制度模式。监察制度设计的初衷是通过控制公权力，实现保障公民权益的目的。从本质来看，其制度设计的特色与经验并无好坏之分，能够适合本国的历史文化、政治环境，满足本国政治发展要求的监察制度才能更加契合自身发展的需要。本章选取新加坡以及欧盟的监察制度建设，通过聚焦两种监察制度设计的政治社会背景、法律设计、职权配置、运行等方面，以期为我国监察制度的完善提供思路。

## 一、新加坡的廉政体系

腐败作为世界各国共同面对的治理挑战之一，其治理路径在各国各异的政治体制下呈现出不同的治理模式。新加坡作为全球最清廉的国家之一，在国父李光耀带领的人民行动党的领导下，用极短的时间取得系统性反腐败斗争的巨大成效，不得不说是一个奇迹。新加坡治理腐败的成功，可以说是偶然中的必然，独特的国情、领导人强有力的反腐政治意愿、严苛完善的公务员制度、系统完备和相互衔接的反腐机制建设、强有力的独立反腐败机构、廉政文化的转变与重塑、相互配套进行的行政改革等因素均促成了新加坡"廉洁之邦"的美誉。

### （一）新加坡的政治体制

新加坡的政治体制既具备多党制民主政治的一般特征，又成功保持了"一党独大"的威权体制。① 一方面，新加坡现有 20 多个合法政党，除执政党外，其他一切政党均享有合法地位。宪法并未赋予人民行动党唯一的执政党地位，而是各政党均可参选，多党并存的局面有利于人民行动党时刻保持警醒，从而能够保持谨慎和自律；另一方面，人民行动党能够在公开竞选中始终取得压倒多数的选票，从而保持长期独立执政的地位，其政策和国家发展战略也得以长期有效运行。

根据新加坡《宪法》规定，新加坡实行议会共和制，总统为国家名义元首，由全民选举产生，任期六年，与国会共同行使立法权。以总理为首的内阁掌握行政权，司法权归属于初级法院和高级法院，三权分立并相互制约监督。其中，总统任命总理（内阁首脑），国会中占多数席位的政党为执政党，同时由国会选举产生内阁总揽国家行政权，并向国会负责。总统对总理以及由其领导的内阁进行监督，也可直接命令反贪局长调查对任何一名政府部长的指控。

新加坡国会实行一院制，任期五年。政府由国会选举产生，对国会负责，国会对政府保留监督权，通过向各内阁部长提出质询、审查内阁的财政预算和预算执行情况、成立的七个常设会期特别委员会和其附属机构，譬如公共服务委员会、审计总署等进行监督。国会议员分为民选议员、非选区议员和管委议员构成，其中非选区议员从得票率最高的反对党未当选候选人中任命，最多不超过六名，从而确保国会中有非执政党代表。管委议员则代表无党派人士和独立人士意见。

新加坡司法机构由总检察署、最高法院和初级法院组成。总检察署相当于我国的检察院，是新加坡的检察机关，承担贪污、贿赂案件的审查、起诉工作和刑事案件的侦查等职务。最高法院由高等法院和上诉法庭组成，有权保证宪法得到立法和行政机关的遵守，它可以宣布任何行使权力的行为因违反宪法或超越宪法赋予的权限而无效。大法官由总统根据总理建议任命，一般实行终身制，不得随意调离或免职。这既保证了司法机关独立行使司法权而不受立法、行政的干预，同时又确保了司法机关对其他部门的有力监督。②

在人民行动党执政的将近五十年中，其先后在不同的历史时期形成的"生

---

① 金波. 新加坡的制度反腐经验［J］. 国际关系学院学报，2009（04）：39-48.
② 梅雪. 新加坡与中国反腐机制比较研究［D］. 山西大学，2010.

存意识""危机意识"①，推行的廉政立国的国家发展战略，成功带领新加坡从经济落后、民生凋敝走向今天国际金融中心、从贪腐成风成为今天世界的"廉洁之邦"。在人民行动党成立四十周年之际，被称为"现代新加坡之父"的李光耀指出，"新加坡的生存靠政治稳定，靠高级官员们的廉洁和效率"。新加坡独立后，李光耀提出政府要在政治和行政方面保持高度廉洁，必须以强有力的纪律约束公务员，必须做到"两手干净"，② 这是提高行政效率取得成功的关键。

（二）新加坡的廉政机构

1. 贪污调查局

贪污调查局（简称为 CPIB）于 1952 年正式成立，其前身是内设于新加坡警察署刑事侦查局的反贪处。贪污调查局成立之初主要负责调查与走私有关的贪污活动，但当时新加坡的贪腐现象积重难返，腐败之风并没有得到有效遏制，直至 1960 年颁布《防止贪污法》，进一步强化了反贪局查处贪污腐败的职能，赋予了其实施强有力措施的充分权力。

新加坡的贪腐能够得到有效遏制，贪污调查局可谓功不可没。自 1970 年起，贪污调查局直属于总理办公室，属于行政机关，同时兼具执法职能，是全国防止贪污贿赂的最高机关。③ 局长由总统根据总理提名任命，副局长由总理任命，并根据需要任命若干局长助理和特别侦查员，不受任何机关和个人干涉，工作由总理直接领导并向总理负责。

贪污调查局的主要任务即接受和调查公众对公共部门和非官方部门的投诉；检测公共部门的运作和程序；对适宜进行逮捕罪犯进行侦查，经调查一旦确定有罪，经总检察长同意后应直接向法院起诉。同时，贪污调查局还有权与政府进行合作，审查政府行政流程与实践减少腐败行为发生的机会，贪污调查局的官员还经常与公务员谈话，尤其是任职于执行机构的人员，宣传腐败行为的危害，并对他们提出建议与忠告以将腐败湮灭在萌芽之中。除此之外，贪污调查局还负责对将被新加坡政府录用的公务员以及一些即将晋升或任命到新加坡各部委任职的候选人进行审核和背景调查。

---

① 金波. 新加坡的制度反腐经验 [J]. 国际关系学院学报，2009（04）：39-48.

② 岳世洲，岳世川. 李光耀的国家安全观述评 [J]. 南洋问题研究，1999（02）：75-84.

③ 吴丕，袁刚，孙广夏编著. 政治监督学 [M]. 北京：北京大学出版社，2007：213.

作为新加坡专门的反贪污机构，其机构设置中的贪污调查局的职责更加集中、有针对性，所以它的人员构成仅为廉政公署的十分之一，但却取得了相当引人注目的成就。贪污调查局主要突出的特点有两个：其一是独立性，一方面体现在它的机构性质和领导体制上，另一方面主要体现在《防止贪污法》赋予了其广泛且强大的职权，贪污调查局可独立对贪腐案件进行立案侦查，而不必借助执法机关。其二是高效率，贪污调查局对来自公众署名的投诉和举报必须在一周之内给予回复，若决定采取调查，必须在决定调查官员 48 小时内展开调查，所有的贪污案件必须在 3 个月内调查完毕，非常复杂或有其他障碍因素除外。

根据《防止贪污法》，贪污调查局有以下权限。

（1）不明财产检查权。若被调查人不能对其拥有的合法收入以外的财产作出合理解释，贪污调查局有权对被调查人采取监控措施并移送检察官。根据《公务员守则和纪律条例》，明确提出公务员初次出任公职和每年 7 月 1 日，每个公务员必须就个人的动产、不动产、银行存款和股票、债券等全部资产以及配偶、子女等家庭成员的财产状况向各所属部门呈报进行公证，如果财产出现变动，要主动说明变动财产的清单以及作出合理解释。贪污调查局可随时调阅公务员在法院公证处的财产申报材料，其审核的范围包括：财产申报是否属实；是否存在故意漏报或将财产转移到他人名下的情况。除了审核公务员上报资产是否属实外，还要审查其变动财产的来源是否正当、合法，以及是否与该工作的正当收入符合。①

（2）秘密跟踪、监视权。贪污调查局拥有类似于美国联邦调查局的完整的秘密调查权，对新加坡的所有公务员，CPIB 都有权将进行秘密跟踪，监察监视其日常行为。监视的内容从生活嗜好到是否存在贪污等行为，监视手段也可采取窃听、录音、秘密拍摄等方式。

（3）调查权。当有违犯《防止贪污法》和《刑法》法人行为或是依据《防止贪污法》在调查期间由任何成文法的行为时，贪污调查局可以在没有检察官命令的情况下行使《刑事诉讼法典》中规定的所有或任何一项与警察调查犯罪有关的权利。根据《防止贪污法》第十八条规定，贪污调查局在调查重大案件

---

①　曹云华. 亚洲的瑞士——新加坡启示录［M］. 中国对外经济贸易出版社，1997.

时还享有特别调查权，可以不论其他法律规定调查任何银行存款、股票存款、购买账目开支账目以及任何其他账目，或在任何银行的任何保险箱等。① 此外，还有权要求被调查人详细说明其子女及其亲属的一切资产以及相关具体信息，有权要求任何知情者提供情况，对调查予以配合，拒绝提供或不提供其掌握的信息，构成阻碍调查罪，将被处以 10000 美元以下罚款或 1 年以下监禁或两者并罚。

（4）搜查权和扣押权。根据《防止贪污法》第二十二条规定，若贪污调查局根据信息或经过前期询问，认为在某一地点藏有罪证（任何有证据意义的文件、物品或财产），可授权特别侦查员或级别不低于督查的警官在必要时进入该地，并对相关证据进行搜查、查封、扣押，拒绝等都会被视为犯罪。②

（5）逮捕权。根据《防止贪污法》第十五条规定，贪污调查局局长、副局长、侦查员可以在无逮捕证的情况下，可逮捕有理由怀疑或与罪行有牵连的任何人，在执行逮捕时，上述官员对于逮捕人身上的一切物品，只要有理由认为是犯罪脏污或与证据相关的物品，均可进行搜查并没收，被逮捕者押送至 CPIB 或警察局。③

2. 检察公署

在新加坡，检察公署是唯一主控贪污贿赂案件的国家检察机构，是内设于内政部的一个行政部门。根据《宪法》规定，实行总检察长负责制，总检察长和高等法院大法官独立于政府，不受任何个人、团体和机关干预。总统根据总理的建议任命总检察长，其必须具备任职高等法院法官的资格。此外，总检察长兼任国家公诉人、新加坡政府和国会法律顾问、律师，担任政府部门法律代表。行政部门在执法中遇到问题时须接受总检察署提出的法律释义，根据总检察署意见处理行政事务，这也是中国检察制度以法律监督为初衷有质的区别。④

自 2015 年 7 月 1 日起，检察公署的核心架构主要由总检察长、副总检察长、副检察长和第二副检察长组成。检察公署共下辖 11 个部门，包括民事部、刑事

---

① See Prevention of Corruption Act, Part I: Preliminary, Article 17.
② See Prevention of Corruption Act, Part I: Preliminary, Article 22.
③ See Prevention of Corruption Act, Part I: Preliminary, Article 15.
④ 樊崇义. 广泛与独立：新加坡检察制度的公权特色［N］. 检察日报，2015 - 07 - 28 （003）.

司法部、金融和科技罪案组、国际事务司、立法部、公共服务部、计算机信息处、法律职业秘书处、知识管理局、总署学术会和战略规划办公厅。新加坡的检察机关只承担公诉职能，不具备职务犯罪侦查等职能。除去职务犯罪侦查单独设立贪污调查局，其他犯罪行为分别由警察局、移民局、关税局等机构查办。根据《宪法》规定，总检察长的职责是："就总统或内阁随时交付给他的法律问题向政府提供意见，完成总统或内阁分配给他的其他法律任务，以及履行根据本宪法或任何其他成文法律所授予的职务。"

新加坡检察机关的职权广泛且独立，主要有四大部分。

（1）刑事检察权

新加坡的总检察署并没有侦查职能，其只接受侦查机关（商务事务局、关税局、移民局、贪污调查局、中央肃毒局、刑事调查局等）移送过来提请起诉的案件，但总检察署刑事处的检察官有权依照总检察长的命令要求侦查机关对刑事案件进行侦查或停止侦查的活动。在总检察署行使公诉案件中，其检察官的权力主要有：指挥侦查权；批准检查权；决定公诉权；撤销、减轻、修改控状权；出庭公诉权和提起上诉权。对经过侦查证实的刑事案件，检察官负责向法院提起公诉。

（2）民事检察权

民事部的官员接受总检察长的指派，职能具体包括三个方面：一是处置所有与政府相关的民事诉讼。若公民对政府工作表示不满时，可对其提起诉讼，总检察长或指派民事部人员代表政府应诉；若政府认为公民行为损害到国家或公共利益时，政府可对公民提起诉讼，总检察长或指派民事部官员要代表政府起诉；当政府遇到不当的民事判决时，总检察长可指派民事部官员要代表政府提起上诉请求。二是民事部须处理涉及政府的民事非诉讼事宜，包括代表政府参与有关的调解、仲裁、法律处分等。三是当政府在执法过程中遇到法律问题，民事部须为其提供法律咨询服务，民事处也有权出具法律意见、审查法律文件或直接参与解决难题。四是代表政府行使有关管理等其他方面职能。其中包括审查为取得律师资格的申请、担任慈善机构的保护者、在领养事项方面担任诉讼监护人等。[1]

---

① 徐汉明，黄达亮. 具有特色的新加坡检察制度［J］. 中国检察官，2008（03）：3-6.

（3）法律草拟与审查权

新加坡继承了英国的法律体系，根据本国实际情况不断完善和制定法律，立法部为此需要做大量的调研工作。检察公署立法部的工作宗旨是："草拟简明和精练的法规已实现国会的意向。"因此，立法部官员需要对国会议员和政府内阁成员提出的相关法律问题进行解答。此外，还承担为国会、政府部门及法定机构提供相关文件的法规建议等，协助修正法律、更新法规以及维护法规资料库和新加坡法规网站等。

（4）国际事务参与权与参谋权

新加坡的检察总署还具有广泛的国际事务参与权，由国际事务司负责代表国家在国际争端中保护和扩展国家利益，其工作宗旨即保护与促进国家利益。国际事务司的主要职责包括向政府部门与法定机构提供关于国际贸易、航空和海事等国际争端调解程序并草拟和洽商协定，审查条约并提供有关意见，为新加坡的国际责任方面提供协助和意见等。①

3. 商业事务局

随着新加坡金融市场的逐渐稳定繁荣，随之而来的却是逐渐增多的商业犯罪活动和越发高明的犯罪手段，不仅扰乱了新加坡金融市场的稳定，也造成社会风气负效应。为惩治经济违法行为，1985 年，新加坡政府在财政部下设专门的商业事务局，宗旨即维护新加坡商业和金融市场的良好信誉，保障投资者的合法权益。商业事务局的权力与贪污调查局相当，主要目标即执行和管制金融业的法令，防止金融市场被操纵，维持国际合作和培养积极进取的官员，协助各管制机构调查和起诉复杂的商业诈骗罪犯。如该局调查人员可行使各种调查权，无须逮捕令即可逮捕犯罪嫌疑人；如果必要商业事务局的调查人员可采取任何手段获取证据材料。

4. 国会的特别委员会和下属机构

国会设 7 个常设特别委员会，其中公共账目委员会和预算委员会与国会的行政监督职能有直接关系。公共账目委员会负责审查政府提供的有关国会拨款使用情况的账目，检查国会拨款能否满足的公共开支；审查总审计长提交给国

---

① 樊崇义. 广泛与独立：新加坡检察制度的公权特色［N］. 检察日报，2015 - 07 - 28（003）.

会的账目审计报告。① 预算委员会，负责审查政府预算，就预算体现的政策实施效果提交报告和建议。其余 5 个特别委员会分别是提名委员会、特权委员会、福利委员会、公共陈情委员会和议事常规委员会，均和国会的行政监督职能没有直接关系。每个委员会成员一般为 7 人（不包括委员会主席），人选要在执政党和反对党之间达成平衡，以避免出现"一言堂"的局面。此外为适应某些方面的公共政策和行政事务的需要，或为了审查某个特别法案，国会还可根据议员的动议设立专门委员会，就特定事项进行调查。

国会的下属机构，如公共服务委员会、审计署等也是国会对政府监督的重要组成部分。

（三）新加坡的廉政立法及机制建设

新加坡在取得国家经济发展的同时，强力而有效地遏制住了国家的腐败，在亚洲国家中新加坡实现了对国家的成功治理是很难得的。研习新加坡治理腐败的经验，除了人民行动党铁腕反腐的政治意愿和廉政文化建设外，加强立法，以"零容忍"的法律体系构成国家反腐败的基石是其取得反腐成效的核心要素。

1.《宪法》廉政规定

禁止公务员经商。宪法第二条第二款规定："总统不得担任任何盈利性职位，并不得积极从事任何商业活动。"此外，包括内阁成员，即总理和各部部长。此款规定的主要目的在于从国家领导高层杜绝以公谋私等腐败行为，提供政府的威信和公正廉洁的形象。当然，新加坡政府也采用一系列针对国家高层管理者及其公务员的生活等保障机制，将在后面的篇幅做详细介绍。

2.《刑法》典规定的贿赂犯罪和经济犯罪

根据新加坡刑法典第一百六十一条至一百六十五条对公务员贿赂、经济犯罪等行为进行了规定。

（1）受贿罪。新加坡受贿罪分别针对受贿者和行贿者均作出行为上的界定。首先是针对以国家公务人员为主体的受贿罪。根据《刑法典》第 161 条规定，公务人员为自己或他人收受非法报酬罪的，处 3 年以下监禁或罚金，或两者并处；1970 年《防止贪污法》进一步加大的对腐败行为的惩罚力度，将其修改为

---

① 任燕. 新加坡国会的组织体系［J］. 山东人大工作，2004（02）：54-55.

5年以下监禁或处1万新元以下罚金，或二者并处。第一百六十五条规定，公务人员利用职务之便收取有价物的，处2年以下监禁或罚金，或者两者并罚。其二是以行贿者为主体的行为，即受贿罪。第一百六十二条规定，任何人为自己或他人，从任何人处接受或取得，或同意接受或企图取得报酬，并以此为动因或回报，用不道德行为或非法手段诱导公务员利用职权为提供报酬的人提供方便的，处3年以下监禁或罚金，或者两者并罚。第一百六十三条规定，任何人为自己或他人，从任何人处接受或取得，或同意接受或企图取得报酬，并以此为动因或回报，运用自身的影响使公务人员为提供报酬的人办事的，处1年以下监禁或罚金，或者两者并罚。第一百六十五条规定，公务人员利用职务之便收取有价物的，处2年以下监禁或罚金，或者两者并罚。①

（2）教唆受贿罪。公务人员教唆、支持任何人范新加坡刑法典第162、163条规定的受贿罪的，应处3年以下监禁或罚金，或者两者并处。

（3）公务人员非法经商罪。公务人员不应经商而经商的，处1年以下监禁或罚金，或者两者并处。

（4）公务人员非法购买或竞买财产罪。公务人员以本人名义或他人名义，或者以与他人共同或合伙的名义，购买公务人员不得购买或出标竞买的某项特定财产的行为，处2年以下监禁或罚金，或者两者并处，所购买的财产予以没收。

（5）公务人员收受非法报酬罪。现为公务员或将为公务员者，为本人或第三人利益，接受或取得，或同意接受，或企图取得非法酬劳的报酬，作为其实施或不实施职务行为，或在履行公务过程中给予或不给予他人好处或坏处，或利用新加坡政府、国会议员、内阁成员或公务员职务本身向他人提供或企图提供服务或对其造成损害的动因或回报的，均构成犯罪，处5年以下监禁或1万新元以下罚金，或两者并处。

此外，对于被控告人占有与已知收入不相符的金钱或其他财产，而又不能令人满意地解释其来源，即可被认定为贪污所得或同意接受或企图得到。再者，新加坡除了对受贿者施以严厉的惩戒以外，对行贿者同样也不手软，对于向公务员行贿的人，同样予以罚款和判刑。

---

① 赵露. 新加坡廉政制度研究［D］. 辽宁大学，2014.

总体来看，新加坡对腐败行为采取"零容忍"的态度，从一些法典中的表述就能窥见端倪，"任何人""任何情况""同意给予"等表述，均表现出新加坡铁腕反腐的意愿和决心。

3.《防止贪污法》

人民行动党执政后，对 1937 年颁布的《反贪污条例》分别于 1963 年、1966 年、1981 年进行了三次修改，除了将贿赂的内容、范围、受贿的形式及主题不断完善修正外，还对惩治贿赂的机构及其职权和调查程序作出明确规定，显示出新加坡反腐的决心。

《防止贪污法》主要对贪污贿赂罪行极其惩处问题、调查贪腐问题的主体机构以及诉讼程序问题作出规定，既包含实体性问题的界定，也涵盖了程序性细则问题的描述。下面针对《防止贪污法》所涵盖的主要贿赂犯罪及其处罚有：

（1）一般贿赂罪。根据《防止贪污法》规定，任何人为本人或其他人的利益，亲自或通过他人或伙同他人，索取、接受或同意接受，或行贿性地给予、许诺或提议给予任何人任何报酬的行为，应处 1 万新元以下罚金或处 5 年以下监禁。

（2）与代理人贿赂交易的犯罪。与代理人贿赂交易的犯罪包括代理人受贿罪、向代理人行贿罪和欺诈委托罪。同时根据该法第七条规定，如果犯罪人的行为所涉及的事务或业务是与政府及其所属任何部门或公共机构签订的合同或合同建议，应处 10 年以下监禁或不超过 1 万新元的罚金，或者二者并处。向代理人行贿罪指任何人向代理人给予或同意给予或提供任何报酬，并以此作为代理人在其委托人有关的事务或业务中做或不做、已经做或没有做任何事情，或者在与委托人有关的事务或业务中表示或不表示同意或不同意，作为一种引诱或报答的行为，应处 1 万新元以下罚金或处 5 年以下监禁，或者二者并处。欺诈委托人罪指行为人明知有关的报告、收据、账目或其他文件中含有虚假、错误或缺陷的表述，会导致委托人误解，或者代理人故意使用上述报告、收据、账目或其他文件欺诈委托人的行为，应处 1 万新元以下罚金或处 5 年以下监禁，或二者并处。

（3）议员受贿罪。作为议员的任何接受或索取非法报酬，作为对以议员资格采取或默认采取任何行动的报酬，均视为犯罪。

（4）公共机构人员受贿罪。公共机构成员索取或接受任何报酬，并以此为诱因或回报，利用职务之便做或不做某事的行为，处 10 万新元以下罚金或处 10 年以下监禁，或者二者并处。

从以上法条可以看出，《防止贪污法》的可操作性很强，对涉及行贿受贿、贪污腐败等问题的表述非常细致，不仅对政府官员的受贿行为作出明确的规制，同时对行贿者的行为同样处以重罚。

4.《没收贪污所得利益法》

为了形成更加严密的反腐败法律体系，新加坡国会于 1989 年通过了《没收贪污所得利益法》，它的颁布使得公务人员贪污犯罪的成本更高，进一步明确规定了对贪污贿赂所得的认定、如何处置以及处置的程序。

（1）贪污所得利益的认定。根据《没收贪污所得利益法》，若某人不能对与自身合理收入不符的财产作出合理解释的，其财产将被认为非正常所得。

（2）没收贪污所得利益的程序。该法规定，没收被告人贪污贿赂所得利益，必须依据法院的"没收令"。

此外，《没收贪污所得利益法》对于潜逃的贪污贿赂罪犯还做出特殊规定，第二十一条规定，如果某人与依法贿赂犯罪有牵连而逃跑，他将被视为犯有贪污贿赂罪。

5.《财产申报法》

《财产申报法》旨在针对公务员个人及其家庭的经济状况进行监督以达到监视的作用，是公务员财产申报制度的核心，其中对申报对象、申报内容、申报时间以及申报中的具体要求作出可操作性极强的严格规范。

6.《公务员惩戒性程序规则》与《公务员守则和纪律条例》

《公务员守则和纪律条例》与上述的《防止贪污法》《财产申报制度》共同构成新加坡公务员财产申报制度的主要法律体系，对于申报的主体作出明确规定。《公务员守则和纪律条例》通过约束公务员在工作中的具体行为，重塑规范公务人员行为准则，从事前预防的角度防止腐败行为的发生。

《公务员惩戒性程序规则》是根据新加坡《宪法》关于公共服务委员会对公务员行使纪律管制于 1970 年 7 月 1 日制定的。其主要针对有违法行为的公务员应给予的惩罚以及惩罚的程序作出具体规定，是保障《公务员守则和纪律条例》有效实施重要的行政法律。

（四）廉政保障机制

1. 中央公积金制度

李光耀曾告诫印尼前总统瓦希德说："要官员们保持清廉，就得确保他们能够得到足够的酬劳，不必贪污也能获得生活上的物质保障和社会地位。"① 如果说新加坡通过立法警示来制约腐败行为的发生，使公务员形成"不敢腐"的思想意识，那么中央公积金制度通过为公务员提供充足的物质保障和丰厚的退休金则充分体现出新加坡的制度保障和人文情怀。

新加坡的中央公积金制度是一种独具特色的社会保障制度，自1955年开始实施以来，中央公积金已经由原来的单一养老保障发展为包括退休保障、医疗保障、住房保障和家庭保障在内的综合保障体系，其通过为公务员提供稳定的物质生活保障来减少腐败发生的动因。所以在新加坡，公务员是一份受人尊敬的职业，不仅物质生活达到国家中高收入阶层，同时其通过廉洁奉公为国家服务也得到国民的尊崇。但同时，新加坡对于腐败"零容忍"的立场也决定了一旦公务员出现贪污受贿行为，也将失去个人全部的公积金，所以在新加坡贪污成本非常高，一旦有贪污行为发生，不仅前半生努力毁于一旦，将面临严厉的惩罚，还会出现一系列连锁效应。

2. 绩优官僚制

绩优官僚制作为一种政治意识形态，意指一种信念，即国家应由一群精英公职人员来治理，他们拥有的卓越实践与学术能力为其提供保障。新加坡国父李光耀认为，要治理好国家，必须有一群高素质的优秀人才，从高层战略层面领导整个国家的发展。因此，新加坡很早就建立了现代公务员制度，以公开考试、择优录取、科学考核、量绩晋升作为其基本原则，同时还将廉洁奉公作为对公务员考核的一项主要内容固定下来。

如今，绩优官僚制俨然成为新加坡国家治理原则之一，其内容主要体现在四个方面：竞争性考试、公共服务奖学金和严格的政治领导甄选机制、公务员的高工资。② 首先，政府选拔管理公务员的一系列程序值得我们深究。新加坡

---

① 赵增彦. 新加坡如何反腐倡廉 [J]. 理论导刊，2006（05）：78-81.

② Bellows, T. J. Meritocracy and the Singapore Political System. Asian Journal of Political Science, 2009（1）：24-44.

有超过四分之一的政府支出就投入教育领域，政府设立有优厚的奖学金以奖励最优秀的高中毕业生，并公派进入欧洲最顶尖的大学学习，学成之后再经过面试进入新加坡各政府部门。与此同时，公共服务委员会还将对这些学生的个人品德修养、个人喜好、社交状况、家庭状况、社会背景以及是否有前科等一系列内容进行审查以防止腐化分子或道德缺失的人混入公务员队伍。如果说前期的栽培和严格的筛选是国家公务员系统的第一道防线，那么对他们的工作成绩进行严密的考核则是"双保险"。官员考核的结果是公务员升降奖惩的主要依据，在离职之前还要接受相关部门检查，没有问题才可离职，此外在某些要职任职时间不得超过三年。对于崇尚"德治"的新加坡来说，对公务员进行教育、培训也是必要的。新人入职前首先要接受培训，除了学习政治、法律和其他业务技能之外，还要接受以"忠、孝、仁、爱、礼、义、廉、耻"为治国之纲的思想道德教育，将这八个字内化于心、深化于行。

其次，新加坡对于政府领导甄选机制也可谓设计精密。政府在每届选举后就马上从公共部门和私人部门，其挑选人才的标准即 HAIR，H 指对关键问题战略谋划的视野，A 指对某一现象或国家面临的问题分析能力，I 指丰富的想象力，能够有创新精神，R 即指对现实的把握力。具有 HAIR 能力的候选人将面临执政党领导层和各选拔委员会的层层面试选拔，随后，这些国家贤才谋士通过国会选举进入国会成为未来各部高级政务官候选人。

最后，新加坡公务员尤其是高级公务员的高薪是绩优官僚制的核心支柱之一，有必要说明，新加坡的高薪与其说是为建设廉政的无奈之举，倒不如说是为国家管理争取贤人志士抛出的"橄榄枝"。在新加坡这样一个资本主义市场经济国家，强政府主导的公平公正原则与健全繁荣的经济市场所崇尚的高效两者之间实现了完美的共存，新加坡对政府高官支付的高薪资指的是具有市场竞争力的薪资，提高薪资待遇是为了吸引卓越的人才加入政府部门为国家的治理建设效力。而对于普通公务员，政府也会考量其职务与社会各行业的收入水平，薪资待遇也是与社会其他相似职业相当，充分考虑了公务员生活的物质保障。

（五）权力制约机制与社会监督

1. 对贪污调查局的制约

权力制约的实质即以职能分解、机构分设和人员分工实现对权力的赋予和对权力制约的赋予对应对等,贪污调查局权高位重,通过机制设计实现对贪污调查局的权力制约不仅实现机构间职能的有效衔接,另一方面也使得贪污调查局的职能更有针对性。

新加坡政府通过检察总署与贪污调查局的职能设计,实现了两者工作的有效制约。首先,贪污调查局特别调查权的行使必须经检察官授权。根据法律规定,调查局行使这项权利必须向检察官提供相应材料,而且必须按照检察官指定的方式方法进行,以此来保证调查局职权也在合法程序制约中运行。其次,检察官对案件行使审查起诉和提起公诉的权力。新加坡检查总署决定起诉与否,贪污调查局只有侦查案件的权力。若检察官决定起诉,贪污调查局调查员只能以控方证人的身份出庭作证,由检察官出庭公诉。最后,检察官虽然不从事任何调查工作,但是如果主控官经过案件审查后认为证据不足的,即可指示调查机关终止调查或补充调查。

除此之外,总统和总理也可对贪污调查局的直接领导人任免以及调查局对总理负责的体制来形成潜在的制约,当然这还要基于一个对腐败"零容忍"的总理领导;公共服务委员决定包括调查局人员以内的公务员的聘用、晋升和奖惩;以及在新加坡腐败所付出的沉重代价,均构成对贪污调查局的有效制约。

2. 公众监督

新加坡非常重视对举报人的保护,检举人不得陈述任何可能危及检举人安全的事实,也不得要求证人提供检举人的姓名、住址等个人信息。此外,反贪局必须在一周之内对接到的公众投诉给予书面答复,上门检举者更须当场做出答复。

3. 新闻舆论的警示监督

新加坡政府对大众传媒也有许多约束规制,其基本原则是:在政治上不得从事危机政府和政局稳定的宣传;在伦理道德上不得有悖于东方价值观。[①] 从此处可看出,在社会参与反腐过程中,新闻舆论监督自由度相对较小,主要发挥宣传公开的作用。通过宣传反腐政策和法律规定,一方面能够对社会尤其是政府官员形成一定威慑力,另一方面对于廉政文化的建设也起到一定引导作用,加深社会对腐败行为的认识。

---

① 许衍刚. 新加坡报业印象 [J]. 青年记者,1994(05):38-39.

## 二、欧盟的监察专员制度

### （一）监察专员制度的萌芽与发展

1766 年，瑞典议会任命了国家第一位监察专员，作为瑞典历史上"大法官"制度的延伸，监察专员制度由此产生。① 1809 年，瑞典议会通过的宪法赋予监察专员宪法层面的认可，规定由议会从"具有杰出法律才能和秉性正直的人中选举"监察专员，以议会代表的身份监督所有行政官员和法官对法律法令的遵守执行情况，并受理公民对官吏的控诉、投诉案件。② 1919 年，芬兰在第一部宪法中也采用了监察专员制度③。瑞典和芬兰是世界上最早建立监察制度的国家，作为对王权、神权的对立面，也作为对国家行政权的制约，其监察范围非常宽泛，行政、司法、军营等均在其监察范围之内，也因此被称为古典监察官员制度。

第二次世界大战之后所建立的监察官员制度将监察范围大大缩小，仅对行政机关进行专门监察，被称为现代监察官员制度。④ 20 世纪 50 年代之后，丹麦、新西兰、西班牙、葡萄牙、英国、加拿大、澳大利亚等国家均引入监察专员制度，各国在对监察专员的称谓、职权等也作出相应调整。比如，英国称之为"议会行政监察专员"；阿根廷称之为"人民卫士"；西班牙称之为"公共防卫者"；葡萄牙称之为"正义提供者"；法国称之为"调解专员"；德国称之为"申诉专员"。监察专员制度在 20 世纪后半期达到了发展的高峰。截至 1995 年11 月，全球 75 个设有监察专员的地区，欧洲国家占到 27 个。⑤

古典监察专员制度时期设立的监察专员，意在形成对王权、神权的抗衡，同时制约国家日益膨胀的行政权。而从现代监察制度发展的趋势可以发现，一方面，证实了监察专员制度在对国家行政机构规制的有效性和合理性，另一方

---

① 黎军. 瑞典议会督察专员制度介绍 [J]. 政治与法律，2002（4）：96-97.

② ［瑞典］本特 维斯兰德尔. 瑞典的议会监察专员 [M]. 程洁译. 北京，清华大学出版社，2001.

③ Ian Handen, "Citizen and Information", European Public Law, Volume 7, Issue 2, Kluwer Law International, 2001：169.

④ 廖福特. 欧洲人权法 [M]. 台北，学林文化事业有限公司出版，2003.

⑤ See The European Ombudsman Annual Report 1995：4.

面，则回应了现代国家对于人权保障和贪污治理的需求。① 监察专员的存在不仅能够对国家权力结构形成制约和监督，而且能够满足公民对权利救济的需要，不仅能够提高国家行政系统的有效性，同时也平衡国家行政权力机关与公民之间的关系。

1974 年，国际律师协会对监察专员的定义：以宪法或法律为依据，由议会或立法者任命，独立行使职权，接受公民针对政府的投诉开展调查，并根据调查结果对政府提出建议批评，最终向议会和公众汇报调查结果。1978 年，国际监察专员协会成立，正式对监察专员做出定义：监察专员是一个独立、无党派的官员，通常由宪法设定，监督行政，处理针对行政不公和不当行为的申诉，无权对行政行为作出强制性命令，通过调查或调解程序寻求问题的解决。②

上述对监察专员的描述虽然角度不同，但揭示了各国监察专员共同的特质：具备独立性、对国家的行政投诉享有调查权、有提出批评建议的权力。

（二）欧盟监察制度的建立

欧洲联盟，简称欧盟，根据 1993 年《欧洲联盟条约》（《马斯特里赫特条约》）所建立的政治经济联盟。时下欧盟的运作方式，依照 2009 年 12 月生效的《里斯本条约》进行。《里斯本条约》在原《欧盟宪法条约》的基础上修改而成，是欧盟的首部宪法条约，旨在保障欧盟的有效运作和一体化进程的顺利进行。依据条约，欧盟现行的政治机构主要有：欧洲理事会，决定大政方针，即由国家元首或政府首脑和欧盟委员会主席参加的最高层会议，主席由各成员国轮流担任，主要讨论欧盟内部的建设、重要的对外关系及其中的国际问题；欧盟理事会，即部长理事会，与议会一同作为立法机构，同拥有预算权；欧盟委员会，欧盟的常设机构和执行机构，向理事会和议会提交立法建议，只有建议权和参与权，处理内部事务，执行高层决定；欧洲议会，享有预算决定权与部分立法权，欧盟的咨询、执行、监督机构；欧洲联盟法院，设 15 名法官、9 名监察官，由成员国政府任命，有权决定成员国、机构、企业和个人之间的法

---

① Anne Peters. The European Ombudsman and the European Constitution", Common Market Law Review, 2005（1）：669.

② Roy Gregory and Philip Giddings, Righting Wrong：The Ombudsman in Six Continents, IOS Press, 2000：4.

律纠纷，确保统一适用和解释欧洲法律；欧洲审计院，负责欧盟的审计和财务预算的正确执行。

欧洲议会作为代表欧盟公民的机构，对欧盟行使民主管理和监督。1973年，欧洲议会首次提出建立欧盟监察制度，这一倡议当时并未取得其他成员国的认可，但欧洲议会仍认为有必要"设立另一种与传统不同的名为'议会专员'的监察专员制度，受理公民申诉并提出救济建议"，由此设立了请愿委员会，旨在为欧盟居民和欧洲公民提供向欧盟机构提出申诉的途径。

伴随"自由、民主、人权"理念的产生，欧洲逐渐兴起了监察专员制度。一方面，为了强化欧盟内部行政监督的需要，改善欧盟内部官僚体系沉重、行政效率低下等现象；另一方面，作为对欧盟内部要求保障公民权的回应，1992年2月7日，《欧洲联盟条约》（《马斯特里赫特条约》）签署，正式确立了欧盟监察专员制度，定于1993年11月1日生效，这是在国际层面被认可的唯一一个超国家的监察专员制度，旨在回应如何基于委托合法地控制行政行为。1994年，《欧盟监察专员法》以议会决议的方式通过，对监察专员的工作程序、职权要求、人员任免、机构设置以及经费使用等问题进行细化规定，2002年通过此法案的修正案。1995年，首任欧盟监察专员经欧洲议会选举产生。

（三）欧盟监察专员的法律依据及其职权

欧盟成立的初衷在于维持成员国的和平共处，在实际合作中团结协作，促进成员国的政治、经济、文化和谐共处，同时在全球化中保持欧洲的特性和多样性，向外界传播欧洲的价值观。随着欧盟效率低下的官僚系统广受诟病和欧洲公民权的兴起，在欧洲议会的倡导下，1995年设立的欧盟监察专员，维护欧洲公民的人权能够得到保障，弥补欧洲公民权和欧盟机构运作的民主缺陷。

1994年始，《欧盟监察专员法》《欧盟监察专员实施细则》相继出台，在欧盟监察专员的促使下，欧洲议会此后通过了《欧洲良好行政行为法》。通过以上法律规范，欧盟监察专员建立了一整套职权行使的程序和依据。

1. 两个基础条约

1993年各成员国通过的《欧洲联盟条约》，也称《马斯特里赫特条约》，标志着欧盟正式诞生，欧盟开始从一个单纯的经济体向包含政治、经济、外交等多种职能的共同体发展①。这是欧盟两个根本性条约之一，另一个是《欧洲联盟运作条约》，其前身是《建立欧洲经济共同体条约》，也称为《罗马条约》，2009 年，《里斯本条约》正式将其整合为《欧洲联盟运作条约》。上述两个基本性条约在正式生效后至少每 10 年要修正一次，目前最后一次修订是在 2009 年12 月 1 日正式生效的《里斯本条约》。两个基础性条约涉及监察专员的内容如下。

（1）监察专员由欧洲议会任命，监察专员有权受理联盟内任何公民或居民或有注册机构的自然人或法人所提的关于指控欧盟机构或组织的不当行政行为的申诉，但不包括行使司法职能过程中的欧盟法院。监察专员对此类申诉进行审查，并提出报告。

（2）监察专员在每次欧洲议会选举后予以任命，与议会同任期，可连任。如监察专员不再具备履行其职责所必需的条件或有不当行为，经向欧洲议会请求，欧洲法院可免去其职务。

（3）监察专员在履职时应保持独立，不接受也不请求来自任何机构、团体、组织或办事机构的指导，在任期内也不得兼任其他有无报酬的职务。

（4）监察专员就调查结果向欧洲议会提交年度报告。

（5）欧洲议会会根据一项特别立法程序，经主动动议，在征求委员会意见并征求理事会同意后，由条例形式，就监察委员会履行职责的事宜制定规则和一般条件。

2.《欧盟监察专员法》与《欧盟监察专员法实施细则》

《马斯特里赫特条约》中未涉及欧盟监察专员的具体权责，1993 年 10 月在欧盟举行的机构间会议上发表了"机构间关于民主、透明化及辅助原则宣言"，其中有一名为"欧洲议会关于欧盟监察专员履行职责的规则和一般条件的初步决定"的附件。② 这份附议决定启动了关于欧盟监察专员制度的立法程序。1994 年 3 月 9 日，欧洲议会制定《欧盟监察专员法》，其全称为《欧盟监察专员履行职责的规则和一般条件的决定》。欧洲议会于 2002 年通过该法的修正案，

---

① 胡建会. 欧盟监察专员法律制度研究［D］. 华东政法大学，2012.

② "Draft Decision of the European Parliament of the regulation and general conditions governing the performance of the Ombudsman's duties", Bulletin of the European Communities, 1993：118-119.

于 2008 年 6 月 18 日再次通过其修正案。

依据《欧盟监察专员法》，监察专员有制定细化其职权形式的权力，1997年《欧盟监察专员实施细则》正式通过，于 1998 年 1 月 1 日正式生效。该细则经 2002 年修订，于 2003 年 1 月 1 日正式生效。

3.《欧洲良好行政行为法》

为了实现《欧洲联盟基本权利宪章》中有关"良好行政权"的规定，欧盟监察专员于 1999 年制定《欧洲良好行政行为准则》，认为属于良好行政行为应具备三个条件：建立准则、尊重法治、行政透明度。① 该准则的制定象征着欧盟监察专员的努力在法律层面予以认可，其以报告、信函、演讲、通告和新闻稿等形式将良好的行政原则公之于众，同时强化了欧盟监察专员在欧盟组织机构中的地位和影响力。欧盟监察专员认为良好的行政原则包括五个方面：维护基本权利、确保公开责任行政、提高政府服务、保证尊重法治、保护机构成员权利。②

（四）欧盟监察专员的组织架构与职权

欧盟监察专员作为欧盟内部政治机构一个重要个体，从监察专员的产生、任免、资格、职权、管辖等各个方面都有明确的法律依据，《欧洲联盟运行条约》《欧盟监察专员法》《欧盟监察专员法实施细则》以及《欧洲联盟基本权利宪章》初步构成了欧盟监察专员的基本法律依据。

1. 监察专员的任命

按照《欧洲联盟运行条约》第二百二十八条第四款、《欧洲联盟基本权利宪章》第四十三条的基础性要求，依据《欧盟监察专员法》，对监察专员的任免、职责等作出规定。

（1）任职资格

根据《欧盟监察专员法》，能够胜任欧盟监察专员的人员必须满足以下几个条件：必须是欧洲公民；享有完全的政治权利；具备在本国最高司法机关任职的资格，或具备公认的能够胜任监察专员的能力；保持独立性。

---

① Mr. Jacob Sodermank, "Fundamental rights and administration in the European of tomorrow", Speech to the Residential of ENA at the Castle of Nainvile-les-Roches, 2001.

② 袁钢. 欧盟监察专员制度研究［M］. 中国政法大学出版社，2013.

（2）任职程序

依据《专员法》，监察专员由议会产生，与议会同任期，可连任。依据《欧洲共同体条约》，每届议会组成时，由议会主席征集监察专员提名的人员名单，并将结果公开于欧盟官方刊物上。每名议员只可提选一名候选人，并向议会相关部门呈交附带法定条件证明的提名书。由议会组织听证，并进行审查，通过之后还需通过投票表决，即议会过半数议员出席会议，以匿名方式投票，获半数选票以上才可取得监察专员资格。这种选任程序也表明监察专员是受托于议会的完全独立机构。①

（3）离任程序

依据《欧盟监察专员法》，监察专员因辞职、届满而停止履行职责时，必须工作至继任者产生。同时议会需在职位空缺三个月内选任继任者，其任期为该届议会的剩余任期。② 当监察专员由于自身原因不能履职时，应经议会要求，由欧盟法院解职，且该撤职请求应有议会十分之一人员同意。若议会相关委员会认为撤职请求合理，则生成报告提交至欧洲议会决定，监察专员可要求在报告付诸表决前举行听证会。议会半数以上成员出席会议并进行秘密表决是否同意解职。

2. 监察专员组织结构

监察专员公署的人员规模和组织机构具有一定的灵活性，随案件数量、经费配备、复杂程度、人员调整也会做出相应调整。首任监察专员就任时，欧盟财政预算仅允许配备 10 名工作人员。到 2010 年底，欧盟监察专员办公室工作人员已达 60 余人，其机构也不断完善。

（1）监察专员办公室，又称为内务处。设内务首长 1 名，谏言官 2 名，内务助理 2 名。主要发挥智囊团作用，若监察专员在履职过程中有不当之处，或在处理与其他机构间的关系时存在不当之处，其有责任提出建议，同时负担部分行政管理和秘书服务。

---

① See Simone Cadeddeu，"The Proceedings of the European Ombudsman"，Law and ContemporaryProblems，2004（68）：161.

② 亚历山德罗斯·撒迪拉斯，王冬芳，崔玲，王宇颖. 对监管者的监管——欧洲监察专员所面对的"欧盟运行条约第 258 条款投诉"［J］. 国际行政科学评论（中文版），2015，81（03）：181-198.

（2）设秘书处。下设秘书长 1 名，谏言官 1 名，助理 1 名。主要协调监察专员的整体运作，为监察专员提供政策咨询服务。此外，还设有联络部，对秘书处负责，主要起连接机构与公众间关系的作用。

（3）设两个专门委员会——专门委员会 A 和专门委员会 B，各设负责人 1 名，配备助理 1 名和 2 名律师以提供法律援助。专门委员会 A 下设 2 个专职法务部门和 1 个申诉受理部；专门委员会 B 下设 2 个专职法务部门以及行政、人士和财务部。法务部门主责审查监察专员接受的申诉申请并展开调查，此外还肩负回应公民咨询的职责。申诉受理部负责登记、移交及后续申诉工作，确保申诉录入数据库并保存，发出确认函后再移交法律部，还要承担监督相关部门工作是否超过时限，负责起草申诉的文字材料等。专门委员会 B 下设的行政、人事和财务部则主要负责人、财、物的后勤保障工作，还会作为欧盟监察机构代表出席相关公共活动等。

（4）设资料保护官 1 人。欧盟监察专员制定了《资料保护官职责及权限实施细则》，对监察专员公署的相关资料、档案的保护与管理进行了详细规定，同时也赋予公民查阅的权利。

3. 监察专员职权

依据《欧盟监察专员法》，监察专员独立行使职权，不接受任何政府或机构的指示，职权行使受欧盟各条约约束，不能干涉案件审判或质疑司法公正。当今欧盟监察专员的战略目标是为欧盟公民提供尽可能完善的权利保障，因此监察专员的作用也不仅局限于传统的处理申诉环节。

（1）投诉的要件、提出及范围

根据欧盟内部诸条约，所有欧盟公民或居民或登记注册的法人、自然人，均可直接或间接针对除欧盟司法机构的其他机构或部门活动的不当行政行为向监察专员投诉。

依据《欧盟监察专员法》，投诉人的投诉必须符合以下几点标准：明确的投诉人与被投诉人；投诉人应在两年内提出所知的侵害行为；投诉人应在寻求监察专员帮助之前与被投诉人以信函等方式接触，须已有被投诉人所在部门先行处理；监察专员不受理有雇员关系的投诉，除非穷尽该部门或部门内部所有救济方式；监察专员不接受已进入司法程序的投诉。

监察专员的职权范围是在欧盟条约框架内，对欧共体机构和部门不当行政行为提出建议，并使其终止不当行为，不包括欧洲法院和初审法院的司法职能。不当行政行为指公权力机构不履行强制性规则或原则，具体表现为程序不当、玩忽职守、超越职权等行为，迟缓履行、态度冷漠、歧视、滥用职权等均可据此被提出投诉。① 2005 年，欧盟监察专员年度报告中，将不当的行政行为分为法律错误、未履行义务、过失、不当迟延、程序错误、歧视、不公正、滥用权力、缺乏透明度等。欧盟委员会和部长理事会的立法行为、议会的政治行为均不在监察专员的职权范围内。

（2）申诉的受理

依据《欧盟监察专员法》，申诉人可决定多种书面形式提出申诉，监察专员也会以多种方式来告知、建议、引导申诉人享有的权利以及如何进行申诉。从 2001 年开始，监察专员在欧盟官网上公布了其启动调查的信息，在运作透明度方面取得公民的信任。

监察专员办公室在收到申诉之后会对其进行标记、登记、编号，通告相关机构，并告知申诉人其编号和处理的官员。一般情况下，申诉公开进行，但若申诉人提出要求，或监察专员认为有必要保障申诉人或第三人安全时，可以依职权不公开审理。监察专员也可视情况优先处理一些案件。在时限问题上，监察专员受理申诉并没有强制性要求，但在内部已形成了自我约束：1 周内确认是否收到申诉，1 个月内决定是否进行调查，1 年内调查完毕。

监察专员收到申诉后，可以采取以下方式进行处理。一是转交。如某些案件适合转交给其他适当机关，监察专员会在征得申诉人同意之后进行转交，或转交给议会作为请愿处理。二是终止。如申诉超越了监察专员的职权范围，或虽属职权范围但不应受理，监察专员应终止案件，但在作出终止决定之前，监察专员应申诉人要求提供资料及文件，也应在作出不受理决定之后向其他机构提出申诉。三是受理后终止。监察专员在受理之后认为无理由启动调查程序，则可终止案件并通知申请人。四是受理后调查申诉。案件受理之后监察专员认为有充分理由可启动调查程序的，则可进行调查。

此外，依据《欧盟监察专员法》，申诉人在向欧盟监察专员提交申诉后，还可采取其他权利救济途径，欧盟监察专员也理应就其采取的通知申诉人。

---

① 朱力宇，袁钢. 欧盟监察专员制度的产生及运作 [J]. 欧洲研究，2007（01）：56-73.

（3）申诉受理的程序

申诉的受理与否，决定于监察专员对申诉人与被申诉人的适格性审查和申诉要件是否合格。对被申诉人的审查，即审查被投诉对象是否针对欧盟机构和部门提出。对申诉要件的审查包括几个方面：是否先行处理、申诉事项是否明确、是否进入司法程序、是否超时以及雇员案件是否穷尽内部救济途径。

（4）申诉的结果

监察专员的调查权具有"软法"的性质，虽不具备强制性，但往往能达到强制力不能达到的效果。当监察专员在调查活动中发现不当行政行为时，可以通过以下方式来解决。一是机构处理。监察专员首先决定是否受理申诉，受理之后转告相关机构，由机构采取措施解决申诉。二是和解。监察专员一般会先尝试在机构内部进行沟通，以和解的方式解决不当行政行为。一般情况下，和解成功以被申诉机构承认错误、赔礼道歉，同时申诉人接受道歉并对结果表示满意的结果终止。若和解不成功，根据《欧盟监察专员法实施细则》，将以附属理由的方式终止申诉并附批评意见，或形成与初步建议的报告。三是初步建议。依据《欧盟监察专员法实施细则》，监察专员可以针对相关机构的不当行政行为作出附带初步建议的报告。相关机构应于 3 个月内将答复送至监察专员处，包括是否接受监察专员的建议以及对初步实施建议采取的措施进行简单描述。四是批评意见。根据《欧盟监察专员法实施细则》，若欧盟监察专员认为不能解决不当的行政行为，或已经没有意义时，可以做出批评意见，并通知申诉人和相关机构。批评意见的内容应包括监察专员认为的相关机构应避免此类事件的再次发生所做的建议。五是特别报告。若监察专员对相关机构的答复不满意，监察专员可就此不当行政行为撰写特别报告提交至议会，并将副本转交至申诉人和相关机构。特别报告数量极少，一般只针对相关机构不履行初步建议，需要继续对其进行监督的情况。

# 第六章

# 监察机关的组织结构与工作机制

　　国家监察体制改革可以分为两个阶段：第一阶段是通过改革现有体制，并以正式规范的形式加以确立，形成适应监察体制改革需要的法规制度总框架；第二阶段是根据新体制的实践状况，评估其运行效能，推动体制改革的纵深化发展，把制度优势转化为治理效能。随着宪法的修正、监察法的制定以及相关法律立改废的完成，第一阶段的任务已基本完成，也即第二阶段到来。2018 年8 月，中共中央印发修订后的《中国共产党纪律处分条例》，结合深化国家监察体制改革，新修订的条例总则完善了纪法衔接条款。① 2018 年8 月24 日，中央纪委国家监察委印发《国家监察委员会特约监察员工作办法》，对国家监委特约监察员的聘请范围、任职条件、聘请程序及任期、工作职责、权利义务和履职保障等内容作出了规定，以发挥特约监察员参谋咨询、桥梁纽带和舆论引导等作用。② 2018 年10 月26 日，十三届全国人大常委会第六次会议表决通过了关于修改《中华人民共和国刑事诉讼法》的决定，以此来对接监察委员会的职权和调整人民检察院与监察委员会的关系。2018 年10 月30 日，中共中央办公厅印发《关于深化中央纪委国家监委派驻机构改革的意见》，在巩固党的十八大以来派驻监督成效的基础上，进一步完善派驻监督体制机制，赋予派驻机构监察职能，深化转职能、转方式、转作风，把制度优势转化为治理效能。2019 年1 月11 日，十九届中央纪委三次全会将"切实把制度优势转化为治理效能"列为2019 年主要任务。至此，国家监察体制改革正式从酝酿、试点、铺开、制度框

---

① 马森述. 深刻领会《中国共产党纪律处分条例》修订的重大意义 [J]. 中国纪检监察，2018（17）：8-11.
② 国家监察委员会特约监察员工作办法 [J]. 中国纪检监察，2018（17）：59.

架构建开始向追求治理效能转变。本章将聚焦于监察体制改革的实践探索，针对监察委员会与纪委在组织机构和职能分配上的做法进行详细阐述，进一步对监督执纪的工作流程进行梳理，并通过案例对监察实践中的派驻机构欧改革情况进行论述，以期为读者了解纪委和监察委的工作流程提供有益借鉴。

### 一、监察机关的组织结构与职能配置

2018 年 3 月，国家监察体制改革的实践进程围绕"监察委员会""所有行使公权力的公职人员""监察全覆盖"等关键词已经进一步落实为制度化成果，省、市、县三级监察委员会已全部公开成立，内部围绕监督、调查、处置三项职能的组织机构也趋向完善。2018 年 12 月 13 日，在中共中央政治局第十一次集体学习的会议上，习近平提出，"要牢牢把握工作职能，强化政治监督；完善各项工作规则，整合规范纪检监察工作流程，强化内部权力运行的监督制约，健全统一决策、一体运行的执纪执法工作机制"。

从中观视角来看，纪委监察委的内部机构设置呈现"三部分+两梯队"的整体结构，"三部分"分别是内设职能部门、直属单位以及派驻纪检监察组；"两梯队"则针对内设职能部门，基本分为地区内的整体工作与具体工作，负责整体工作的包括党风政风监督室、案件监督室、案件审理室（申诉复查室）、纪检监察干部监督室、信访室（举报中心）、政策法规研究室等，中央及省级纪委监察委还须设置组织部和宣传部。组织部负责纪检监察系统领导班子建设、干部队伍建设和组织建设的综合规划、政策研究、制度建设和业务指导，根据干部管理权限承办有关干部人事工作，组织和指导纪检监察系统干部教育培训工作等工作；宣传部负责组织协调全面从严治党、党风廉政建设和反腐败宣传教育以及廉洁文化建设工作，归口管理机关承担宣传教育职责的单位，负责机关的新闻事务和有关网络信息工作等。此外，部分省级机构还设置离退休干部室，负责具体的离退休干部工作。出于地理位置的考虑，福建省还设置了追逃追赃申诉复查室，配合中央纪委国家合作局的具体工作。以下将从微观视角出发，对纪委监察委内设机构的"两梯队"职责进行具体分析。

（一）党风政风监督室

党风政风监督室的具体职责包括以下方面：（1）综合协调贯彻执行党的路

线方针政策、国家法律法规等情况的监督检查，组织协调重要监督检查活动；（2）综合协调党风廉政建设责任制、党政领导干部问责规定的贯彻落实；（3）综合协调政治纪律的执行和作风建设规定、廉洁自律规定的落实，开展党风政风监督专项检查，综合协调对违反作风建设规定问题的查处；（4）综合分析党风政风监督工作情况，开展相关政策理论研究，提出工作建议；（5）综合协调应由委机关参与调查的事故、事件中涉及的监督对象违纪违法行为和需要问责情形的调查处理，指导、督办地方和部门对相关事故、事件的调查处理；（6）履行本区域内纠正行业不正之风办公室职能，监督检查承担纠正损害群众利益不正之风任务的相关部门履行职责情况，协调查处在开展行风建设和纠风专项治理中的失职渎职行为；（7）指导本地区纪检监察系统的党风政风监督工作；（8）协调应由委机关列席的全县各级党组织领导班子民主生活会；（9）负责本单位干部日常管理和监督，承办领导交办的其他事项。

（二）案件监督室

案件监督室的具体职责包括以下方面：（1）负责对县管干部问题线索进行集中管理，协助办理县管干部任职前回复县委组织部意见工作；（2）按照有关要求，报告县纪委监委线索处置和案件查办情况，统一受理下级纪检监察组织线索处置和案件查办报告；（3）负责查办案件相关工作的组织协调，建立跨地区、跨部门协作办案机制，归口管理与有关部门的联系协调事项，承担县委反腐败协调小组办公室的日常工作，承担县管干部经济责任审计相关工作，承担国（境）内追逃防逃相关工作；（4）负责对依纪依法安全办案情况进行监督检查，对委办案场所的安全保卫、保密工作进行监督检查，落实办案安全工作责任制，督促做好办案安全事故调查和责任追究；（5）督促查办市纪委监委、县委县政府及委领导批办、交办案件及办理相关事项；（6）负责对查办案件及相关专项工作情况进行统计分析；（7）负责委机关及全县纪检监察系统查办案件工作绩效考核等工作；（8）指导全县纪检监察系统的案件监督管理工作；（9）负责本单位干部日常管理和监督，承办领导交办的其他事项。

（三）案件审理室

案件审理室的具体职责包括以下方面：（1）负责审理本管辖区域内报批、备案的违反党纪和职务违法、职务犯罪案件；（2）承办党员、监督对象作出的党纪政纪处分或其他处理不服的申诉案件，及其他需要办理的申诉案件，处理收到的申诉信件；（3）承担本管辖区域内的行政复议、行政应诉工作，承办本辖区内给予的行政处分的解除工作；（4）负责协调机关内部有关单位制度的起草工作，并对规范性文件草案进行审核；（5）负责有关纪检监察法规制度的咨询、答复和解释工作，对纪检监察法规制度执行情况开展调查研究和实施后评估；（6）负责纪检监察规范性文件的备案审查、清理工作，负责对有关部门起草的法规制度草案提出意见；（7）指导本辖区内纪检监察系统的法规工作，负责编纂纪检监察法规和有关政策规定；（8）负责本单位干部日常管理和监督，承办领导交办的其他事项。

（四）纪检监察干部监督室

纪检监察干部监督室的具体职责包括以下方面：（1）负责监督检查纪检监察系统干部遵守和执行党的章程和其他党内法规，遵守和执行党的路线方针政策和决议、国家法律法规等方面的情况；（2）负责本区域内纪检监察系统干部的培训、教育等保障工作；（3）负责处理有关纪检监察领导干部涉嫌违纪违法、犯罪等问题的举报，提出相应的处置意见并负责问题线索初步核实及立案审查调查工作等；（4）负责本管辖区域内干部职工的日常管理和监督工作，承接上级部门交办的其他事项。

（五）信访室

信访室的具体职责包括以下方面：（1）负责受理对党的组织、党员违反党纪行为和对行使公权力的公职人员职务违法、职务犯罪行为等的检举、控告；（2）受理不服党纪政纪处分和其他处理的申诉、监察对象对监察委作出的涉及本人的处理决定不服的复审申请；（3）处理群众来信、接待群众来访、接听举报电话、处理网络举报；（4）接待群众来访，处理群众来信和电话网络举报事项等，提供信访举报信息，报告重要举报情况；（5）综合分析信访举报情况，对信访举报工作进行调查研究；（6）处理信访举报突发状况，指导本辖区内纪检监察系统的信访举报工作。

（六）政策法规研究室

政策法规研究室的具体职责包括以下方面：（1）负责综合分析全面从严治党、党风廉政建设和反腐败工作情况；（2）开展政策理论及实践中重大课题的调查研究，提出纪检监察法规制度建设的规划和立法立规建议；（3）起草重要的文件文稿和纪检监察法规制度，参与起草制定党和国家相关法律、法规和规范性文件；（4）负责纪检监察法规制度的咨询、答复、解释、指导以及立法立规后的评估、备案审查、清理、编纂等工作。

以上是纪检监察机关内部负责整体工作的部门职责配置情况，以下针对"两梯队"的具体工作——监督检查室和审查调查室的具体职能进行阐述。监督检查室一般设置5-8个，审查调查室一般设置3-10个，根据地区反腐败工作的特点，在科室分配设置的数量上有所差异。还有部分地区对"监督检查"与"审查调查"未做区分，仅设置8-14个纪检监察室。需要说明的是，各地区的组织机构设置虽然在数量、方式上存在差异，但职责配置是相同的。

（七）监督检查室

监督检查室主要履行依纪依法监督职责。具体职责包括以下方面：（1）监督检查联系单位（地区）领导班子及中管干部遵守和执行党的章程和其他党内法规，遵守和执行党的路线方针政策和决议、国家法律法规，推进全面从严治党，依法履职、秉公用权、廉洁从政从业以及道德操守等方面的情况；（2）监督检查联系党委（党组）落实管党治党主体责任的情况，督促联系单位和监察对象加强作风建设，监督检查关于作风建设规定的落实执行情况，指导、检查、督促纪委监委（派驻、派出机构）落实纪检、监察责任，实施问责，调查处理严重违反有关规定的行为；（3）负责本管辖区域内问题的线索管理、分类和处置工作；（4）负责本辖区内的违纪违法案件和其他重要案件的初核、审查，向监察对象所在单位提出监察建议；（5）综合分析研判问题线索，按程序对涉及职务犯罪的案件提出处置意见或移交审查调查室；（6）掌握本管辖区域内监督检查工作的开展情况，综合、协调、指导联系单位及其系统的纪检监察工作等。

（八）审查调查室

审查调查室主要履行执纪审查和依法调查处置的职责。具体职责包括以下方面：（1）承办涉嫌严重违纪或者职务违法、职务犯罪问题线索的初步核实和立案审查调查，以及其他比较重要或者复杂案件的初步核实、审查调查，并提出处理建议；（2）向监察对象所在单位提出监察建议；（3）可以办理下一级监察机关管辖范围内的监察事项，必要时也可以办理所辖各级监察机关管辖范内的监察事项等。

## 二、监察机关职责履行的程序性规则

程序性规则的正当性是实质正义的保障和外显，包括监督检查、线索处置、谈话函询、初步核实、审查调查以及案件审理等相关流程。

（一）监督检查

就履职流程而言，第一，纪委监察委会在听取加强党内监督情况，综合分析提出加强和改进的意见及工作措施，抓组织实施和督促检查等事项上，报请或会同同级党委（党组）领导班子定期召开专题会议。第二，通过畅通举报渠道和建立检举举报平台来充分发挥党员和群众的监督作用。第三，通过建立健全党员干部廉政档案，并维护保持实时动态信息的更新，严格把控干部的政治关、品行关、作风关和廉洁关，做好干部选拔任用工作和党风廉政意见回复等工作。党员干部廉政档案一般应包括五方面内容：任免情况、个人人事档案情况，因不如实报告个人有关事项而受到处理的情况等；巡视巡察、信访、案件监督管理以及其他方面移交的问题线索和处置情况；开展谈话函询、初步核实、审查调查以及其他工作形成的有关材料；党风廉政意见回复的相关材料；以及其他反映廉政情况的材料。第四，针对处在"关键领域"和重要岗位的领导干部必须加强对其权力行使的日常监督，充分了解被监督对象的思想、工作、作风以及生活，一经发现有苗头性、倾向性或轻微违纪问题的情况，具有针对性和实效性地进行约谈提醒、批评教育、责令检查以及诫勉谈话。①

（二）线索处置

纪检监察机关的问题线索来源有四个渠道：纪检监察机关在履行职责过程中发现的线索和案件，包括通过日常监督、巡视监督等多种方式发现的问题线索；除了国家监督机关以外的国家机关，比如，公安机关、检察院和人民法院在行使治安管理职责、审查批捕和审查起诉过程中以及行使审判职责的过程中发现的线索；公民的举报和报案行为，前者具体指被害人以及与被害人有关但除了近亲属以外的其他人，举报内容不仅要包括事项，还应包括具体指向的犯

---

① 中国共产党纪律检查机关监督执纪工作规则（试行）［J］. 中国纪检监察，2017（02）：61-64.

罪嫌疑人，后者则指被害人或其他人向监察机关报告发生职务违法犯罪行为的行为；新闻媒体等渠道。就以上线索来源渠道来讲，以人民群众报案、举报等为线索来源的信访通道，和通过巡视监督、日常监督等为线索来源的履职通道是纪检监察机关获取信息、了解情况的重要方式①。

（三）谈话函询

谈话函询是一种问题线索的处置方式，也是监督执纪"四种形态"的实现形式。

②具体而言，谈话区别于一般性的任职、谈心、调查、审查、诫勉等谈话类型，而是作为问题线索的处置方式。同时作为问题线索处置方式的函询也有别于其他目的的函询。以谈话函询的程序设计来看，作出谈话或函询的决定之前，须先起草谈话函询报批请示、拟定谈话方案和相关工作预案。就谈话而言，须在具备安全保障条件的场所内进行，一方面采取自谈的方式，由纪检监察机关相关负责人或承办部门负责人主持进行，并针对谈话形成笔录资料留存，要求被谈话人书写书面说明；另一方面则接受经由有权部门批准的委托进行，由所在党委主要负责人主持进行。在谈话结束后一个月内，根据具体谈话情况形成处置意见：针对反映不实、缺乏支撑证据的，给予采信了解并发函反馈；针对问题轻微无须反馈的，充分应用谈话提醒、批评教育、责令检查以及诫勉谈话等四种方式予以了结；针对存在明显问题的情形，应采取再次谈话函询或初步核实手段；针对诬告陷害者须依规、依纪、依法查处。最后，谈话材料应存入廉政档案。就函询而言，纪检监察机关在发函的同时，须抄送所在党委和派驻纪检监察机关主要负责人并签署意见。被函询人应在收到函件的 15 个工作日内写出说明材料，由所在党委主要负责人签署意见。需要说明的是，谈话函询的对象是下一级党委主要负责人时，须报纪检监察机关主要负责人批准，必要时要向同级党委主要负责人报告。

（四）初步核实

初步核实是纪检监察机关针对需要进行调查的事项，在正式立案之前采取

---

① 王岐山. 关于《中国共产党纪律检查机关监督执纪工作规则（试行）》的说明［J］. 中国纪检监察，2017（02）：17-18.

② 王景喜，谭永丰，党小锋. 规范开展谈话函询工作［N］. 中国纪检监察报，2017-05-03（008）.

一定方式进行初步了解与核实，以确认是否符合正式立案标准的活动。一般而言，第一，纪检监察机关制订工作方案，成立核查组，履行审批程序。若被核查人是下一级党委主要负责人，则须报同级党委主要负责人批准。第二，采取监察机关的 12 项调查措施着手证据收集。采取谈话、调取个人事项报告、查阅复制材料、查核财产情况、鉴定勘验以及暂扣主动上交的财物等调查措施时，须经相关有权部门批准。采取技术调查和限制出境等强制措施时，须经相关有权部门审批，并交有权机关执行。第三，核查组在经过此前程序之后，撰写初核情况报告，包括基本情况、主要问题、办理依据以及初步核实的结果、存在的疑点以及处理建议。第四，由涉及的全体人员签名备查。第五，由承办部门综合分析初核情况并提出处置建议，一般涉及五种处置结果，即立案审查调查、予以了结、谈话提醒、暂存待查以及移送有关党组处理。第六，该问题线索经初核审查之后，由纪检监察机关主要负责人审批，必要时须向同级党委主要负责人报告。

（五）审查调查

依纪审查、依法调查是纪检监察机关的关键职能之一。就程序而言，若监察对象涉嫌违纪、职务违法、职务犯罪，需要进一步追究其纪律或法律责任，或已经掌握了部分违纪、职务违法、职务犯罪的事实和证据，即符合审查调查的条件。第一，由承办部门起草立案审查调查呈批报告。第二，由纪检监察机关主要负责人审批呈批报告，针对涉嫌严重违纪或职务犯罪人员进行立案审查调查，并进一步主持召开专题会议，研究批准审查调查的方案。同时，正式开始调查程序时应让同级党委主要负责人知晓，并作出批准立案审查调查的决定，进一步通报审查调查人所人党委的主要负责人，向被调查人宣布。第三，由纪检监察机关负责人批准成立审查调查组，确定谈话、处查方案，审批重要信息查询、涉案财物查扣等事项。第四，由监督检查、审查调查部门的主要负责人，提出审查调查的谈话方案、处查方案和处置意见建议，并审批一般信息查询和审核调查取证手续。第五，成立的审查调查组组长负责，严格执行审查调查方案，并以书面形式报告审查调查进展情况，遇到重要事项须及时请示决定。第六，在审查调查措施采取的过程中，可灵活采取调查措施同时通过建立台账、定期备案等程序性设计实现对调查人员行使职权的制约。第七，针对前期的审查调查形成的一系列事实材料，经集体讨论之后形成报告并由审查调查组组长及有关人员签名。第八，由纪检监察机关主要负责人批准，连同全部证据和程序材料移交司法机关。

（六）案件审理

纪检监察案件的审理工作，具体指对纪检监察机关调查结束之后，确认被调查对象违犯党的纪律和行政纪律的案件所进行的审核处理工作。

具体而言，审查调查报告一般须在一个月内完成，重大负责案件经批准之后可适当延长。第一，案件审理部门一般接受党组织和党员纪律处理、处分的案件和复议复查案件。在接收审查调查报告之后，对于不符合条件的情形作出暂缓受理或不予受理的处置决定。第二，对于符合条件、确认受理的案件，案件审理部门应及时组成审理组，与被审查调查人谈话、核对事实、听取意见进而了解情况，可以视情况提前介入审理并提出意见。第三，须履行集体审议的程序性规定。针对主要事实不清、证据不足的，由案件审理的主要负责人批准重新审查调查；针对需要补充完善证据的，由案件审理的相关负责人批准补充审查调查。第四，在此基础上，形成审理报告，同时报纪检监察机关主要负责人批准。第五，纪委常委会审议审理报告，给予同级党委委员、候补委员，同级纪委委员、监委委员纪律处分，与上级纪委监委沟通形成处理意见，在经同级党委审议形成处分决定。同时，经纪委常委会审议批准，可将其他党员、干部问题线索移送有关纪检监察机关。第六，已经形成的处分决定，应在一个月内通知受处分党员所在党委，抄送同级党委组织部门，向其所在党的基层组织中全体党员及本人宣布。针对违规违纪违法所得财物，经认定不属于违规后，审理之后依规依纪依法返还，并办理签收手续；经认定属于违纪违法所得，审理之后应收缴、责令退赔或登记上交；经认定属于涉嫌犯罪，当随案移送司法机关。第七，经确认属于涉嫌犯罪处分决定，由案件监督管理部门协调办理，并一同移送司法机关。先行拘留的人员，自移送司法机关后留置措施自行解除。第八，监察对象对处分决定不服的，可采取申诉、复议复查。由复查组提出办理意见，报纪检监察机关相关负责人批准或纪委常委会会议研究决定，作出复议复查决定，直到案件办结①。

---

①　何阳，任鹏飞. 论纪检机关权力的监督——兼评《中国共产党纪律检查机关监督执纪工作规则》[J]. 中国矿业大学学报（社会科学版），2020，22（05）：101-112.

### 三、监察机关履职中的信访与特约监察员制度

（一）监察机关履职中的信访制度

信访是我国特色政党制度的产物，也是群众与公权力机关之间联系的通道。就纪检监察机关内设的信访室而言，其主要承担六项基本职责：（1）对党组织、党员违反政治纪律、组织纪律、廉洁纪律、群众纪律、工作纪律、生活纪律等党的纪律行为的检举控告；（2）对监察对象不依法履职，违反秉公用权、廉洁从政从业以及道德操守等规定，涉嫌贪污贿赂、滥用职权、玩忽职守、权力寻租、利益输送、徇私舞弊以及浪费国家资财等职务违法犯罪行为的检举控告；（3）党员对党纪处分或者纪律检查机关所作的其他处理不服，提出的申诉；（4）监察对象对监察机关涉及本人的处理决定不服，提出的申诉；被调查人及其近亲属对监察机关及其工作人员违反法律法规、侵害被调查人合法权益的行为，提出的申诉；（5）对原行政监察机关作出的政纪处分和其他处理决定不服未超过申请期限，提出的申诉；（6）对党风廉政建设和反腐败工作的批评建议。

在规范纪检监察机关工作程序方面，四川省广安市前锋区进行了细致的探索，基本形成了登记台账、领导签批、调查方案制作、签订实名信访双向承诺（此项仅对实名举报件有效）、回访反馈（此项仅对实名举报件有效）以及办理时限六方面的程序要求。具体而言，第一，登记台账要求，在接收到区纪委以"前纪群字、信字、信转字"发函交办的信访举报件后，及时将相关信息录入信访台账，并在调查、回访等环节结束后对台账实时更新。以未进行台账登记、台账登记信息不齐全或为实时更新为审核标准进行记分考核。第二，领导签批要求由承办单位纪检组织和党组织负责人分别签署办理意见，形成的调查处理情况报告须由承办单位纪检组织和党组织负责人分别签署报告的审核意见。以是否经纪检组织和党组织负责人签署意见未审核标准。第三，调查方案制作要求成立调查组，并制作翔实、周密的调查方案。以未制作调查方案、方案梳理问题是否周全、方案是否具实效性为审核标准。第四，签订实名信访双向承诺书，此项仅针对实名举报的案件。承办单位在收到交办函之后，须在5个工作日内与信访人进行联系沟通，发放《信访受理告知书》并签订《实名信访双向承诺责任书》。无法与信访人见面的，应电话告知信访人，告知内容应包括双向

承诺内容、群众反映问题、信访诉求及调查组联系电话，并做好电话记录。以是否与实名信访人联系沟通、是否在规定期限内联系沟通信访人并是否签订双向承诺书、是否告知信访人调查组联系人联络方式为审核标准。第五，针对实名举报的回访反馈。在调查处理结束之后，须对实名信访人本人进行回访，填写《信访案件反馈情况表》并做好回访笔录。当面回访的，由信访人签署反馈意见，调查组做好回访笔录；电话回访的，由承办单位做出说明并做好回访记录；对信访人不满意的，要针对反映问题逐一说明原因。同时对被反映人逐一进行回访，填写《信访案件反馈情况表》。审核标准以是否对信访人进行回访，是否签订《信访案件反馈情况表》或是否做回访笔录，是否存在《信访案件反馈情况表》信息残缺，是否针对信访人不满意的部分作出说明等为主要考核内容。第六，办理时限的要求。承办单位收到交办函之后，须在一个月之内完成调查、处理、回访等工作，并按要求将相关材料报送至区纪委信访室。涉及违纪案件的，须报送初核、结案的相关材料。以是否在规定时间内完成未审核标准。

此外，前锋区还在各类证据收集的标准以及文字质量类标准方面作出具体的细化探索。在书证收集方面，要求尽量充分地收集对调查问题有证明作用的文书、证照、票据、单据、表册、纪要记录等资料。在证言收集方面要求尽量充分地收集对待证事实有证明作用的知情人和当事人的询问笔录。文书质量的问题梳理方面，要求承办单位应对信访件上的问题认真分析、梳理，在调查报告中逐项进行详细的说明；要求承办单位的文书格式应按照本标准所附实例示范的格式书写各种材料；要求文字表述应认真撰写调查处理情况报告，做到事实清楚、表述准确、结论合理；要求结论定性对反映问题的结论定性应完整、准确。

（二）监察机关履职中的特约监察员制度

为进一步健全和完善人民法院外部监督机制，2012 年 7 月 13 日，最高人民法院印发《最高人民法院特约监督员工作条例》，以制度维护司法公正，提高司法公信力。不同于最高法的特约监督员，国家监察委员会的特约监察员是监察委员会根据工作需要，按照一定程序优选聘请，以兼职形式履行监督、咨询等相关职责的公信人士。2019 年 1 月 11 日，十九届中央纪委三次全会第二次大会

13位国家监委特约监察员首次应邀列席。虽然所属序列不同，但从人员设置的目的来看，特约监督员和特约监察员都具有强化外部对公权力的监督功能。

2018年8月24日，中央纪委国家监委印发《国家监察委员会特约监察员工作办法》（以下简称《工作办法》），决定建立特约监察员制度，并对特约监察员工作进行指导和规范。从特约监察员的聘请范围来看，主要从全国人大代表中优选聘请，也可从全国政协委员，中央和国家机关有关部门工作人员，各民主党派成员、无党派人士，企业、事业单位和社会团体代表，专家学者，媒体和文艺工作者，以及一线代表和基层群众中优选聘请。从特约监察员需履行的职责来看，主要包括五个方面：（1）对纪检监察机关及其工作人员履行职责情况进行监督，提出加强和改进纪检监察工作的意见、建议；（2）对制定纪检监察法律法规、出台重大政策、起草重要文件、提出监察建议等提供咨询意见；（3）参加国家监察委员会组织的调查研究、监督检查、专项工作；（4）宣传纪检监察工作的方针、政策和成效；（5）办理国家监察委员会委托的其他事项。杭州市将特约监察员的职能进一步表述为"监督员""参谋员""联络员"和"宣传员"。①

### 四、区县监察派出机构的地方实践

派驻机构承担着大多数纪检监察的任务，是从根源上预防腐败问题的滋生、注意过程中的监督和事前预防监督的前哨，是廉政建设的"神经末梢"和"第一道防线"。早在20世纪90年代初，深圳、海南等少数地方已经开始对派驻机构统一管理进行先行试点。2004年4月，中央纪委监察部对其派出去的36个纪检监察派驻机构实行了改革，进行统一管理，改变派驻机构之前"双重领导"的领导体制。随后，地方各级纪检监察机关陆续开展了对派驻机构进行了改革，都进行统一管理。2010年行政监察法修改后，也出台了相关规定，监察机关所派出的监察机构及干部对所派出的监察机构直接负责并按规定报告工作，由派出监察机关对派出的机构以及人员进行统一管理。十八届三中全会印发的《中共中央关于全面深化改革若干重大问题的决定》指出，要全面落实中央纪委向

---

① 王高贺，周华国. 监督监督者：新时代特约监察员制度的探索与突破［J］. 理论探讨，2021（01）：119-124.

中央一级党和国家机关派驻纪检机构，实行统一名称、统一管理。派驻机构对派出机关负责，履行监督职责。

（一）区县纪检监察派驻机构三种主要模式

1. 点派驻模式

点派驻也叫重点派驻，是指在单个行政单位设立纪检监察派驻机构，能够在第一时间掌握驻在部门的情况，可以充分了解驻在部门干部职工尤其领导班子及其成员的思想动态，及时有效地发现苗头性倾向，更好地履行监督职能。省级主要以点派驻为主，区县实行点派驻有很多不足之处。一是"一对一"的派驻模式，加深了派驻机构与驻在部门的利益牵扯和人情往来，派驻干部很容易受到利益和人情的干扰；二是单个派驻机构的人员有限，无法进行全方位无死角的监督；三是每个部门设立一个派驻机构，会造成派驻纪检监察组数量过多，办公地点分散，上级纪检监察机关不好统筹协调；四是派驻机构的负责人名义上还是兼任了驻在部门的党组成员，一定程度上会受部门主要领导的限制，派驻机构独立性、权威性一定程度上受到制约。

2. 片派驻模式

片派驻也叫归口派驻，各地区县以及派驻机构改革以片派驻为主。这是以"一对多"的派驻方式，根据各部门的工作需要、业务交叉或联系紧密的原则，设立纪检监察派驻机构，每个派驻机构长期驻在一个部门，同时担任多个部门的监督工作。这种模式一是在领导体制上，由改革前"同体监督"转变为"异体监督"，大大提升了派驻机构的独立性和权威性。派驻机构与驻在部门剥离利益关系，可以摆脱之前对部门领导班子及成员监督乏力的局面。二是有利于统筹派驻人员力量，避免人员分散、管理松散的现象。但部门众多，派驻干部受人数限制，加上派驻干部对监督部门业务不熟，很容易造成监督空白。

3. 混合派驻模式

混合派驻模式就是点派驻和片派驻相结合。地市级以混合模式为主。混合模式相对于点派驻模式和片派驻模式，综合两种模式的优点，扬长避短。对于权力相对集中、廉政风险较大的部门以点派驻为主，对于一般部门，实行片派驻模式，整合资源，增强派驻机构独立性。

（二）监察派驻机构改革具体实践——以 Q 区为例

Q 区纪委监委 2018 年 7 月起全面实施纪检派驻机构改革，对全区直部门的派驻纪检机构实行统一名称、统一管理，改革完善原有的派驻机构"双重领导"的体制和工作机制，聚焦监督执纪问责、监督执法处置职能职责，聚焦党风廉政建设和反腐败的重点工作任务，增强纪委监委派驻机构的权威性和独立性，以期进一步加强 Q 区各部门党风廉政建设和反腐败工作的落地落实。

1. 机构设置

撤销辖区内各部门的内设纪检监察机构，编制划转至区纪委监委，并通过调剂、选调等多种方式，加强 Q 区派驻机构人员力量。Q 区共设置 10 个派驻纪检监察组，每个纪检监察组不少于 3 名干部。其中包括 9 个综合派驻纪检监察组，1 个单独派驻纪检监察组。Q 区区属国有企业、医院、学校等暂未纳入此次改革。2019 年 6 月，Q 区纪委监委赋予各派驻纪检监察组监察职能，并结合机构改革对监督单位做了部分调整，原 Q 区纪委派驻纪检组筹备组统一更名为 Q 区纪委监委派驻某部门纪检监察组。

（1）驻区委办纪检监察组

负责综合监督的部门有区委办、区统战部、区政协机关、区人大机关、区工商局、区应急管理局、区档案馆及其管理的下属单位、挂牌单位。

（2）驻区委组织部纪检监察组

负责综合监督的部门有区委组织部、区委党校、区编办、区人社局、团区委机关、区总工会机关、区妇联机关、区残联机关及其管理的下属单位、挂牌单位。

（3）驻区委宣传部纪检监察组

负责综合监督的部门有区委宣传部、区文联机关、区科协机关、区教育科技和体育局、区社科联机关、区文化广播电视和旅游局及其管理的下属单位、挂牌单位。

（4）驻区政府办纪检监察组

负责综合监督的部门有区政府办公室、区民政局、区行政审批局、区公共资源交易中心、区退役军人事务管理及其管理的下属单位、挂牌单位。

（5）驻区财政局纪检监察组

负责综合监督的部门有区财政局、区审计局、区发改局、区经信局、区统计局、区商务局及其管理的下属单位、挂牌单位。

（6）驻区行政执法局纪检监察组

负责综合监督的部门有区综合行政执法局、区住房和城乡建设局、区自然资源和规划局、区交通局及其管理的下属单位、挂牌单位。

（7）驻区农业局纪检监察组

负责综合监督的部门有区农业农村局、区水务局、区扶贫移民局、区供销合作社联合社及其管理的下属单位、挂牌单位。

（8）驻区卫健局纪检监察组

负责综合监督的部门有区卫生健康局、区市场监督管理局、区医疗保障局及其管理的下属单位、挂牌单位。

（9）驻区政法委纪检监察组

负责综合监督的部门有区委政法委员会、区人民检察院、区人民法院、区信访局、区司法局及其管理的下属单位、挂牌单位。

（10）驻区公安分局纪检监察组

负责监督区公安分局。

2. 编制设置

（1）共设立 10 个区纪委监委派驻纪检监察组。

（2）Q 区纪委监委派驻纪检监察组总编制包括行政编制、参公编制、政法专项编制共 30 多个，由 Q 区纪委监委统筹调剂使用。每个纪检监察组设 1 名组长，驻区委政法委纪检监察组和驻区公安分局纪检监察组增设 1 名副组长。

（3）各派驻纪检监察组内设机构为股级。Q 区纪委监委驻各部门纪检监察组按 3 名干部配备，分别是组长 1 名，按副科级配备；综合室主任 1 名，按股级配备。

3. 机构间关系

（1）派驻机构与区纪委的关系

派驻机构对 Q 区纪委监委机关负责，由 Q 区纪委监委垂直领导，负责协助和配合 Q 区纪委各职能股室履行相关工作职责。Q 区纪委监委的分管常委、职能股室对派驻纪检监察组进行统一管理、业务指导、后勤服务和监督考核。

（2）派驻机构与驻在部门的关系

各纪检监察组直接代表 Q 区纪委监委对驻在部门开展日常监督检查工作。纪检监察组与驻在部门是监督者与被监督对象的关系。驻在部门应有相关机构和人员承担本部门的思想教育、内部监督等党风廉政建设相关的日常工作，履行主体责任；派驻纪检监察组对驻在部门的各部室、直属单位、垂管单位的党风廉政工作进行业务上的指导和监督检查，履行监督责任。

（3）派驻机构与联系乡镇的关系

派驻机构负责帮助乡镇（街道）纪委（纪工委）办信查案，统筹整合纪检监察力量，提高纪检监察组办信查案能力，丰富办信查案经验，到联系乡镇（街道）开展走访、接访、带案下访，帮助化解乡镇的疑难信访。

4. 履职保障

（1）业务管理

Q区纪委安排各纪检监察组干部参加相关的重要工作、培训会议和教育活动等，建立健全对纪检监察组的工作指导、监督管理和统筹协调机制。指导纪检监察组畅通多种信访举报渠道，如邮箱、联系电话等。建立健全违规违纪违法相关问题线索集中管理和集中排查等重要制度，制定规范性文件，规范问题线索、信访举报的处置标准和程序。要求各纪检监察组发现或者收到举报反映驻在部门副科及以上干部的问题线索，应及时向区纪委监委报告；区纪委监委若掌握了纪检监察组没有掌握的有关问题线索，在必要的情况下向纪检监察组组长通报。健全并落实纪检监察组查办案件的工作制度，加强对纪检监察组查办案件过程的督促检查，严格按照程序办理、严格执行办案纪律。建立纪检监察组与区纪委职能部门之间的工作协作机制，必要时可组织交叉监督检查或者多个纪检监察组联合开展监督执纪问责、监督调查处置工作。

（2）履职监督

完善区纪委监委常委约谈联系纪检监察组组长、纪检监察组向区纪委监委报告工作以及纪检监察组组长向区纪委监委年终述职述廉等多种制度。以强化监督为核心，以线索处置和案件查办为重点，建立健全考核评价体系，对各纪检监察组履职情况开展督促检查。各纪检监察干部的考评考核结果，作为干部选拔任用、表彰奖励的重要依据。没有认真履行监督职责，对驻在部门党风廉政建设工作存在的重大问题严重失察、迟报瞒报、压案不查、执纪不严或者有其他失职渎职行为的，驻在部门出现系统性、塌方式腐败问题的，必须严肃追究纪检监察组的监督责任。

（3）后勤保障

各纪检监察组的办公地点、后勤保障由主驻在部门负责，综合监督单位应当提供必要支持。使用政法专项编制派驻机构干部由于工作性质的特殊性，其党组织关系、群团关系、工资关系由驻在部门负责管理，工资福利等享受同级同等待遇，工作经费由区财政在驻在部门预算中单列；其余纪检监察组干部的党组织关系、群团关系、工资关系由区纪委监委负责管理，工资福利等享受同级同等待遇，工作经费由区财政预算到区纪委监委。

5. 考核评估

Q 区 2018 年考核方式分为综合考核和述职评议两部分进行。综合考核得分由区纪委相关室（部）根据日常工作和查阅相关资料进行评分，述职评议得分，是指纪检监察组组长在年度述职评议大会上述职，然后由区纪委监委委员根据述职情况进行打分。年度工作考核总得分＝综合考核折算得分+述职评议折算得分+加分-扣分。总分 100 分，其中综合考核得分总分为 100 分，按 95% 折算；述职评议得分 100 分，按 5% 折算，加分不超过 5 分。加分项目包括省市区表扬、表彰，某项工作被作为先进经验交流等，加 1 至 4 分不等。扣分项目包括驻在部门或个人发生违纪违规行为、派驻机构未发现线索或发现线索未向委机关报告、未完成临时交办任务等扣 1-2 分。考核等次分为"一等奖""二等奖"和"基本合格"三个等次。总得分排在派驻机构总数的前三名的评定为"一等奖"，总得分排在所有派驻机构后三名且没有按时按质按量完成年度考核任务的评定为"基本合格"，其余评定为"二等奖"。另外，评先评优还要实行"一票否决"制度：履行监督执纪问责工作职责、落实"四种形态"不力，执纪问责、办信查案、问题线索报送均为零的，取消该纪检监察组年度工作考核的评优资格，纪检监察组干部当年的年度考核不得评为"优秀"等次。纪检监察干部在工作期间发生违纪违法行为，受到党纪政纪处分或者追究法律责任，取消该纪检监察组年度工作考核的评优资格。

2019 年度 Q 区纪委监委派驻机构工作考核指标，在 2018 年的基础上进行了详细的细化指标，此外，另有加分和扣分项目，比如，获得市、区表彰奖励，每次分别加 1 分、0.5 分，在专项工作中作出特殊贡献获得区级以上通报表彰表扬的，报区纪委常委会审议后酌情加分；派驻机构纪检监察干部因违纪违法受到党纪政务重处分、轻处分的，每人次分别扣 1 分、0.5 分（扣减主要违纪违法行为发生时所在纪检监察单位分值）。

6. 主要工作职责

《党章》规定，派驻机构要围绕监督执纪问责主业，履行党的纪律检查职能。监督重点对象是驻在部门和综合监督单位的领导班子及区管干部和科级干部。监察法规定，派驻或派出的监察机构根据授权，按照管理权限依法对公职人员进行监督；提出监察建议，依法对公职人员进行调查、处置。

Q 区纪委监委根据省市改革相关要求，对派驻纪检监察组规定了七个方面职责：一是督促驻在部门领导班子落实全面从严治党主体责任，监督检查驻在部门领导班子及其成员遵守党章党规党纪、执行党的路线方针政策决议和区委决策部署、推进党风廉政建设和反腐败斗争及廉洁自律等情况。二是经区委批准，初步核实反映驻在部门领导班子及区管干部的问题线索，参与审查驻在部门管理的领导班子及区管干部违反党纪案件。负责审查驻在部门管理的领导班子及其成员违反党纪的案件，指导驻在部门党组织审查一般干部违反党纪的案件，必要时可以直接审查一般干部违反党纪的案件。三是对违反党章和其他党内法规，不履行或不正确履行职责的驻在部门党的组织和负有责任的党的领导干部，按照管理权限对其作出问责决定，或向有权作出问责决定的党的组织提出问责建议。四是督促驻在部门党组（党委）做好市委巡察、区委巡察整改工作；协助驻在部门党组（党委）做好巡察工作，不承担驻在部门开展巡察的日常工作。五是推动驻在部门开展廉政教育，依法对驻在部门的领导班子和行使公权力的公职人员进行监督，发现领导班子和区管公职人员存在问题的，及时向区纪委监委报告；发现其他公职人员存在问题的，会同驻在部门开展调查处置，强化监督职责。六是负责调查驻在部门一般公职人员贪污贿赂、滥用职权、玩忽职守、权力寻租、利益输送、徇私舞弊及浪费国家资财等职务违法案件，发现涉嫌职务犯罪的，报请区监委决定管辖。七是按照管理权限，经报批后，对驻在部门违法的公职人员依法作出政务处分决定。对不履行或不正确履行职责负有责任的领导人员，按照管理权限对其作出问责决定，或向有权作出问责决定的机关提出问责建议。根据监察结果，对驻在部门廉政建设和履行职责存在的问题等提出监察建议。

7. 主要监督权限

派驻纪检组的主要监督权限有九个方面：一是负责人参加或列席驻在部门

领导班子会议及研究"三重一大"等事项的其他会议，并进行同步记录。二是根据工作需要，经批准可以查阅或者复制驻在部门有关文件、资料、财务账目等材料。三是按照干部管理权限，经批准可以对驻在部门有关领导干部报告个人有关事项的材料进行查阅和调查核实。四是应当就驻在部门管理的领导干部和后备干部考察人选的党风廉政情况，提出书面意见。五是负责人可以约谈驻在部门管理的干部。需要函询、诫勉谈话的，按照有关规定办理。六是调查驻在部门管理的干部违犯党纪的案件，调查驻在部门一般公职人员职务违法案件，立案前应当征求驻在部门主要负责人意见，经区纪委监委批准，也可以立案后予以通报。七是可以针对驻在部门党风廉政建设方面的问题，向驻在部门提出书面意见和建议，对驻在部门廉政建设和履行职责存在的问题等提出监察建议，驻在部门无正当理由的应当采纳。八是可以按相关规定组织驻在部门内设纪检组织、直属单位主要负责人述责述廉，对存在问题的可以按规定责令其说明和整改。九是有权采用党内法规、监察法规定的履行纪律检查职能和国家监察职能的其他措施。

8. 领导机制和工作机制

为实现有效监督，促进纪检监察组充分发挥探头作用，各纪检监察组由区纪委监委直接领导、统一管理。派驻纪检监察组及派驻干部的业务指导、队伍建设、履职监督、考评考核由区纪委监委全权负责，年度绩效考核等次按区纪委监委机关等次确定。

根据规定，派驻纪检监察组组长要担任主驻在部门党委（组）成员，参加部门党委（组）班子民主生活会等重要会议，但不负责业务工作。对组长而言，提升了自己的政治地位，有利于增强派驻纪检组权威性，更大胆开展纪检监察工作。对于中层干部和普通职工来讲，班子成员这个身份更有威慑力。

第七章

# 监察体制改革实践中的热点法律问题

**一、"监察分流"与"以罚代刑"的法律问题**

2018 年 3 月 11 日第 13 届全国人大修正后的《宪法》第一百二十七条第二款规定，"监察机关办理职务违法和职务犯罪案件，应当与审判机关、检察机关、执法部门互相配合，互相制约"，这是监察机关和审判机关、检察机关、执法部门之间基本关系的宪法定位。这表明，在办理职务违法与职务犯罪案件的过程中，监察机关与审判机关、检察机关、执法部门之间属于互相配合制约关系，监察机关不得越权处理应由其他机关处理的事项。然而，伴随着国家监察改革的推进，实践中不时会出现"以罚代刑"的现象。①

（一）一组数据："监察分流"与职务犯罪数量的"断崖式"下跌

根据《宪法》和《监察法》，监察机关是行使职务违法和职务犯罪监察权的专责机关。这使得职务犯罪案件办理的方式从传统的"侦查机关侦查—检察机关起诉—法院审理"模式转变成"监察机关调查—检察机关起诉—法院审理"模式，监察机关掌控着职务犯罪案件进入司法程序的"流量阀门"②，也即监察机关对职务犯罪案件的处理方式，将直接涉及司法程序是否会被开启。由于目前监察权力运行呈现出较强的封闭性和神秘性，那么职务犯罪案件移送数量是否存在被压缩的可能？进而阻断刑事程序法的适用？这便成为当下学者关心的一个问题。课题组实证研究发现，自监察体制改革以来，各地监察机关移送职

---

① 刘艳红. 监察法与其他规范衔接的基本问题研究［J］. 法学论坛，2019（1）：5-15.
② 詹建红，崔玮. 职务犯罪案件监察分流机制探究——现状、问题及前瞻［J］. 中国法律评论，2019（6）：55-73.

务犯罪案件的数量较改革前检察机关立案侦查职务犯罪案件人数确实呈"断崖式"下降的现象。

由于监察委办理职务犯罪数据的不公开性特点,为了解监察体制改革以来职务犯罪人数的变化情况,课题组以各地区检察机关受理(立案侦查)职务犯罪人数为参考指标,推测监察机关移送职务犯罪案件的动态变化。上述推导理由是,目前在我国监察实践中,监察机关移送的职务犯罪案件,被检察机关退回补充调查或不起诉的比例占比较少。以重庆为例,2018 年重庆监察机关移送涉嫌职务犯罪 225 人,检察机关退回补充调查 5 人,不起诉 3 人,占比仅为 3.5%左右。所以,课题组认为检察机关受理的职务犯罪案件情况与监察机关移送审查起诉的职务犯罪案件情况应具有高度的相关性,以检察机关受理职务犯罪案件的数据,作为分析监察机关移送职务犯罪案件情况的参考数据具有一定的合理性。

基于此,课题组搜集了 2013—2018 年间,全国和部分地区(北京、山西、浙江、重庆、四川、广东等地)在检察机关工作报告、法院工作报告、地区统计年鉴上的公开数据。研究发现,无论是从全国还是从地区来看,自监察体制改革以来,职务犯罪案件人数均表现出"断崖式"下降的现象。以试点改革的北京、山西、浙江三个地区为例,在 2013 年至 2016 年间,三地检察机关查办职务犯罪嫌疑人数量基本保持稳定,变化幅度未出现剧烈变化。但在 2017 年,即试点改革的第一年,职务犯罪人数突现下降,降幅均超过了 79%。虽然 2018 年这三地检察机关查办职务犯罪人数开始小幅反弹,但 2018 年数据仍仅为 2016 年三地检察机关查办职务犯罪嫌疑人数的一半左右。然而在试点改革的前一年,即 2016 年,北京市检察机关却查办职务犯罪案 468 件、526 人,同比上升 22.5%和 26.1%,一升一降的数据更反映了"断崖式"下降的现象。

然而,这种异常变化是因为全国大环境原因所造成的,还是直接与三地开展的监察体制试点改革有关,这还需要与同期非国家监察体制改革试点地区的数据佐证。进一步分析重庆、四川、广东三地的数据可以发现,2013 年至 2017 年间,重庆、四川、广东三地检察机关查办的职务犯罪人数量基本平稳,且具有上升的趋势。2017 年当年,重庆、四川、广东三地检察机关查办职务犯罪人数分别上涨 5.0%、5.1%和 19.5%,从全国范围来看,2017 年检察机关查办职务犯罪人数也基本与 2016 年扯平,而根据统计,非试点地区检察机关仅 2017 年

1月至9月的立案查办职务犯罪人数便同比上升21.2%。这表明，2017年北京、山西、浙江三个地区职务犯罪案件人数表现出"断崖式"下降的现象应在很大程度上归因于监察体制改革。且进一步分析发现，随着2017年年底国家监察体制改革在全国范围内推广，2018年重庆、四川、广东三地检察机关查办职务犯罪人数也呈现出"断崖式"下降。这三地2018年查办职务犯罪嫌疑人数的变化趋势与北京、山西、浙江三地2017年查办职务犯罪人数的变化趋势具有很强的相似性。因此，课题组的实证数据和已有研究结论一致表明，监察体制改革所形成的"监察机关调查—检察机关起诉—法院审理"的"监察分流"模式确实造成了职务犯罪查处数量的"断崖式"下降的现象。但这一现象并非代表监察体制改革本身的问题，也并不能就此证明监察体制改革会降低反腐的效率，究其原因，是国家反腐模式转变过程中的短暂现象，随着监察体制改革在机构、程序、法律体系上的不断完善，"监察分流"的反腐模式将逐步走向正轨，这从北京、山西、浙江三地在2018年职务犯罪查处数量的大幅度回升上便可看出。

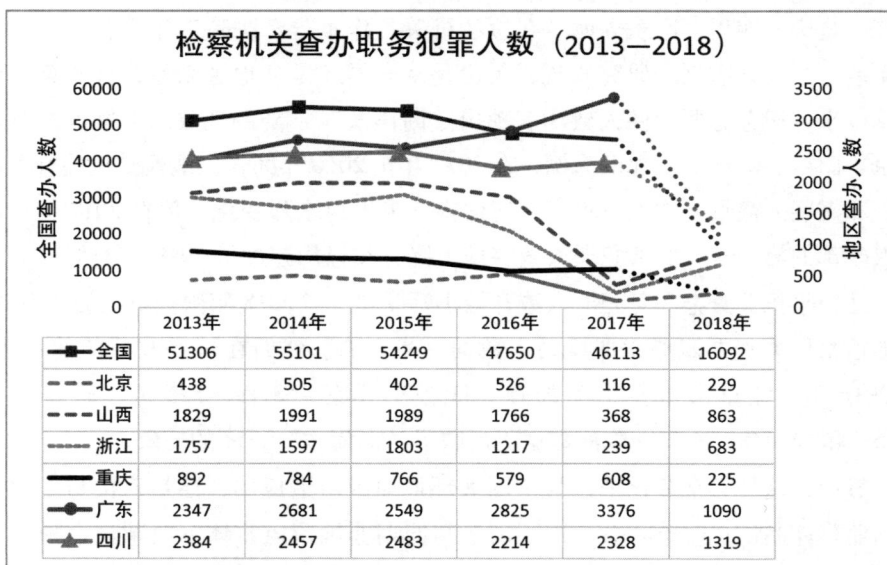

### 检察机关查办职务犯罪人数（2013—2018）

| | 2013年 | 2014年 | 2015年 | 2016年 | 2017年 | 2018年 |
|---|---|---|---|---|---|---|
| 全国 | 51306 | 55101 | 54249 | 47650 | 46113 | 16092 |
| 北京 | 438 | 505 | 402 | 526 | 116 | 229 |
| 山西 | 1829 | 1991 | 1989 | 1766 | 368 | 863 |
| 浙江 | 1757 | 1597 | 1803 | 1217 | 239 | 683 |
| 重庆 | 892 | 784 | 766 | 579 | 608 | 225 |
| 广东 | 2347 | 2681 | 2549 | 2825 | 3376 | 1090 |
| 四川 | 2384 | 2457 | 2483 | 2214 | 2328 | 1319 |

（二）一种现象：监察实践中的"以罚代刑"

一般而言，监察机关在发现公职人员及有关人员涉嫌犯罪时，应当依法移送检察机关审查起诉。但是，由于监察机关的政治属性及其与纪委合署办公的现实运作状况，使得集党务处分、政务处分和职务犯罪调查权于一身的纪委监察运行机制，在实际操作中面临着巨大的工作量压力和政治压力，因而也具有了更多的处理空间，表现出"以罚代刑"现象。这主要归因于以下两个方面：

首先，与检察机关相比，纪委监委一体化运行机制需要面对"监察全覆盖"所带来的巨大工作量的压力。就课题组所追踪的违反中央八项规定精神的数据为例，自2015年1月至2019年2月，全国纪委监察平均每月查处的违反中央八项规定精神的问题数均值约为4101个，平均每月处理人数均值约为5737人，平均每个所给予的党政纪处分人数约为4065人，这表明，仅纪委监察所查处的"违反中央八项规定精神"这一项问题，平均每个案件就需要处理1.4个人，平均每0.71个涉案人员会受到党纪政纪处分，也就是从处理人数来看，处分率达到71%；平均每个问题都会有0.99个人受到党纪政纪处分，也就是说从查处问题来看，党纪政纪出分率达到99%。从具体月份来看，处理人数超过1万以上的月份占比约10%，处理人数最多的月份是2018年.12月，处理的人数为13411人。整体来看，全国纪委监委平均每月需要处理4000多人，而这些人中，有近90%集中在乡科级及其以下。这给纪委监委，特别是基层纪检监察机关的实际工作量带来了案件处理数量的任务压力。当前，监察体制改革在区县一级正处于不断规范化改革的进程，区县一级纪检监察机关和基层派出机构在人员配备、人员素质、运行机制、监察程序等方面均处在不断改革完善当中，这使其在监督执纪过程中难免会面临案情判断不够全面、证据收集不够规范、法律适用不够精准等问题，进而出现"以罚代刑"的现象。

其次，监察体制改革不仅是职务违法犯罪职权的调整，更是制度化反腐败的重大政治体制改革，需要完成其自身的政治使命。从违反中央八项规定所查处问题的类型分布来看，这些违纪违规行为的本身，时常伴随着职务违法犯罪行为。在九个类型中，月均数量占比前三的分别是违规发放津贴或福利（999.66，24.38%）、违规收送礼品礼金（739.20，18.03%）、违规公务用车（707.84，17.27%），而这些行为主要发生在县处级以下人员中。课题组通过对2018年3月至2019年2月间，中央纪委公开曝光违反中央八项规定精神的593个具体案例分析发现，现实中受到党纪处分的违规行为，还往往伴随着职务违法犯罪的刑事法律问题，其占比约为20%，这些问题主要涉及的刑事法律罪名为受贿罪、贪污罪、私分国有财产罪、滥用职权罪、行贿罪等。以违规收礼为例，中央纪委监察部网站通报了大量这类案件，但是很多案件其实已经完全符合

**全国查处违反中央八项规定问题按月描述统计表 (2015.1-2019.2)**

| classification | | Variable | Obs | Mean | percent | Std. Dev. | Min | Max |
|---|---|---|---|---|---|---|---|---|
| 项目 | | 查处问题总数 | 50 | 4101.32 | 100.00% | 1618.46 | 1509 | 9350 |
| | | 处理人数总数 | 50 | 5737.22 | 140.00% | 2292.96 | 2076 | 13411 |
| | | 党政纪处分总数 | 50 | 4065.06 | 99.12% | 1690.92 | 1228 | 9748 |
| 级别 | | 省部级 | 50 | 0.42 | 0.01% | 0.86 | 0 | 4 |
| | | 地厅级 | 50 | 53.76 | 1.31% | 23.73 | 10 | 109 |
| | | 县处级 | 50 | 434.98 | 10.61% | 179.20 | 144 | 955 |
| | | 乡科级及以下 | 50 | 3610.72 | 88.07% | 1436.86 | 1355 | 8284 |
| 类型 | | 违规公款吃喝 | 50 | 538.50 | 13.14% | 265.71 | 97 | 1508 |
| | | 公款国内旅游 | 50 | 214.28 | 5.23% | 89.37 | 69 | 501 |
| | | 公款出国旅游 | 50 | 15.44 | 0.38% | 10.14 | 4 | 72 |
| | | 违规公务用车 | 50 | 707.84 | 17.27% | 209.26 | 392 | 1423 |
| | | 楼堂馆所违规问题 | 50 | 111.68 | 2.72% | 75.88 | 9 | 302 |
| | | 违规发放津贴或福利 | 50 | 999.66 | 24.38% | 471.90 | 236 | 2584 |
| | | 违规收送礼品礼金 | 50 | 739.20 | 18.03% | 337.93 | 163 | 1803 |
| | | 大办婚丧喜庆 | 50 | 463.70 | 11.31% | 122.85 | 230 | 758 |
| | | 其他 | 50 | 309.40 | 7.55% | 172.51 | 89 | 796 |

受贿罪的构成要件，却仍然没有作为犯罪处理，如姚某 2013—2017 年期间先后 9 次收受业务单位某银行杭州分行陈某所送共计价值人民币 4.5 万元的消费卡用于个人消费、刘某违规收受现金卡共计 11.1 万元等仅给予降职处分。监察实践案例表明，对于同时违纪违法的公职人员，纪委监察仅给予党政纪律处分的做法是存在的，且这种"以罚代刑"现象的出现蕴含党政因素的考量，践行的是执纪监督"四种形态"的基本理念，即"让'红红脸、出出汗'成为常态"、让"党纪轻处分、组织调整成为违纪处理的大多数"、让"党纪重处分、重大职务调整的成为少数"、让"严重违纪涉嫌违法立案审查的成为极少数"。

**部分中央纪委公开曝光违反中央八项规定精神的代表性案例（2018.3—2019.2）**

| 时间 | 省份 | 代表性案件概述 |
|---|---|---|
| 2018.4.04 | 湖南 | 湖南煤业集团有限责任公司原党委委员、纪委书记、工会主席李传红违规收送红包礼金问题。2013 年至 2015 年春节和中秋节期间，李传红收受下属单位负责人礼金共计 8.8 万元。2013 年至 2016 年春节、端午节等节点，李传红向湘煤集团党委书记、董事长覃道雄及其家人赠送 4.6 万元礼金和价值 12 万元的贵重物品，并虚开发票将以上费用在湘煤集团工会予以报销。李传红受到党内严重警告处分和免职处理，其违规收受的礼金予以收缴，违规报销的费用予以退赔。 |
| 2018.4.26 | 天津 | 天津市滨海新区寨上街道工委书记陈玉慧巧立名目违规发放津补贴问题。2013 年 12 月至 2014 年 9 月，经时任茶淀街道工委书记陈玉慧同意，该街道以"中元节补贴"等名义违规发放各类津补贴共计 138.7 万余元，其中陈玉慧领取 2 万元。2014 年 9 月至 2017 年 3 月，经陈玉慧同意，寨上街道以"换届延时补贴"等名义违规发放各类津贴补贴共计 173.4 万余元，其中陈玉慧领取 4.9 万元。陈玉慧受到党内严重警告处分，并退缴违纪款项。 |
| 2018.5.24 | 湖南 | 省委保密办主任、省国家保密局局长徐贻军违反生活纪律、收受红包礼金、违规安排公务接待等问题。经查，徐贻军违反生活纪律；违反中央八项规定精神，收受有业务往来的单位、个人所送礼金共计 17 万元；担任省委接待办主任期间，多次违规为非接待对象及其家人来长沙提供食宿、公车等，共计花费公款 9.5 万元。徐贻军受到撤销党内职务、政务撤职处分。 |

| 时间 | 省份 | 代表性案件概述 |
|---|---|---|
| 2018.5.24 | 湖南 | 永州市第一市政工程公司原经理张巧军违规多领补助奖金和公款旅游等问题。2015年至2017年，张巧军违规多领取绩效工资、补助、奖金17.5万余元。 |
| 2018.9.26 | 浙江 | 省机电集团有限公司党委委员、副总经理陈存法（省盐业集团有限公司原党委副书记、董事长）等3人违规发放福利津补贴、违规公务接待问题。2014年至2016年，省盐业集团有限公司违规向职工发放市民卡充值卡、超市消费卡、购物券、实物等福利津补贴共计92.9万元。其中，向公司领导班子成员发放除考核年薪外的福利津补贴共计11.34万元，先后担任省盐业集团有限公司党委副书记、董事长的陈存法、蒋移祥，时任省盐业集团有限公司党委书记、纪委书记、副董事长的俞滨局，分别领取了10900元、9107元、20086元。 |
| 2018.9.26 | 浙江 | 省金融控股有限责任公司党委委员、董事，省财务开发公司副总经理姚战收受可能影响公正执行公务的礼卡问题。2013年至2017年春节和中秋节（2017年中秋节除外），姚战先后9次收受业务单位某银行杭州分行陈某所送杭州大厦消费卡，共计价值人民币4.5万元。 |
| 2018.9.30 | 天津 | 天津市市政建设开发有限责任公司原党委副书记、原总经理刘玮违规收受礼品礼金问题。刘玮自担任该公司党委副书记、总经理以来，收受合作单位包括施工单位赠送的现金卡、超市卡等，金额共计约5.1万元。刘玮还存在其他违纪问题。2018年5月，刘玮受到党内严重警告处分，被免去公司党委副书记职务。2018年6月，刘玮由公司总经理职务降为副总经理职务。 |
| 2018.9.30 | 天津 | 中新天津生态城综合党委书记陈旺林违规送礼问题。2017年8月，陈旺林以虚报方式，冒领培训费用3.3万余元，其中1.04万元购买杨柳青年画40幅，用于去杭州及苏锡常地区考察时赠送相关单位。陈旺林还存在其他违纪问题。2018年7月，陈旺林受到留党察看一年处分。2018年8月，陈旺林受到政务撤职处分，被免去综合党委书记职务。 |

续表

| 时间 | 省份 | 代表性案件概述 |
|------|------|----------------|
| 2018.10.03 | 江苏 | 2017 年 1 月至 2018 年 1 月，缪峰先后 97 次使用单位加油卡为自己私家车加油，共计费用 2.56 万元；其办公室面积超过规定标准 26.83 平方米。2018 年 3 月，缪峰受到党内严重警告处分。 |
| 2019.01.09 | 天津 | 天津市静海区杨成庄乡闫家塚村原党支部书记付振海违规送礼问题。2016 年上半年，时任杨成庄乡闫家塚村党支部书记付振海，向时任杨成庄乡人大主席许某赠送红木家具 1 套，价值 3.9 万元；2017 年春节期间，付振海向许某赠送 3 条香烟，价值 1350 元。2018 年 10 月，付振海受到党内严重警告处分。其他相关责任人受到相应处理。 |
| 2019.01.24 | 山东 | 邹城市林业局违规为干部职工配备手机、超编制购置公车等问题。2016 年初，经局长办公会研究并由时任党组书记、局长刘芳决定，借加强森林防火监控预警系统建设之机，采取购手机赠话费形式，违规为全局干部职工配备手机，购机费用 16.12 万元由预警系统中标企业承担，使用期限为 2016 年 11 月至 2018 年 11 月。2013 年 5 月，该局在执法执勤车辆已满编、未经公务用车主管部门审批情况下，违规购买轿车一辆，闲置长达 5 年；2013 年至 2016 年 6 月，违规支付车辆租赁费用 12.7 万元。同时，该局成立的邹城现代林果科技研究院存在违规招投标问题。2018 年 9 月，刘芳受到党内严重警告处分。 |

| 时间 | 省份 | 代表性案件概述 |
|------|------|----------------|
| 2019.01.25 | 重庆 | 万州区走马镇党委原书记于德奎等人违规收受礼金问题。2013 年至 2017 年期间，万州区走马镇党委原书记于德奎，原党委副书记、镇长陈先平，原党委副书记、人大主席罗建国，党委委员、政法书记幸洪兵，党委委员、人大主席刘斌 5 人收受某劳务建筑公司负责人黄某某礼品礼金。其中，于德奎 2 次共收受 2 万元和香烟，陈先平 5 次共收受 3.8 万元，罗建国收受 5000 元，幸洪兵收受 6500 元，刘斌收受 2000 元。于德奎还存在其他违纪违法问题，陈先平、幸洪兵还存在其他违纪问题。此外，原党委委员、纪委书记向郁双等镇、村 17 名党员干部或职工也存在收受管理服务对象礼金等问题。2018 年 7 月，于德奎受到撤销党内职务处分和降职处理，降为副处级干部，并被终止万州区第五次党代表、第五届万州区人大代表资格；陈先平受到撤销党内职务、政务撤职处分和降职处理，降为副处级干部，并被撤销万州区第五届政协委员职务；罗建国受到党内警告处分；幸洪兵受到党内严重警告处分和免职处理；刘斌受到诫勉谈话处理；原党委委员、纪委书记向郁双等人均受到处理。走马镇党委、政府、纪委存在履行主体责任、监督责任不力等问题，被责令书面检查；走马镇党委原书记吴双存在履行全面从严治党主体责任不力等问题，被责令书面检查并在专题民主生活会上作检讨；党委委员、纪委书记谭启明履行监督责任不力，受到诫勉谈话、责令书面检查处理；违纪款项已收缴。 |
| 2019.02.02 | 湖南 | 益阳资阳区人民法院民二庭庭长郭澄清违规收受礼品问题。2018 年 1 月下旬，孙某接受某公司诉讼代理人委托，向郭澄清打听相关案件情况。事后，孙某为感谢郭澄清对案件的调解处理，在 2018 年春节前夕送给郭澄清高档烟酒。郭澄清受到政务记过处分。 |

| 时间 | 省份 | 代表性案件概述 |
|------|------|----------------|
| 2019.02.15 | 吉林 | 沈阳局集团公司运输部主任陈伟杰等人索要节礼问题。2019 年 1 月 18 日，沈阳局集团公司运输部副主任王文泓擅自联系霍林郭勒车务段段长刘庆文，让其购买 60 盒牛羊肉并解决费用。购肉款及送货汽车发生燃油费、过路费合计 22747.81 元由刘庆文个人支付。王文泓将此事电话告知正在出差的运输部主任陈伟杰，陈未予制止。王文泓接到 60 盒牛羊肉后，本人留用 2 盒，分给陈伟杰 22 盒，其他人员 13 盒。调查期间，王文泓请求同学帮助处理了 14 盒，剩余 9 盒自行存放，未将购肉款及送货费用支付给刘庆文。陈伟杰受到撤销党内职务、撤职处分，由正处降为副处；王文泓受到撤销党内职务、撤职处分，由副处降为正科；刘庆文受到党内严重警告处分。责成王文泓将购肉款及送货费用返还给刘庆文。 |

党的十九大报告明确提出，坚持开展批评和自我批评，坚持惩前毖后、治病救人，运用监督执纪"四种形态"，抓早抓小、防微杜渐。党的十九大通过的党章修正案，吸收近几年党的纪律建设和纪检体制改革的新成果，将"运用监督执纪'四种形态'"写入党章。统计数据显示，2018 年全国纪检监察机关运用监督执纪"四种形态"共处理 173.7 万人次。其中，充分运用第一种形态，约谈函询、批评教育 110.4 万人次，占总人次的 63.6%；妥善运用第二种形态，给予轻处分、组织调整 49.5 万人次，占 28.5%；准确运用第三种形态，给予重处分、重大职务调整 8.2 万人次，占 4.7%；果断运用第四种形态，依规依纪依法处理严重违纪违法涉嫌犯罪的党员干部 5.5 万人次，占 3.2%。2019 年 1—9 月，全国纪检监察机关运用监督执纪"四种形态"批评教育帮助和处理共 124.9 万人次。其中，运用第一种形态批评教育帮助 85.4 万人次，占总人次的 68.4%；运用第二种形态处理 29.8 万人次，占 23.9%；运用第三种形态处理 4.8 万人次，占 3.8%；运用第四种形态处理 4.8 万人次，占 3.9%。从"四种形态"结构来看，运用第一、二种形态人次数量所占比例在 92% 以上，运用第三、四种形态人次数量所占比例为 8% 左右，印证了深化纪检监察体制改革的"惩治极少数、教育大多数"的政治目的。

深化纪检监察体制改革的一个重要政治目的，就是在实现监督全面覆盖的基础上，进一步强化日常监督职能，抓早抓小，防微杜渐，而不是以将国家公职绳之以法作为目的。但这只是腐败治理的理想，若为了达到执纪监督"四种形态"的目标而"以罚代刑"，策略性"改变"腐败行为本身的性质，则无法实现法治化反腐的目标。坚守法律规定是法治反腐的前提，违纪、职务违法与职务犯罪所对应的腐败程度是逐级递增的，但其评判的具体标准又是相互独立的，对于职务犯罪行为的惩治，绝不能以前置的纪律和政务处分加以替代。"以罚代刑"虽然在数量上减少了职务犯罪的人数，但是对"纪律挺在前"这一含义的异化，"纪律挺在前"不是意味着纪律可以越法，而是强调通过纪律规范预防违法、犯罪。法治反腐需要监察机关严格把握职务违法与职务犯罪的界限，除了少数犯罪情节轻微、不需要判处刑罚的予以问责、政务处分外，不应允许"以罚代刑"现象成为常态。要解决这些问题，必须回应监察体制改革实践中"法法衔接""纪法衔接"不畅等问题。

（三）一个关注：纪检监察中的村民小组

从违反中央八项规定精神的处分数据中可以看出，有近90%的被处分对象集中在乡科级及其以下，课题组在收集具体案例时也发现，纪委监委的通报中，有不少都涉及村级组织人员。这就需要关注一个问题，即监察对象是否包含村民小组组长？现有研究认为，村民小组组长如果不是党员，即使不能成为纪委的监督对象，也可以成为监委的监察对象，但村民小组作为组织，不属于监委监察对象。《国家监察委员会管辖规定（试行）》第四条规定，"监察委员会监察的对象是《中华人民共和国监察法》第十五条规定的行使公权力的公职人员和有关人员"，具体列举了六类公职人员和有关人员，其中第五类是："基层群众性自治组织中从事管理的人员，包括农村村民委员会、城市居民委员会等基层群众性自治组织中从事集体事务管理的人员，以及协助人民政府从事行政管理工作的人员。"这里虽然没有提到村民小组，但《村民委员会组织法》第十条规定："村民委员会可以按照村民居住状况分设若干村民小组"，村民小组是村民委员会设立的一级组织，小组组长应属"基层群众性自治组织中从事集体事务管理的人员"，属于"行使公权力的有关人员"范畴。

《国家监察委员会管辖规定（试行）》第四条规定的监察对象明确规定是"行使公权力的公职人员和有关人员"，因此只能是自然人，而不能是法人或其他组织。而且，村民小组是基层群众性自治组织，所以村民小组作为组织，不能像纪委的监督对象党组织一样，成为监委的监察对象。而就具体监督行为来看，以下两类行为是纪检监察机关应当进行监督检查或依纪依法查处的行为：第一类，协助人民政府从事行政管理工作的行为。根据全国人民代表大会常务委员会关于《中华人民共和国刑法》第九十三条第二款的解释，村民小组组长协助人民政府从事下列行政管理工作时，属于刑法第九十三条第二款规定的"其他依照法律从事公务的人员"，其行为应当属于行使公权力的行为，受监委管辖；第二类，从事本小组集体事务管理的行为。按照中央纪委国家监委 2018 年 4 月 16 日印发的《公职人员政务处分暂行规定》第三条规定精神，《农村基层干部廉洁履行职责若干规定（试行）》仍然是现在对农村基层干部实施政务处分的主要依据，根据其内容，从事本小组集体事务管理的行为，包括在小组事务决策中独断专行、以权谋私的行为；在小组事务管理中滥用职权、损公肥私的行为；在小组事务监督中弄虚作假、逃避监督的行为。若村民小组组长违法违纪，纪委监委可分三种情况进行处理：

第一种情况，政务处分，即按照《公职人员政务处分暂行规定》进行处置。根据中央纪委国家监委 2018 年 4 月 16 日印发的《公职人员政务处分暂行规定》第九条之规定，基层群众性自治组织中从事管理的人员，监察机关可以依法采取下列处理措施：1. 依据《中华人民共和国监察法》第四十五条的规定，根据监督、调查结果，对有职务违法行为但情节较轻的人员，按照管理权限，直接或者委托有关机关、人员，进行谈话提醒、批评教育、责令检查，或者予以诫勉。2. 依据《农村基层干部廉洁履行职责若干规定（试行）》采取警示谈话、通报批评、停职检查、责令辞职。《公职人员政务处分暂行规定》第三条规定了监察机关实施政务处分的依据，其中，对农村基层干部来说，主要是适用《农村基层干部廉洁履行职责若干规定（试行）》，村民小组负责人，参照执行此规定。村民小组组长有违反农村基层干部廉洁履行职责若干规定所列行为的，视情节轻重，由有关机关、部门依照职责权限给予警示谈话、通报批评、停职检查、责令辞职处理；违规获取的不正当经济利益，应当依法予以没收、追缴或者责令退赔；给国家、集体或者村民造成损失的，应当依照有关规定承担赔偿责任。3. 监察机关可以依法向有关机关、单位提出"取消当选资格或者担任相应职务资格""调离岗位、降职、免职、罢免"监察建议。《公职人员政务处分暂行规定》规定了以上三点中的处理措施可以单独使用，也可以合并使用。

第二种情况，党纪处分。村民小组组长是党员，应当追究党纪责任的，依照《中国共产党纪律处分条例》给予相应的党纪处分。

第三种情况，涉嫌犯罪的，移送司法机关依法处理。《国家监察委员会管辖规定（试行）》第十一条规定"国家监察委员会负责调查行使公权力的公职人员涉嫌贪污贿赂、滥用职权、玩忽职守、权力寻租、利益输送、徇私舞弊以及浪费国家资财等职务犯罪案件"。这里虽然没有提及"行使公权力的有关人员"，但是从立法者意图来看，应当做扩大解释，这里"行使公权力的公职人员"应当包括第四条规定的"行使公权力的公职人员和有关人员"。《国家监察委员会管辖规定（试行）》详细列举了国家监委管辖的六大类88个职务犯罪案件罪名。其中许多罪名涉及"国家工作人员"和"国家机关工作人员"两个概念，因此首先要弄清楚村民小组组长算不算国家工作人员？通说认为，村民小组组长不是"国家机关工作人员"，但在一定条件下能够作为"其他依照法律从事公务的人员"以国家工作人员论。《中华人民共和国刑法》第九十三条规定："本法所称国家工作人员，是指国家机关中从事公务的人员。国有公司、企业、事业单位、人民团体中从事公务的人员和国家机关、国有公司、企业、事业单位委派到非国有公司、企业、事业单位、社会团体从事公务的人员，以及其他依照法律从事公务的人员，以国家工作人员论。"根据全国人民代表大会常务委员会关于《中华人民共和国刑法》第九十三条第二款的解释，村民委员会等村基层组织人员协助人民政府从事下列行政管理工作，属于刑法第九十三条第二款规定的"其他依照法律从事公务的人员"：救灾、抢险、防汛、优抚、扶贫、移民、救济款物的管理；社会捐助公益事业款物的管理；国有土地的经营和管理；土地征用补偿费用的管理；代征、代缴税款；有关计划生育、户籍、征兵工作；协助人民政府从事的其他行政管理工作。因此，村民小组组长虽然不是国家机关工作人员，但在从事以上七种行为时，可以以国家工作人员论，构成某些以国家工作人员为特定主体的犯罪。

## 二、"纪法过度融合"与"制约失衡"的法律问题

监察体制改革中的法法衔接和法纪衔接问题，虽然已经在部分法律的修订中得到了完善，本书第四章也已针对相关法律、党内法律的制定修改问题做了论述，但在实践中，仍需要解决法律条文适用中的操作性问题。这主要包括如何处理监察实践中党纪国法过度融合问题和如何处理监察机关与检察机关的"制约失衡"问题。

（一）党纪之于国法：监察实践中的"纪法过度融和"问题

纪检监察机关合署办公的一体化运行实践表明，党纪与国法的关系，事关国家监察体制改革的基本方向。党内法规是中国特色法治体系的重要组成部分，法治反腐不能仅依靠法律进行腐败治理，依靠党内法规预防、引导、推进反腐，是实现"纪法融合"的重要成果。实践表明，虽然腐败是几乎无法根除的权力"副产品"，但如果能够做好前端预防工作，便能够较好地遏制腐败的蔓延与恶化。若能在监察实践中实现"纪法融合"，便可以用党纪管住绝大多数人，实现腐败"善治"的目标，形成党纪与国法相配合的反腐合力。然而，党纪与国法毕竟归属不同类型的规范，党纪不可能等同于国法，法律的作用也不可能由纪律的功能所替代。各地监察体制改革实践表明，在查办职务违法犯罪案件中会存在着"纪法过度融合"而忽视"纪法分离"的现象。从实践来看，"纪法过度融合"主要表现在对违法的案件仅通报为违纪。如上文案例中所反映的私自设立小金库、私分国有财产、挪用补助金等行为仅通报违纪并给予党政纪律处分。虽然纪委与监察委合署办公，但违纪、违法案件的通报涉及行为定性的实质问题，不能准确的定性将无法保障反腐的权威性。从党员干部的双重身份角度来看，党员干部在受到纪律处分之后，并不影响其法律责任的追究，亦不可免除其法律责任。

因此，在监察体制改革实践中，应处理好党纪与国法的"合"与"分"两重关系。党纪与国法的"合"，是指"纪严于法""纪挺法前"，纪律与法律之间具有相互衔接补充的关系，让纪律适用于法律之前，解决大多数违纪问题，让法律主要解决违法犯罪问题。具体来说，对于一般违规或违纪问题，适用党内纪律处分即可，如违规发放补贴、违规公车私用、违规宴请等；对于职务违

法行为，主要适用政务处分，如贪污受贿未达到犯罪数额、滥用职权未造成严重后果等，这类行为可同时适用违法与违纪处分措施；对于职务犯罪行为，则主要适用刑事处罚。党纪与国法的"分"，是指要正确认识党纪与国法的界限，不能用党纪处分替代国法处理。这主要体现在腐败的事后惩处阶段，即在明确行为性质的基础上，确定行为人责任的严重程度，防止责任的滥用，区分违纪处分、违法处置与犯罪处罚。

（二）配合与制约：监察机关与检察机关的"制约失衡"问题

虽然《宪法》第一百二十七条第二款确立监察机关与检察机关是配合与制约的关系，《监察法》也在立法层面避免了监察法与行政法律规范衔接的障碍。但监察实践中"法法衔接"的真正问题是如何处理"监察前置"规则及《监察法》与刑事法律之间如何进行合理的配合与制约的问题。根据《监察法》第十三条及其配套法律规范的规定，检察机关将职务犯罪侦查权转隶至监察机关以后，其要想介入处理职务犯罪案件，必须以监察机关依法移送为前置条件。这本是检察机关职务犯罪侦查权转隶为监察机关职务犯罪调查权的必然结果，但很容易产生附带效应，即如果监察机关不愿意移送腐败犯罪案件，而是直接以问责、政务处分代之，检察机关也难以进行有效的制约。在实践中，监察机关常处于相对主导而检察机关位于相对次要的地位，如何平衡两者之间的关系，从而达到宪法所设定的配合与制约的关系，是法法有序衔接所要回应的问题。在调查阶段，由于《监察法》形塑以监察机关为主导的模式，因而，即便是受移送的案件，人民检察院审查后认为需要补充核实的，也应当退回监察机关补充调查，只有在必要时才能够自行补充侦查，这在《监察法》第四十七条有着明确的规定。由此，在调查阶段，监察机关完全能够预判行为的性质，决定是否以职务犯罪移送给检察机关审查起诉。然而在赋予监察机关"职务犯罪预处置权"的同时，对其予以反向制衡的规定力度却稍弱，这容易成为职务犯罪处置的壁障，也容易存在监察权滥用的风险。

实践中监察机关与检察机关之间的配合与制约可以分为两个阶段进行把握：在职务犯罪调查阶段，应根据《监察法》的规定，由监察机关主导职务犯罪的调查，检察机关起主要配合作用；在职务犯罪审查阶段，应重视对监察委调查权的监督制约，以防止"灯下黑"现象的发生。具体而言，在检察机关审查案件的过程中，可以通过两种方式进行制衡：一是在移送案件时，要求监察机关承担证据真实性与合法性的说明义务，承诺证据没有虚假、获取手段合法。这种说明义务构成对监察机关行为的限制，可以作为检察机关直接介入案件侦查的理由。二是有必要对《监察法》第四十七条第三款规定的"在必要时可以自行补充侦查"作出扩大解释，弥补监察机关配合检察机关不足的问题。此外，如前文所述，在监察实践中，职务犯罪案件存在被违纪、违法处分所消融的现象，客观上容易形成阻碍职务犯罪查处的壁障。因此，制约的关键是要让检察机关介入监察机关的调查过程。因此，可以建立检察机关提前介入机制，让检察机关参与到被留置人的调查，以备移送后进行案件事实、证据审查之用。

### 三、非法证据排除规则的适用现状及其法律问题

（一）非法证据排除规则的适用现状

《监察法》正式颁布之前，我国在北京市、山西省、浙江省已经设置了试点开展监察工作，在此期间，监察非法证据排除就有实际应用。在 2017 年 10 月，N 县纪委监委对涉嫌挪用公款的县林业局副局长 D 某依法进行立案审查调查并采取留置措施。在留置场所，纪委监委审查调查部门工作人员于 10 月 8 日 17 时许，对 D 某展开讯问，由于 D 某开始拒不交代违法犯罪事实，讯问一直持续到 10 月 9 日 15 时结束，最终 D 某如实供述了挪用公款的犯罪事实。其间，除吃饭、上厕所外，D 某休息时间累计不足 3 小时。后 D 某案件移送纪委监委案件审理部门进行审理，D 某向审理部门提出自己曾遭受长时间讯问，要求排除自己在审查调查期间的有罪供述。审理部门通过调取讯问同步录像、询问调查人员等方式进行了了解，确认审查调查部门存在对 D 某长时间讯问的行为，故对被调查人 D 某在 10 月 8 日 17 时至 10 月 9 时 15 时期间所做的供述笔录予以排除。①

该案例中，涉及非法证据的范围认定等问题。具体来说，首先是疲劳审讯的认定与否问题。根据《严格排除非法证据的规定》疲劳审讯也是属于非法获取证据的形式之一，并且，对于留置的被调查人员，依照《监察法》第四十四

---

① 《中华人民共和国监察法》案例解读［M］. 中国方正出版社，2018：276.

条的规定，应当保障其必要的饮食和休息时间，合理安排讯问时间和时长，因此，依据《监察法》第三十三条的规定，应当依法予以排除。其次，是非法证据的范围问题，以及被调查人如何申请排除非法证据，即非法证据排除的启动程序的明确问题等问题。由于我国监察实务开展时间不长，实际非法证据排除的案例并不多，即使有也主要是由于某些程序瑕疵，在予以补正之后使用，或者是予以排除，但是排除的也只是部分非重点的证据，并没有许多案件对关键性证据予以排除。

由于《监察法》实施不久，以及监察工作的有序开展，监察工作中非法证据排除的案例并不多见。因此，本书将范围扩大到刑事案件，搜集整理了近年法院判决非法证据排除的案例。

| 案号 | 非法证据排除原因 | 排除的具体情况 |
| --- | --- | --- |
| 陈某受贿案（2015）中中法刑二初字第6号 | 侦查机关违反刑事诉讼法有关强制措施的规定对犯罪嫌疑人或者证人非法羁押，该期间取得的供述或证言予以排除。 | 侦查机关在2012年3月18日到21日期间调取的被告人陈某的供述和证人庄某的证言能否采用的问题，经查，侦查机关于2012年3月18日将陈某及其妻子庄某羁押在案，直至同月21日才对陈某办理刑事拘留的强制措施，并释放庄某，该做法违反了刑事诉讼法有关强制措施的规定，非法限制了陈某和庄某的人身自由。故侦查机关在该期间调取的被告人陈某前三份供述和三份亲笔供词以及证人庄某一份证言及一份亲笔证词，违反法定程序，不符合证据的合法性要求，法院不予采用。 |
| 黄某受贿案（2015）遵刑初字第00128号 | 不能提供或者部分提供同步录音录像及同步录音录像与笔录记载不符予以排除。 | 公诉机关未能提交2014年10月22日（不含本日）以前对被告人王某讯问的同步录音录像资料，依据人民检察院讯问职务犯罪嫌疑人实行全程录音录像的规定，故对2014年10月22日以前被告人王某被讯问时所作的供述法院不予采信。 |

| 案号 | 非法证据排除原因 | 排除的具体情况 |
|---|---|---|
| 李某等人贩卖毒品案（2013）阜刑初字第00021号 | 侦查机关不能对供述取得的合法性予以证明证实，证据应当排除。 | 公诉人在证明侦查人员没有对李某刑讯逼供中，对侦查人员讯问结束后于凌晨带李某到医院检查身体的原因没有作出说明。为查明侦查人员在县人民医院对李某健康检查的原因，法庭要求侦查机关对李某在县人民医院的检查情况进行说明，侦查机关没有回应；法庭依法通知办案人员出庭说明情况，但办案人员无合适理由拒绝出庭。鉴于公诉机关在一审开庭时出示的李某的有罪供述笔录、在押人员体检登记表以及侦查机关依法办案的情况说明不足以证明取证的合法性，侦查机关对李某讯问时也没有按照法律规定进行同步录音或者录像，当法庭通知侦查办案人员出庭说明情况时办案人员无正当理由拒绝出庭，故法庭认为不能排除李某审判前的有罪供述系采取非法方法取得。据此，依照刑事诉讼法第五十八条的规定，李某在审判前的有罪供述不能作为定案的根据，应当依法排除。一审法院对李某审判前供述排除后，综合全案证据分析，不能认定李某明知自己所送物品系毒品，故认定公诉机关指控李某犯贩卖毒品罪的证据不足，依法判决李某无罪。 |
| 陈某等受贿一案（2015）中中法刑二初字第6号 | 公诉机关未能提交2014年10月22日以前对被告人王某讯问的同步录音录像资料，故对2014年10月22日以前被告人王某被讯问时所作的供述不予采信 | 关于被告人王书斌提出其侦查阶段的供述及自首材料系在办案人员施加的不当压力和刑讯逼供下供述和违心所写，其供述和亲笔供词均属于非法证据的辩解，以及辩护人提出的本案程序上存在严重刑讯逼供及变相刑讯逼供的可能，公诉机关无法提供2014年10月22日以前的同步录音录像资料，被告人之后的供述不能排除受心理威慑所致，其有罪供述应当予以排除，应当不予采信的辩护意见。 |

| 案号 | 非法证据排除原因 | 排除的具体情况 |
|---|---|---|
| 王某某故意杀人案（2014）承市刑初字第32号 | 讯问未按法律规定同步录音录像，先证后供，且没有其他证据充分证实的，作出的有罪供述应当排除。 | 被告人王某某曾作过有罪供述后又推翻原供述。被告人关于作案手段、抛尸现场等有罪供述及现场指认，因发现被害人尸块时，被告人曾到过现场，而被告人关于购买射钉枪和射钉的供述时间是在尸体检验发现被害人颅内有射钉之后，均属先证后供，且被告人在被监视居住期间的有罪供述，没有同步录音，不能达到应有的证明效力。同时被告人有罪供述中的一些细节不能与其他证据相印证。如被告人供述的杀人及分尸地点，没有得到现场勘查等证据的印证，与被害人妹妹李某乙所证"失踪第二天发现其姐家屋内正常"不符；被告人关于被害人上衣颜色的供述与尸检中发现的被害人上衣颜色不符；被告人无法准确指认出购买菜刀、塑料布的商店，且被告人关于为分尸从市医院附近两元商店购买10多米长塑料布的供述，与店主刘某某所证"商店只卖过长、宽为1.5×1.5米塑料布"不符。被告人的有罪供述有诸多矛盾难以排除，与其他证据不能完全印证。 |

上述案例中，非法证据排除主要是由于非法证据范围规定不明、程序违法、采用了非法方法刑讯逼供等，违背了犯罪嫌疑人的自愿性进行了供述、没有按照规定全程录音录像、法庭要求办案人员出庭说明情况时办案人员无正当理由拒绝出庭，以及事实无法与供述形成印证等原因。

以"2019年"为时间节点，以"非法证据排除"为关键词进行搜索，从中国裁判文书网发布的刑事判决文书中确定涉及非法证据排除的判决3478份。在这些判决中，涉及多个地域和省份，且在2018年全国排除案件最多（见图二）。案件类型中最多的是涉及妨害社会管理秩序罪，共1108起，占比约32%。而涉及贪污贿赂、渎职罪共520起，占比约15%。

**案件数量**

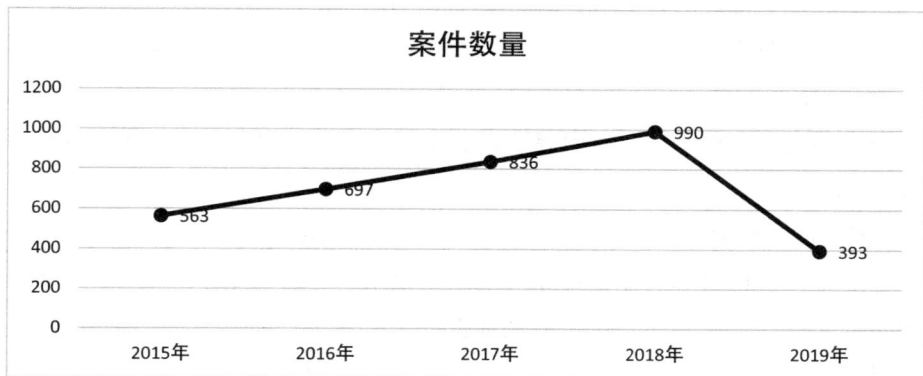

（2）非法证据排除规则适用中的主要法律问题

非法证据排除规则在《监察法》中已经予以了明确的规定，然而"徒法不足以自行"，法律规定只有在适用中才能获得生机与活力，非法证据排除规则在监察工作中得到充分的应用，落到实处才能实现制度设计的初衷。从上述收集的案例及被排除的原因来看，《监察法》实施一年以来，监察非法证据排除规则在适用的过程中也发现了许多问题。

1. 非法证据范围不明和难以认定问题

在《监察法》中，对于"非法证据"，根据第三十三条的规定，即以非法方法收集的证据。《监察法》释义对"以非法的方法收集证据"进行了进一步的阐释，是指以刑讯逼供，或者以威胁、引诱、欺骗等非法方法来获取证据，这些原则性的规定，可操作性也不强。除此之外，监察程序中并未对非法证据的范围有明确的规定。

《监察法》的此种规定是延续了我国《刑事诉讼法》对非法证据的规定，即对非法证据不给定一个明确的概念表述，而是通过列举非法获取证据的方法来间接地解释非法证据。但不管是《刑事诉讼法》中规定的三种表现形式：采用刑讯逼供等非法方法收集的犯罪嫌疑人、被告人供述；采用暴力、威胁等非法方法收集的证人、被害人陈述；通过不符合法定程序且可能严重影响司法公正的方式收集的物证、书证①，还是释义中列举的刑讯逼供，威胁、引诱、欺

---

① 吴国章. 非法证据排除规则实务研究［M］. 法律出版社，2017：28.

骗等非法方法，都是狭义上的非法证据，即"以非法方法取得的证据"，而不包括"非法定主体取得的证据"和"非法定形式之证据"①。而正如前面所提及的，《监察法》及释义对于狭义的非法证据也只是进行了原则性的阐述，其中存在着许多解释和理解空间，也会导致在监察程序中非法证据排除规则无法得到有效的适用。

《监察法》中对非法证据的范围规定不明确，带来的是实务中对于非法证据的难以认定。我国自非法证据排除规则确立以来，非法证据排除规则一直难以得到完全的落实，主要就是由于非法证据的难以认定。一方面，实务界和理论界对于"非法证据"的认定不一，有着广义和狭义解释的争论。并且《监察法》中对"非法证据"的分类也没有具体明确的规定，虽然从释义的规定中，仍然可以将其分为非法言词证据和非法实物证据。《刑事诉讼法》第五十四条第一款有对非法收集的言词证据和物证、书证等实物证据进行规定，并且，最高人民法院《解释》对此款规定的非法收集证据的情形作出了较为细致性的规定。与《刑事诉讼法》中规定的一样，《监察法》释义也有"刑讯逼供或威胁、引诱和欺骗等非法方法"的条文。和大多数国家一样，我国立法采取的是通过反向禁止性的方式而不是以列举的方式对非法证据进行规定，因为刑讯的手段多样，采取列举的方式很难穷尽非法取证的所有手段，法律也不可能一一列举，也因此使得规定比较笼统。"刑讯逼供等非法方法"的这些规定，在兜底的同时，也就造成了许多不确定的因素，也正是因为这样，非法证据的范围更加不明确，更加模棱两可。在实践中，非法证据的表现形式多种多样，尤其是近几年来，在我国对于非法证据排除规定的重视以及立法逐步完善的背景下，许多司法工作人员非法取证的手段更为隐蔽，在法律之下寻找灰色地带，使非法证据变得更为隐蔽，更加难以发现和认定，《监察法》中没有规定非法证据的范围也是基于上述因素的考虑。对于书证，《监察法》没有明确规定书证应当予以排除的情形，而是规定了排除非法实物证据的条件：收集的物证、书证不符合法定程序，可能严重影响司法公正，不能补正或作出合理解释，而这三个条件包含了许多主观性的因素，其判断标准在现行立法上并没有明确规定，所以可以

---

① 万毅. 解读"非法证据"——兼评"两个《证据规定》" [J]. 清华法学, 2011, 5 (02): 24-32.

从多个角度进行理解与阐述。这些因素综合作用从而造成了我国非法证据范围规定不明的现状，加上《监察法》许多条款还未细化，因此，这个问题仍然值得探究。

2. 行使非法证据排除职能的权力分散问题

监察机关除了内设综合部门外，监察委的业务部门主要有执纪监督部门、执纪审查部门、案件审理部门。执纪监督部门负责日常工作监督、贯彻党纪国法；执纪审查部门对违纪、违法以及涉嫌职务犯罪的审查、调查；执纪审查部门调查后移送案件审理部门，由案件审理部门对案件定性并形成审理报告，按照不同情况或提交纪委监察委常委会作出处分决定，或移送检察机关审查起诉。这些部门中主要由案件审理部门在对案件审查定性的程序中排除先前程序中非法取得的证据，另外，执纪审查部门也可以在审查、调查程序中自行排除非法取得的证据。这即是依照监察法中的非法证据排除规则进行的非法证据排除。

如前所述，《监察法》设计了多层级审批的监察程序———证据的每一步流转均需相关负责人审批。并且监察委内部下设各部门，包括案件监督管理室、监督检查室、审查调查室、案件审理室等，各在监察机关办案程序中负责不同的事务。由于《监察法》中只对监察机关对非法证据在其内部自行予以排除予以规定，而对具体由哪个部门实施并未明确阐明，并且在监察机关的办案程序的许多环节均可能发生非法取证，因此均可能运用到非法证据排除，这就涉及一个非法证据排除的行使主体问题：是如监察实务中运行的那样，案件监督管理部门、案件审理部门等多个部门均有排除非法证据的权利，由各承办案件的部门对承办阶段内的非法证据予以排除，还是应当将非法证据的审查交由特定的部门统一行使，由于非法证据排除贯穿始终，则法律就没有再明确规定具体行使非法证据排除权力的主体，即每监察程序中的每个部门都应当行使此权力，以保障被调查人的合法权利，而往往由于没有明确的规定，各部门之间就会出现相互推诿，或者甚至是把此项权力和职责空置的情形，因此，明确非法证据排除的权力行使主体对于落实监察程序中的非法证据排除也非常的重要。

3. 非法证据随案移送和重新取证问题

监察机关出版的书籍以及《监察法》均只规定，对以非法方法取得的证据予以排除，对非法证据不得作为移送审查起诉的依据，但是对于已经被排除的非法证据是否需要随案件一并移送检察院并没有相应的规定。那么，在最后移送阶段监察机关对于已经排除的证据是否随案移送到公诉机关，这也是在监察程序和刑事诉讼程序衔接过程中不可回避的一个问题。被排除的证据是否随案移送问题引发争议主要是因为法律对于监察程序与刑事诉讼程序在证据移送方面规定的不明确，既有《监察法》的制定不够完备的因素，《监察法》对于监察机关排除的非法证据是否移送的这一问题规定空白，也由于学界和实务界对此争论颇多。在刑事诉讼领域中，2017 年的《关于办理刑事案件严格排除非法证据若干问题的规定》第十七条的第三款规定："人民检察院对审查认定的非法证据，应当予以排除，不得作为批准或者决定逮捕、提起公诉的根据。被排除的非法证据应当随案移送，并写明为依法排除的非法证据。"该规定确立了非法证据在被检察院排除后仍应当随案移送至法院，因此，有的学者认为被排除的非法证据也应当参照此规定，移送至检察院。而另外一些学者则认为，法律没有予以规定需要移送，则依照《监察法》的规定，被排除的非法证据不得作为定案的依据，那么同样，既然已经不可以作为定案的依据，则该非法证据已经丧失了其作为证据来证明案件事实的资格，并且移送之后会对法官公正判决产生心理上潜在的影响，因此没有必要移送检察院和法院。

同时，依据《监察法》的规定，对于非法证据，应当予以排除，不得作为定案的依据。《监察法》仅仅规定了非法证据应当排除，但是，在将非法证据排除后，又会产生一个问题——对将非法证据排除后没有实际有效能定案的证据的情况下，监察机关应当如何处理：是以证据不足定性还是可以在法定期限内以合法方式再进行证据收集？即监察机关在排除非法收集的证据后，是否还有权力重新收集证据？从《监察法》的规定中来看，我国监察程序中对于非法证据的排除采取的是主动排除机制。由于法律赋予监察机关独特的地位与较大的权力，以及监察程序的相对封闭性，监察机关的这种完全主动排除的模式使得人们担忧非法证据排除规则在监察程序中再度沦为一个纸上规定，不能有效予以适用。另外，《监察法》中，对于监察程序中监察非法证据排除的启动程序并没有相关的规定，也就是说，《监察法》中的非法证据排除规则仅仅是一项原则性的规定，并没有具体的程序上的要求，这既是由于制定的法律不够成熟完备，也是由于监察程序的独立性考虑。因为在我国刑事诉讼中，非法证据排除程序已经得到全面的确立，由检察院、法院分别主导着审判前和审判阶段的非法证据排除程序，为了尽早将非法证据排除在定案依据之外，检察机关在侦查阶段就可以对于取证的合法性进行主动审查，而监察程序具有一定的封闭性，监察调查虽然类似于侦查活动，但是在监察机关移送审查起诉之前，除非监察机关主动邀请检察机关介入参与审查，否则检察院并没有权力能够介入监察程序之中对于监察机关取证行为的合法性进行审查，而这种完全的自我排除和自我监督，也缺乏监督的有效性。

《监察法》仅规定了监察机关以非法方法收集的证据应当予以排除，不得作为定案依据，并且在监察程序一节中，也只是规定了监察对象对处置结果有复议、复核的权利，对于非法证据排除的启动程序并没有规定，那么，监察法规定非法证据排除规则仅是让监察机关自身予以主动排除吗？如果非法证据排除的启动与否均由监察机关自己决定，那么监察机关排除非法证据的意愿就非常的薄弱，无法启动非法证据排除程序，无法排除非法证据。由于启动标准的不客观，非法证据排除规则的设定就只能一个摆设，最终成为"僵尸法条"，这也与立法者规定非法证据排除的初衷相违背。对于非法证据被排除后能否重新取证这个问题，我国的法律法规暂时都没有明确的规定。首先是由于我国的监察程序还不够完善，对于证据方面的规定并没有面面俱到。然后，是这个问题仍然争议众多，如果排除非法证据后又允许监察机关重新收集，那么排除非法证据的意义又在何处，不免会将非法证据排除规则形式化；并且在我国现行的体制下，监察机关权力大，在以自我监督为主要监督方式的情况下更是会增加将非法证据排除规则虚置的可能。而另一方面，如果非法证据被排除后，监察机关不被允许重新收集证据，那么，监察机关将会更加不愿意使用非法证据排除规则。因为如此一来，监察机关使用非法证据排除规则付出的成本太高。非法证据被排除后不能重新收集，由于被排除的往往有可能是关键性的定案证据，而监察非常证据排除规则又是更为严格的非法证据排除规则，只要是以非法方法取得的证据都应当排除，那么监察机关一旦将证据排除后就面临不能将被调查人转入诉讼程序，被调查人有可能能够以此逃脱法律的制裁。这两种想法都有一定的道理，因此没有予以明确。

4. 监察人员出庭作证问题

《刑事诉讼法》第五十九条规定了侦查人员出庭作证制度，对于现有的证据不能证明证据收集的合法性的，人民检察院可以提请人民法院通知有关侦查人员或者其他人员出庭说明情况。根据《监察法》的规定以及监察机关政治机关的性质，监察人员不等同于侦查人员，两者是两个不同的主体，而监察机关在调查完毕将案件移送检察院审查起诉进入刑事诉讼程序后，在法庭阶段也会面临非法证据的审查问题，那么这时候，检察机关是否有权力提请人民法院通知监察人员出庭说明证据收集的情况呢？《监察法》中对于监察人员出庭作证的规定是空白的，并没有对于这个问题有一个回答和阐述。

现行的法律没有规定监察人员的出庭作证问题，这是我国监察程序和刑事诉讼程序相衔接过程中之后应当解决并且无法回避的问题。首先，对证据收集的合法性有疑问，这在刑事诉讼中会经常出现，监察机关办理的职务犯罪案件也是如此，因此，监察调查人员能否出庭作证是一个很重要的问题，需要弥补监察调查人员出庭作证空白的规定。其次，监察调查人员出庭作证是落实《监察法》有关监察机关与审判机关相互配合相互制约的要求。监察调查人员对于法院工作予以配合出庭说明证据收集合法性情况，还可以对监察机关的调查工作进行监督，由法院对不能作出合理说明的证据予以排除。然而，《监察法》中并未规定监察调查人员出庭作证制度，一方面，学界讨论是否是立法者出于将调查人员涵盖进《刑事诉讼法》的出庭作证制度中的"其他人员"考虑；另一方面，我国现有的对于出庭说明情况的制度规定也并不完善。2012年《刑事诉讼法》修改后，确立了出庭作证制度，但是就实际施行效果来看，出庭作证效果并不理想，出庭作证案件数量也很少，且多是以出具书面说明代替侦查人员出庭接受法庭询问，存在即使出庭也是走形式等问题。并且侦查人员乃至侦查机关对于出庭作证制度接受度并不高，甚至存在一定程度上的情绪抵触。第一是因为侦查人员习惯了代表国家行使侦查权，询问证人、讯问犯罪嫌疑人，而要出庭作证，接受来自各方的询问，其无法适应由国家权力的执行者到普通证人的角色转变。① 第二，机关内部及人员观念上认为，出庭作证接受询问，一定程度上代表着其工作上存在不合法或者不合理之处，并且有的机关将出庭作证说明情况列入工作考核，成了影响工作考核的因素。申请出庭作证的权利没有明确保障、出庭人员出庭作证的身份、内容及方式没有明确的规定等也都导致了问题的复杂性。

① 李玉华，周军，钱志健. 警察出庭作证指南［M］. 中国人民公安大学出版社，2014：3.

### 四、"重办案轻监督"：监察体制改革对检察机关法律监督职能的影响

宪法赋予检察机关的法律监督职能是检察机关检察权的根本属性。近年来，司法体制改革将检察机关内部人员进行分类与定级管理，明确内部各类别层级人员的职责和权限；职务犯罪侦查部门转隶的监察体制改革对检察机关法律监督职能如何配合辅助监察委办案衔接提出新要求；以审判为中心的诉讼体制改革增加了检察机关对案件办理以及审核证据的难度。在检察实务工作中，司法办案活动与检察机关的法律监督是密不可分、同步进行的，承办检察官通过办理譬如审查逮捕、审查起诉、出庭公诉、控告申诉等各类案件，一方面，积极地投身于案件事实与证据的审查办理中，保证案件的质量；另一方面，在卷宗材料和讯问询问中直接发现侦查机关、人民法院或其他行政机关的违法线索，纠正和防止违法行为，以求全案程序上的合法性、事实上的客观真实性。可以说，司法办案是检察机关实施法律监督的基本途径，同时检察机关的法律监督活动也贯穿整个案件从立案到判决一直到执行的每个阶段。

刑事公诉权是检察机关最基本的法律监督权，即检察机关代表国家提起公诉，追诉犯罪的权力。在此基础上，检察机关的法律监督职能还包括侦查权、侦查监督权以及诉讼监督权。侦查权，是指检察机关对司法工作人员的职务犯罪进行侦查的权力；侦查监督权，是指检察机关对侦查机关的侦查活动进行监督的权力，主要包括逮捕权、立案监督权。逮捕权，即检察机关批准或决定逮捕犯罪嫌疑人的权力。检察机关主要就是通过该项权力的行使对侦查机关的侦查活动进行监督；立案监督权，即检察机关对侦查机关符合立案条件而不予立案，或不符合立案条件而予立案的行为进行监督的权力；诉讼监督权，包括审判监督权和执行监督权，在这里表示审判机关的审批活动和结果需要接受检察机关的监督。以及对审判机关与执行机关执行刑罚的活动进行监督的权力。除此之外，检察机关法律监督职能还包括民事、行政公诉权，主要针对违反法律，损害国家利益和社会公共利益的民事、行政行为，检察机关为此可以提起公益诉讼。① 同时，对于行政机关在执法活动中的违法行为或者行政不作为行为，

---

① 敬大力. 全面落实中央精神 加强新时期检察监督工作［N］. 检察日报，2017-01-18（003）.

检察机关还可以通过检察建议和纠违通知书的形式对其进行法律监督。

（一）监察体制改革对检察机关法律监督职能的影响

依据中共中央有关部门于 2016 年 11 月发布的关于进一步落实国家监察机制改革试验点的有关方案，确定在北京市、山西省以及浙江省构建监察委员会，分别从机制构建以及制度方面探索实践，为在全国推开监察体制改革做好预先铺垫。全国人民代表大会常务委员会在 2017 年的 11 月 4 日落实了在我国全面开展国家监察机制改革试验点工作。2018 年 1 月，全国范围内的监察体制改革工作初步完成。2018 年 3 月，全国人大常委会相继通过了《中华人民宪法修正》《中华人民共和国监察法》，在保持检察机关法律监督职能不被改变的情况下，将原本由检察机关行使的职务犯罪侦查权转化给新成立的监察委员会。历时两年多的时间，国家监察体制改革快速得以实现法律化。

为适应监察体制改革的新环境，《最高人民检察院机关检察官司法办案权力清单（2017 年版）》由最高人民检察院颁发，并于 2017 年 7 月正式印发，该清单的颁发是为了进一步明确和规范了最高检察机关各层级检察官的司法办案职权，其内容包含审查逮捕类、审查起诉类，形势诉讼监督类等检察业务，对每一项检察业务明确了检察长或副检察长以及检察委员会决定的办案事项，部门负责人的办案事项以及各个员额检察官负责的办案事项。① 一方面，《权力清单》进一步将权力下放，给员额检察官较大空间的自由裁量权，一个案件的起诉与不起诉，不需要再像以前那样先经过科室讨论决定，科室讨论决定不了的最后由检察委员会来决定，检察官负责执行检察委员会的讨论结果，相反的，员额检察官对于案件是否起诉可以自己决定，但责任也是由自己承担，以前的科室讨论会变为检察官联席会议，对于案件讨论的结果不再负责任，检察委员会亦然。这样的改革规定，本来是为了在一定程度上授予员额检察官的自由裁量权，以此提高案件审结率，提升法律监督职能的效率，可是责任后果的独立承担，使得很多员额检察官在面对疑难复杂或是有争议的案件时显得畏首畏尾，不敢下决定，对于存在一些瑕疵问题但可以起诉的案件，员额检察官为了规避

---

① 最高人民检察院印发《最高人民检察院机关检察官司法办案权力清单（2017 年版）》，在司法责任制改革的背景下，进一步规范和明确了最高检机关各层级检察官的司法办案职权。

风险和责任，宁可选择不起诉，据课题组调查，自改革以来，S 区检察院 2017 年度员额检察官不起诉的案件相比 2016 年度同比增长 1.4%。另一方面，很多地方检察机关的员额检察官并没有完全按照《权力清单》上规定的具体内容来履职，将很多本该由员额检察官去完成的事项假手于检察官助理来完成，比如，问人、出庭、审核证据，由于检察官助理能力水平的欠缺造成一些法律监督职能的问题发现不及时，纠正不及时，在一定程度上削弱了检察机关法律监督职能的力度。

### （二）检察机关行使法律监督职能存在的问题

从改革的目的来看，监察体制改革对于检察机关法律监督职能的优化改进是一个良好的契机。职务犯罪侦查职权的转隶，使得检察机关能够全身心地投入到法律监督领域，一心一意改进法律监督职能的建设与发展，同时对其如何适应监察委员会工作，辅助其办案从而实现高效衔接，提出更高的要求。例如，如何配合监察委员会办理职务犯罪案件，查清事实，审核证据，做到精准无误，确保后续审查起诉环节的步调一致，检察机关需要进一步对调整后的法律监督职能优化完善，以求更高效率、高质量与监委会工作协调统一，衔接配合。

然而，检察机关行使法律监督职能存在的问题主要表现为"重办案轻监督"，制度设计上缺乏对检察机关法律监督职能的重视。据统计，2016 年至 2018 年期间，S 区检察院平均每年所有部门案件数量接近 3000，然而所有部门发出检察建议或纠违通知书以及抗诉成功的案件数量，平均每年加起来不到 10 件。这说明在司法实践工作中，各部门往往更重视办理案件，而忽略了对法律监督的执行情况。很多案件，检察机关缺乏对侦查机关在侦查阶段的立案监督、刑事拘留、执行逮捕、收集证据等一系列侦查行为、办案手段、办案程序是否合法的有效监督，案件移送到检察院后，也仅是在办案过程中看一下有无违法行为，案件起诉到法院以后，裁判结果事实认定合法，符合检察机关量刑建议，检察机关不予抗诉后，一般就不会再跟进案件的执行情况，往往放弃了对执行的法律监督。

加之检察机关每年有大量的对于案件质量的考核工作，定期会有上级院下来查阅卷宗资料，审核办案质量情况，从制度层面到管理层面甚至考核层面，除了对于抗诉案件每年有加分项目外，检察建议和纠违通知书的发出并不在考核范围内，由此可见，在司法实践工作中，由于制度上缺乏对检察机关法律监督职能的应有重视导致管理上也忽视了对法律监督工作的开展和跟进，以至于大量的司法资源集中在了开展司法办案，案件质量考核工作也过于繁重，这使得承办人员在有限的办案时限内只能将精力大部分投身于案件本身而非法律监督板块。比如，侦查监督部门负责对侦查机关展开法律监督，在展开法律监督的过程中，不仅要对案件认定进行监督，同时也要对法律的适用情况以及刑事侦查活动中有无违法手段或程序重大瑕疵等方面实行监督，而该部门同时还要负责办理审查逮捕的案件，审查起诉部门也是如此，并且在此基础上还要负责对刑事审判活动和司法裁判是否符合案件事实真相、量刑建议范围、法定程序等方面展开审查监督，发现并纠正违反诉讼标准和诉讼程序的司法行为与裁定判决，而同时该部门也要负责整个案件的审查起诉、出庭公诉等工作。在检察机关内，各个部门须履行不同的职能，公诉部门不仅具有公诉职能，同时也具有审判监督职能；侦查监督部门不仅要对侦查以及立案这两个方面进行监督，同时也具有审查职能等；刑事执行检察部门对在看守所或监狱内的再犯罪行为，不仅具有批捕职能，同时也具有起诉职能，因此才会出现"重办案轻监督"的现象。

# 第八章

# 完善国家监察法治体系的建议及展望

　　监察体制改革的目标是要推进国家治理体系和治理能力现代化，也就是要实现治理体系和治理能力的制度化、法治化、现代化。在监察体制改革的法规制度总框基本建立的基础上，如何把制度优势转化为治理效能，从实体上发挥法规制度的最大效用，从程序上实现相关法律法规之间、党纪国法之间的合理协调和有序衔接，是值得研究的重点内容。本章将对如何健全国家监察立法体系、完善监察委员会的运行机制、提升监察机关适用非法证据排除规则的规范性以及完善检察机关与监察机关的制约与监督机制等问题进行分析，并提出建议。

## 一、健全国家监察立法体系

　　2018 年，十三届全国人大一次会议通过《宪法》修正案，从宪法层面明确了国家监察工作的地位。《宪法》和《监察法》虽为监察委员会的职权行使奠定了法律基础①，但这对于形成"不敢腐"的制度体系远远不够。法律位阶越高，其原则性和抽象性越强，缺乏《监察法》等一系列配套性法规的辅助，将导致基层监察部门在履行监督、调查、处置职权的过程中缺乏直接、明确的法律依据。

　　（一）对现存法律规范的调适

　　根据《宪法》以及国家对这次监察体制改革的顶层设计，监察权被定位为

---

① 冯铁拴. 国家监察立法体系化论析 [J]. 西南政法大学学报，2019，21（01）：3-14.

"独立于立法权、行政权和司法权的国家权力，属于权力监督的范畴"①，监察委员会是国家专门的监督机关，不隶属于行政机关或司法机关。问题的关键是，监察委虽然在权力设计和机构设置上都摆脱了原有的隶属关系，但其职权整合于行政系统的原监察部门、预防腐败部门以及检察院的反贪反渎部门，说明监察委和《监察法》的创设并不无源头，国家监察体制改革属于有路径依赖的改革。即便如此，此次监察体制改革仍然产生了牵一发而动全身的影响。在机构上以监察委员会的成立和在法律序列以《监察法》的出台都直接促使国家应从顶层设计上对原有法律关系作出调整。更有学者指出，需要修订的相关法律已经达到了现有法律的三分之二。② 本书选取以下几部法律的修订作出说明。

1. 对已经作出法律修改的说明

（1）《宪法》的修订

本书第二章对监察体制改革以来的重大事件做了梳理，其中对此次改革涉及的宪法问题作出具体阐述，本节仅对修正后的《宪法》对监察体制改革问题的回应内容作出说明。

此次修正中，第一，在总纲第三条中将监察机关的产生方式予以明确，这是学界对国家政权结构作出"一府一委两院"表述的宪法来源；第二，在第一百零一条第二款中明确县级监察委员会主任同本级人民法院院长、本级人民检察院检察长受本级人民代表大会的监督，须对其负责；第三，第一百零四条中明确县级以上的监察委员会受人民代表大会及其常务委员会监督；第四，第一百零七条第一款中，将县级以上地方各级人民政府的职能范围缩小，取消对监察事务的管理权限；第五，《宪法》第三章在国际机构中增加一节监察委员会的内容，第一百二十三条至一百二十七条对监察委员会的定位、人员构成、工作性质、领导机制以及职权行使依据等内容予以确认。

《宪法》是国家根本法，此次监察体制改革采取先试先行的做法，虽然受到一些质疑，但这不能否认此次国家层面反腐败改革的价值。监察体制改革牵引的宪法层面的修改与确认，有力回应了此前改革存在的"程序滞后"问题。

---

① 夏金莱. 论监察体制改革背景下的监察权与检察权 [J]. 政治与法律，2017（08）：55-64.

② 徐浩程. 马怀德：配合监察法需修订现有三分之二法律 [J]. 廉政瞭望（上半月），2018（11）：24-25.

（2）《人民检察院组织法》的修订

2018 年 10 月 26 日，第十三届人大常委会第六次会议通过了《人民检察院组织法》和《人民法院组织法》，并决定于 2019 年 1 月 1 日正式生效。

修改法律条文，必须关注法律之间、法律与相关制度和政策之间的衔接、协调和自洽。① 监察体制改革产生的国家"第四权"对原先直接享有法律监督权的检察院和通过审判权对监督权形成制约关系的人民法院造成一定影响。

组织法旨在明确某类国家机关的组成以及活动原则，国家政权结构的调整将导致国家机构之间权责关系的调适。就检察机关而言，在经过职能调整后导致的直接后果即检察机关丧失了监督主体地位和强制性手段，修订后的《人民检察院组织法》回应了检察机关法律监督职能的配置问题，明确了检察机关法律监督职责的权限、办案组织的设置及其运行方式等问题，重新调整了检察机关的八项职权：依照法律规定对有关刑事案件行使侦查权，包括司法工作人员利用职权实施的非法拘禁、刑讯逼供、非法搜查等侵犯公民权利、损害司法公正的犯罪，国家机关工作人员利用职权实施的重大犯罪案件；对刑事案件进行审查，批准或者决定是否逮捕犯罪嫌疑人；对刑事案件进行审查，决定是否提起公诉，对决定提起公诉的案件支持公诉；依照法律规定提起公益诉讼；对诉讼活动实行法律监督；对判决、裁定等生效法律文书的执行工作实行法律监督；对监狱、看守所的执法活动实行法律监督，包括对监狱、看守所对生效法律文书的执行活动，即刑罚执行活动进行监督以及对监狱、看守所的其他执法活动进行监督；法律规定的其他职权。《人民检察院组织法》的修订重新审视了在司法体制改革和国家监察体制改革的背景下检察机关的职权设置问题，为检察机关在国家政权机构中的地位和作用提供了新的解释。

（3）《刑事诉讼法》的修订

《监察法》的出台引发学界对《刑诉法》适用急需作出调整问题的关注。这两部由全国人大制定的基础法，其在适用对象、法律目标、性质等方面的联系决定了对两者关系作出正确且明晰的界定是处理这两部法律衔接的前提。总体而言，这两个国家政权机关法律关系的焦点只要集中在两个方面：监察程序

---

① 付子堂，胡夏枫. 立法与改革：以法律修改为重心的考察［J］. 法学研究，2014，36（06）：47-62.

与司法程序的衔接方面；监察委办案中的人权保障等问题，比如，关于是否在留置阶段允许律师介入。

2018 年 10 月 26 日，第十三届人大常委会第六次会议通过了《关于修改〈中华人民共和国刑事诉讼法〉的决定》（以下简称为《决定》），对 26 处具体内容进行了修改，本书着重选取与本次监察体制改革密切相关的部分进行说明。

第一，《决定》对检察机关的职能范围作出调整，以适应与监察机关职能之间的过渡与衔接。首先，《决定》第十九条在赋予检察机关对诉讼活动实行法律监督的"法定侦查权"的同时，赋予其"机动的侦查权"①，此举实现了原检察机关对于贪污贿赂、侵权渎职犯罪侦查从检察机关至监察机关的过渡。其次，由于职务犯罪等贿赂案件的负责机关主体发生变更，因此《决定》第三十九条删除了侦查期间允许律师会见在押的犯罪嫌疑人的规定，这里导致了学界对《监察法》亦未明确律师介入规范的质疑；第七十五条和一百五十九条也删除了检察机关此前对贿赂犯罪嫌疑人监视居住的规定和采取技术侦查措施的相关规定。第二，《决定》为监察机关履行调查权提供了发挥的空间。《决定》第一百零八条对"侦查"的表述作出调整，"指公安机关、人民检察院对于刑事案件，依照法律进行的收集证据、查明案情的工作和有关的强制性措施"，这为监察机关开展调查工作提供了发展空间。第三，《决定》对监察机关与检察机关在案件移送过程等作出规定。对贪污腐败案件的侦查、起诉原先均由检察机关负责，所以仅通过司法机关制定的内部细则进行规范即可。监察体制改革之后，对贪污腐败案案件的调查、起诉分别由监察机关和检察机关分别负责，由此便产生两个不同的政权机关如何完成职能程序上的对接。第一百七十条，《决定》对监察机关移送案件的补充侦查作出规定："人民检察院对于监察机关移送起诉的案件，依照本法和监察法有关规定进行审查。人民检察院经审查，认为需要补充核实的，应当退回监察机关补充调查，必要时也可以自行补充侦查。"这种做法体现了此次反腐败改革中"进中有稳"的做法。检察机关在职能转交之后仍保留一部分侦查权，一方面出于对检察机关在获得职务犯罪线索方面的优势的考虑，另一方面则是支撑诉讼监督职能的需要。② 同时，《决定》第一百七十二条

---

① 朱孝清. 修改后刑诉法与监察法的衔接 [J]. 法治研究，2019（01）：10-16.
② 朱孝清. 修改后刑诉法与监察法的衔接 [J]. 法治研究，2019（01）：10-16.

对检察机关对公安机关、监察机关移交的案件作出审查期限的规定。第四，《决定》在缺席审判制度上取得初步确立，为职务犯罪中的犯罪嫌疑人死亡或逃匿企图逃避法律审判的情形提供责任追究机制。

《刑诉法》的修订对原先检察机关在职务犯罪侦查上做出一定让步以对接《监察法》。但两者在职务犯罪的惩治效率与人权保障之间还有待进一步完善。《刑诉法》的修订回应了监察机关的职能地位，在监察程序与司法程序衔接的具体细节上做出了完善，但仍有进步空间。在监察机关对职务犯罪的调查过程中，当前尚未赋予律师介入的权限。对此可作两个层面的解读：其一，相较于一般犯罪，职务犯罪具有特殊性。不论是线索获取的难度，还是外部监督路径实现的可能，都对职务犯罪的调查取证具有一定局限性。因此，出于对职务犯罪案件查办的现实需要，必须对监察机关的办案有效性提供保障。其二，相对于检察机关的侦查而言，监察机关的调查职能更加复杂，其承担的不仅是对职务犯罪的调查，还包括职务违法。如果在案件调查的关键时候允许律师介入，不免为监察人员办案产生更多阻力。

鉴于监察机关同时是国家专门监督机关和政治机关的定位，前者是对监察机关办案专业性和有效性的要求，后者则对监察机关维护执政党廉政形象作出的期待。因此，监察机关有必要在保障自身职能有效实现的基础上平衡对人权保障问题的关注。在后期实践趋向成熟的基础上，可以根据案件的严重程度等标准设置律师介入的机制；参照《刑诉法》对职务犯罪侦查的程序规范，监察法律体系也有必要对调查权的行使作出具体的规定，才能将制度效能转化为长效的制度优势。

2. 仍需作出调整的法律、法规

从监察体制改革的源头及脉络来看，国家专责监察部门是在基本路径依赖的基础上实现了转化与升级，即监察权并不是创制而来，而是在权力整合的基础上实现的地位升级。监察委员会作为国家政权机关的"新成员"，需要现有法律予以其机构地位上的确认；监察权作为行政监察权的"升级版"需要得到其他基本法律条文的肯认。

（1）《国家赔偿法》的修订

一般意义上，国家赔偿是国家对国家权力行使中的侵权行为承担赔偿责任的法律制度。国家赔偿制度的设计不仅是国家责任承担的体现，同时也间接促进了国家权力机关行使权力的规范性。目前我国现行的《国家赔偿法》包括国家赔偿的范围、国家赔偿的义务机关、国家赔偿的方式和标准以及国家赔偿程序。就国家赔偿的范围而言，目前仅囊括了行政赔偿及刑事赔偿，未将本次监察体制改革设立的监察权纳入国家赔偿范围，不免为人诟病。

行政赔偿和刑事赔偿都源于国家政权机关针对相对人具有作出强制性行为的权力。从权力属性来看，监察权同样具有强制性，监察过程中调查权的行使存在对相对人造成侵害的空间和机会。具体而言，监察赔偿应包括赔偿的范围、具体情形、赔偿请求人和赔偿机关以及赔偿程序作出明确的规范。

此次监察体制改革以"零容忍""强力反腐"等反腐策略广得人心。在取得一系列反腐败成果的同时，应权衡将监察赔偿制度纳入国家赔偿制度范围，这不仅是进一步巩固反腐成果、建立认同的过程，更是建设法治国家的具体体现。

（2）《立法法》的修订

《宪法》及相关基础法尽管对立法权限划分、立法程序、法律解释等问题做出原则性规定，但仍不够明确，不够具体，所谓位阶越高的法律越具宏观性。这将产生地方在落实基础法的过程中必须赋予其制定法规、行政规章、部门规章等权限，以便其能够将这些基础法落实进而转化为法治建设的具体体现。为了进一步规范地方立法的规范性、一致性，《立法法》对法律、行政法规、地方性法规、规章的制定作出统一规定。

在监察体制改革之前，具有监察权性质的监督职能分属于行政系统和司法系统，专门的监督机关在地位上并未独立，因此也不存在赋予监察机关制定监察法规的需要。监察体制改革之后，监察权作为一项独立、专门的权力脱离行政系统的束缚，法律地位的提升与职权行使的独立要求监察部门必须以适应实践发展的需要作出具体的规范。2019 年 10 月 26 日，十三届全国人大常委会第十四次会议表决通过了《关于国家监察委员会制定监察法规的决定》，明确"国家监察委员会根据宪法和法律，制定监察法规"，这意味着我国的法律体系在行政法规、军事法规、地方性法规的基础上，将出现一种全新的法规——监察法规。

法律是实践成熟化之后的体现。在国家层面对监察机关制定监察法规的权限作出确定之后，《立法法》须对监察机关制定监察法规的权限予以明确。参照其对行政法规的规定,《立法法》应归监察机关制定监察法规的事项范围、制定程序、审查以及公布等作出明确的规定。

（二）构建国家监察法律体系

根据国家对《监察法》的表述,"监察法是一部对国家监察工作起统领性和基础性作用的法律",暗示了以《监察法》为核心的一系列与之配套的法律法规尚有待制定和完善。有学者指出,监察立法可作静态和动态解读,前者具体指包含监察法律和监察法规的规范性文件,后者则指人大和监察机关制定的法律、法规行为,① 前者是基于职权立法权,聚焦于文件最终的表现形式,后者则基于上位法立法权,聚焦于制定监察法律法规主体的这一行为。监察立法的目的在于最终形成体系完备、可操作性强的监察法律法规体系,确保省、市、县监察委员会能够将《监察法》落到实处。以此为最终目标,至于究竟将其划归为静态的文件性质还是动态的主体行为倒无伤大雅。

1. 制定监察委员会组织法

依据组织法定原则是我国国家机关组织的基本原则,组织法定主义则指国家机构的产生及设置、组织活动的原则及权责配置等一系列规范。② 从监察委员会在我国政权机关的位置来看,其与全国人大、国务院、法院及检察院分别执掌监察权、立法权、行政权、审判权以及法律监督权,而"各中央级国家机构基本上都有自己的组织法,监察委员会应该适用基本同等的法律结构,而不宜与众不同"。③ 当然,这仅仅是从外部结构的完整性和一致性而言,制定组织法的必要性更体现在组织法与行为法的区分。

《监察法》在具体内容结构涉及监察机关及其职责、监察范围和管辖、监察权限、监察程序、反腐败国际合作、对监察机关和监察人员的监督、法律责任以及附则。作为监察事务的基础性法律,《监察法》解决的应是基本的定性问题,是尽可能包含监察事务的各个方面,但不可能事无巨细的涉及具体的标准以及操作等问题,须将其进一步细分为实体性规范、组织性规范、程序性规范以及救济性规范等。

---

① 秦前红,石泽华. 论依法监察与监察立法 [J]. 法学论坛, 2019, 34（05）: 40-48.
② 金国坤. 组织法定主义视野下的国家监察体制改革 [J]. 新视野, 2017（05）: 5-12.
③ 马岭. 关于监察制度立法问题的探讨 [J]. 法学评论, 2017, 35（03）: 159-162.

具体而言，监察委员会组织法应就国家监察机关的法律地位、机构设置、监察权限、人员产生以及职权授予等重要问题作出具体明确的规范。以《人民检察院组织法》为参照，监察委员会组织法总体应由总则、主体内容以及附则三大部分组成。总则是对立法目的、立法依据以及立法定位等统领全篇的部分；主体内容应对监察委员会的设置和职权、监察委员会的办案组织、人员构成及选拔标准、监察委员会行使职权的保障等作出具体规范；附则对生效时间等作出说明。

2. 制定监察委员会程序法

程序正义的路径设置是取得实体性正义的保障。监察委员会依法享有监督、调查、处置的强制性权力，如果不对其加以规范和限制，很有可能会对监察对象造成人权侵害。

程序法是确保权利和职权得以行使、义务和责任得以履行的有关路径为主要内容的法律。大陆法系国家对程序法的设计基本可以分为民事程序法、刑事程序法以及行政程序法，民事程序法旨在安排民事审判程序，刑事程序法旨在规范刑事审判程序，即国家为确定对于刑罚权的刑事审判程序所应适用的法律；行政程序法旨在规范行政机关在行使行政权力时所应遵循正当的法律程序。目前，我国法律体系中属于程序法设计的主要为《行政诉讼法》《刑事诉讼法》以及《民事诉讼法》。《行政诉讼法》主要解决行政争议，保护公民、法人和其他组织的合法权益，监督行政机关依法行使职权等问题，通过对受案范围、管辖、诉讼参加人、证据、起诉与受理、审理和判决、执行、涉外行政诉讼等内容作出具体规范，被称为将"行政权力关进笼子"的法律。《刑事诉讼法》旨在确保刑法的正确实施，总体分为总则，立案、侦查和提起公诉，审判，执行，特别程序共 5 编 308 条，对刑事案件的主体及行为作出具体规范。

我国的诉讼法在规范公权力用权受监督的同时，切实保障了公民的合法权益，这无疑为公民表达合理诉求提供了渠道。就监察机关的职权内容来看，兼具行政权属性和司法权属性的监察权应该受到更为严谨的程序规范。《监察法》第五章通过设定预防措施和强制手段对监察事务程序作出规范，但并未就调查权采取的谈话、讯问、询问、查询、冻结、调取、查封、扣押、搜查、勘验检查、鉴定以及留置等十二项措施作出明确的行为指导，这为监察机关的履职过程中预留了一部分自由裁量的权力，很可能导致基层的监督无法转化为法治化效能。

因此，未来的监察法律体系中，要形成权力监督的长效机制，必须对监察委履职行为制定程序法规范，重点解决各级监察机关在履行监督、调查、处置职权过程中的一般程序和特殊程序，对"依法履职""道德操守""权力寻租""玩忽职守"等表述需要明确的可操作标准的条件，对衔接检察院、公安机关的具体程序予以明确，明确责任追究程序，包括对监察对象、监察主体及其监察员、被追究责任者寻求权利救济以及免责程序①。参照《行政诉讼法》和《刑事诉讼法》，监察程序法应包括受案范围、管辖、证据与移交、执行及其特别情形、涉外反腐败合作、法律责任等内容作出具体的程序规范。

3. 制定监察官法

《监察法》第十四条明确提出，"国家实现监察官制度，依法确定监察官的等级设置、任免、考评和晋升等制度"，这预示监察官立法已是必然。2019 年 10 月 21 日，全国人民代表大会监察和司法委员会公布了第十三届全国人民代表大会第二次会议主席团交付监察和司法委员会审议结果的报告，17 件议案提出的 7 项立法已经列入十三届全国人大常委会的立法规划，监察官法位列其中。

在权力制约与监督的制度设计中，古今中外都有监察官的影子，可见这一角色在监察制度建设和运行中的意义。从功能主义的视角来看，域外监察官的选任体现出专业能力与政治素养兼具、宽泛的调查权力、独立行使职权的地位以及行业专门监察员等特点，这对建立我国监察官制度提供了几点借鉴，但我国监察官制度的构建应以保障我国监察权的有序运行为基准②。

首先，从法律规范来看，监察官法应借鉴我国《检察官法》和《法官法》的立法技艺。以《检察官法》为参照，监察官法应包括监察官的职责、义务和权利，条件和遴选，任免，管理，考核、奖励和惩戒，培训以及职业保障等基本内容。有学者提出，应建立完善的监察人员分类管理体系，将监察队伍分为监察官、监察辅助人员、监察行政人员分类管理体系；监察官制度应考虑建立监察官员额制，借鉴司法体制改革中的法官和检察官员额制。③ 是否实行监察

---

① 杨建顺. 国家监察体制改革十大课题 [J]. 中国法律评论，2017（06）：55-79.

② 周磊. 中国监察官制度的构建及路径研究 [J]. 国家行政学院学报，2018（04）：41-46.

③ 徐汉明. 国家监察权的属性探究 [J]. 法学评论，2018，36（01）：9-25.

员额制仍有可探讨空间，因为监察权与司法权的差异决定对其履职人员要求的不同。司法工作的谦抑性，遵循不告不理原则，而监察工作更侧重于权力行使的主动性，尤其是针对某些领域、某个阶段或某些职位工作的特殊性，监察工作者面临较大的压力和工作量，监督、调查、处置多项职责的具体要求也为监察员额制的推行造成不便。

　　其次，监察官的设置要严格以监察权的行使为标准。监察官的任职资格与遴选程序是构建规范化、专业化监察队伍的关键。对监察人员的遴选不应设计单一的衡量标准，监督、调查、处置职权的行使对监察人员要求的侧重点各有不同。监督强调对所有公职人员的依法履职、秉公用权、廉洁从政从业以及道德操守情况进行监督检查，更强调对腐败的预防，因此应侧重要求监察人员具有较高的道德品行与工作经验；调查权包括 12 项具体的履职措施，涉及对形成的案卷材料、被调查人等移送检察机关的具体程序，因此对监察人员的专业能力要求较高；处置权涉及对违法公职人员依法作出政务处分决定，对履职不力、失职失责的领导人员进行问责，对涉嫌职务犯罪的情形须将调查结果移送检察院依法审查、提起公诉，以及向监察对象所在单位提出监察建议，因此，应对监察人员的刚正不阿的品行、对党纪国法的认知水平做更高的要求。有学者指出，应将法律资格考试作为监察官职业准入的必要条件,① 亦有学者对此持不同意见。② 在学理上，监察官的选任应以国家层面对其政治素质和道德品行作出指导性规范，专业性要求应作弹性规范。法律职业资格不应作为选任监察官的必选项，但允许各地根据实际情况作出弹性处理，比如，对涉及履行调查权的监察人员应作出专业化的职业要求，但应出具明确的说明。最后，要设计我国的监察官保障制度。众所周知的是新加坡廉政建设的特色之一即"高薪养廉"，但少有人知仅靠可观的薪酬是很难实现行政系统廉洁从政的。高昂的犯罪成本、严厉的财产申报法以及新加坡的中央公积金制度等构筑了制约腐败的密网。而我国法官和检察官职业化建设也并非完全得益于《法官法》和《检察官法》的出台，两院的经费管理体制、领导机制、人事管理等多项制度的合力才

---

① 陈伟. 监察官法制订的现实必要、原则构建及实践问题［J］. 学术界，2020（01）：106-116.

② 刘练军. 监察官立法三问：资格要件、制度设计与实施空间［J］. 浙江社会科学，2019（03）：50-59.

推动我国司法体制改革的进步。① 凡此赘述皆为说明监察官的制度建设不仅应注重"进入"的路径设计，还应关注"管理"和"出口"路径设计。人才是监察官制度的重中之重，从管理层面而言，监察官的保障机制应着重关注监察系统经费管理独立性、监察人员办案履职的独立性以及监察系统薪酬构成的保障性。从"出口"路径的制度设计而言，应该对监察人员的退出机制予以关注，这可以满足监察人才队伍的流动性和年轻化倾向。但需要指出的是，监察人员也应适用监察终身责任制。

**二、完善监察委员会的运行机制**

监察委员会的职能结构是国家反腐作用发挥的载体，职能定位与职权配置是优化国家反腐机制建设和巩固反腐败压倒性胜利的关键。从反腐败机构改革的内容来看，主要涉及"结构性改革"和"职能性改革"两方面，前者针对反腐败机构的组织结构，后者针对反腐机构的职责配置。② 一般而言，组织结构的改革是以职能配置与权责变迁为导向的。此次监察体制改革既是对国家专责监督机关的升级，也是国家监察权的"创新"。此处的创新之所以用了引号，是由于监察权的设置并不是空穴来风，而是兼具但并不完全地具有行政监察权、行政违法预防权、反贪污贿赂、反渎职侵权与职务犯罪预防权的影子，也由此对于监察权的性质引发讨论的空间。对监察委员会及监察权的认知不能割裂地从某一项职能或某一面特点来看，而需要从其机构的定位和职权的内涵作多重理解。宏观层面，监察委员会是国家新的政权机关，是与立法机关、行政机关、司法机关齐名的地位，所以监察机关是组成国家政权结构的存在，因而具有强政治性；中观层面来看，监察机关是国家专门的监督机关，其对于监督权的行使具有强独立性；从微观层面来看，监督、调查、处置的权责配置决定监察机关查办职务违法、职务犯罪案件时要具备运用法律手段的技术性和规范性。

（一）监督权

随着监察体制改革逐步深化，高压式反腐、运动式反腐面临稳定性和连续

---

① 刘练军. 监察官立法三问：资格要件、制度设计与实施空间 [J]. 浙江社会科学，2019（03）：50-59+156-157.
② 庄德水. 改革开放以来反腐败机构改革的实践逻辑 [J]. 探索，2018（05）：112-120.

性问题。① 有学者指出,"监督职责只有真正成为反腐第一生产力,中国腐败治理才能真正走出困局",② 这涉及腐败治理职能结构的调整问题。制度优势转化为制度效能,监察委员会须对"打老虎""拍苍蝇"的反腐策略作出调整。

监察机关内部职能结构的良性运转应该是此次监察体制改革须实现的首要目标,这决定了这一新的国家政权机关能否发挥应用的功能,也决定了国家监察权是否能实现权力内涵上的平衡。监察委员会要实现作为国家政权机关的权威性和正当性,除了明确的宪法地位之外,还要在国家治理体系的框架中发挥职能优势。2019 年 11 月 5 日,十九届四中全会通过了《中共中央关于坚持和完善中国特色社会主义制度、推进国家治理体系和治理能力现代化若干重大问题的决定》,其中"监督"一词作为关注的焦点在全文被提及了 52 次,这表明了监察委后期工作的重点。从《监察法》对监督职责规定的内容来看,监察机关采取了"对人监督"原则③,将监督对象圈定为所有行使公权力的公职人员,对"依法履职、秉公用权、廉洁从政从业以及道德操守情况"四个方面进行监督。就此来看,监察机关的监督内容比较抽象,具体操作中很难将其落实为具体的措施,尤其在市级和县级监察委的层面,缺乏监督的具体指导规范会对束缚基层监察机关无形中造成束缚。有学者将监察机关监督的类型分为履职监督、用权监督、廉洁监督以及操守监督,指出监督的核心在于公权合规性,进而提出中国特色的"公权合规计划"。④ 就监督的具体内容而言,国家监察委员会有必要出台权力监督的指导清单,尤其是针对四个监督方面的底线行为的进行标准设计,充分发挥内部机构"监督检查室""党风政风监督室"等部门作用,注重预防、教育、警示等前端反腐的机制设计,由以调查权的强制性为侧重的运行模式向以监督在先、调查保障、处置善后的机构运行模式转变。

(二)调查权

监察机关强制性的调查权是形成"不敢腐"的腐败治理模式的保障。此次

---

① 秦前红,叶海波. 国家监察制度改革研究 [M]. 法制出版社,2018:294.
② 刘艳红. 中国反腐败立法的战略转型及其体系化构建 [J]. 中国法学,2016 (04):218-244.
③ 魏昌东. 国家监察委员会改革方案之辨正:属性、职能与职责定位 [J]. 法学,2017 (03):3-15.
④ 魏昌东. 监督职能是国家监察委员会的第一职能:理论逻辑与实现路径——兼论中国特色监察监督系统的规范性创建 [J]. 法学论坛,2019,34 (01):25-36.

监察体制改革将原属于司法机关，受制于《刑诉法》规范的职务犯罪的侦查权划归至监察委员会，由监察委员会行使调查职务违法、职务犯罪的权力，同时赋予监察委谈话、询问、查询、冻结、调取、查封、扣押、搜查、勘验检查、坚定和留置等十二项具体权限，由此引发学界对调查权这一强制性权力的性质及运用问题的热议。学界对调查权性质及实施的讨论焦点在于，如何对监察委员会的调查权进行规范和制约？监察委对职务违法和职务犯罪的调查程序是否需要保障被调查人的辩护权利等一系列人权保障措施？本书试图从以下几个点对此问题作出回应。

调查权应区别于侦查权。"反腐败针对的职务犯罪区别于一般刑事犯罪，国家监察法也区别于刑事诉讼法；监察机关行使的调查权不同于刑事侦查权，不能简单套用司法机关的强制措施"，[①] 这是国家层面对监察法、监察机关及其职权给出的定位。诚然，权力内容或目标即使趋同，但在不同的政权机构内部的定位及其运行机制理应不同。

之所以将检察机关对职务犯罪的侦查权调整并变更为监察机关对职务违法和职务犯罪的调查权，首先是出于对国家反腐败权力的整合和机构职能的再调整。国家对腐败治理机制的布局何以奏效，取决于反腐机构地位的独立性程度和职权行使的强制性保障。由于地位上的隶属关系和权力依附性，原先反腐"九龙治水"的局面逐渐磨损了国家反腐的有效性。因此，此次国家对监督权力的整合，将司法机关从具体的职务犯罪案件中解脱出来，但同时保留其部分侦查权限，在使司法机关专注法律监督职权的同时，也与监察委形成一定的权力制约关系，可谓一语双关。其次，通过提升国家监察的地位，以便实现党政合署办公关系趋于平衡。1993 年中央纪委、监察部探索实行合署办公解决了职能重叠、机构冗余等表面问题，但纪委监察部的权力位阶并不对等，尚未理顺党内监督与国家监督的职能分属和权责关系，由此造成了纪委监察部"一条腿粗一条腿细"的局面。国家监督职能趋向弱化，过于依赖党纪监督难免使众多"漏网之鱼"钻空子，党纪"单线监督"也引起监督手段缺乏合法性的质疑。此次改革通过权力整合保障了监察委行使职权的权威性和独立性，有利于形成有效的党内监督与有力的国家监督的良性党政关系。最后，将监察机关的调查

---

① 中国纪检监察报社. 学思践悟［M］. 北京：中国方正出版社，2017：348.

权脱离《刑诉法》的规范，是出于对职务违法和职务犯罪案件区别于一般刑事案件的考虑。目前我国刑事诉讼主要有两种模式：其一为非职务犯罪类的"侦查—起诉—审查"模式；其二为职务犯罪类的"调查—起诉—审查"模式。①法律明确表示，侦查受《刑诉法》规范，调查受《监察法》规范，这就权衡了职务违法犯罪案件与一般刑事案件的不同。相较于一般刑事案件，职务违法犯罪案件更具隐蔽性，且一般情况下没有直接受害者，同时有职务作"合法性外衣"导致监察机关取证更难，这直接导致职务违法犯罪案件须要更快、更准的调查程序和手段。但无论如何，调查权的行使应有法可循，检察机关和审判机关无须针对不同的案件作出两套起诉、审判的标准。所以，对监察机关调查权的解读不必采取过于保守的态度，监察体制改革尚在进行之中，对监察程序的完善也将通过后续的法规等进行具体规范。

就调查权的十二项具体措施而言，与此前检察机关和公安机关的侦查权有很多相似之处，这也是检察机关作出人员转隶决定的缘由。这里仅对以下争议较大的调查措施作简要阐述。

第一，监察机关采取强制性措施时的法法衔接问题。《监察法》明确表示，监察机关采取强制性措施时，公安机关应予配合。这里存在第一个法法衔接的问题。监察机关的调查程序遵循的是《监察法》，公安机关配合监察机关执行强制性措施时，应该适用的是《刑诉法》还是《监察法》？《刑诉法》针对每一项侦查措施都进行了详细的规定，相对而言，《监察法》对于调查程序的规范较为粗略，那么公安机关在配合监察机关执法时，是否存在"法律真空"的情况？公安机关的介入是否仅是起到配合监察机关的作用，后者仍在职务违法犯罪的案件中占据主导地位。因此，如果未来监察法律体系针对调查程序作出更细致的规范，公安机关应当遵循。这里应注意的是，调查措施与侦查措施虽表述不同，受规范的权源不同，但"发挥着实质意义上的相同作用"②，因此监察机关未来针对调查措施制定的规范文件应与《刑诉法》对侦查措施的表述相当，针对不同的部分做出特殊情况的要求即可。

---

① 左卫民，安琪. 监察委员会调查权：性质、行使与规制的审思［J］. 武汉大学学报（哲学社会科学版），2018，71（01）：100-105.

② 王秀梅，黄玲林. 监察法与刑事诉讼法衔接若干问题研究［J］. 法学论坛，2019，34（02）：135-144.

第二，留置措施的适用问题。监察机关履行调查职能的十二项措施中，唯有留置措施不在现行法律体系和党纪规范中，① 而留置措施的适用因与人身自由相关而备受关注，有学者直接指出："监察体制改革是否具有正当性，能否坚持和发展监察法治，在很大程度上取决于留置措施的合法性和正当性。"② 就目前存在的问题而言，主要聚焦在留置其间的律师介入问题。《刑诉法》第三十四条和第三十九条规定："犯罪嫌疑人自被侦查机关第一次讯问或者采取强制措施之日起，有权委托辩护人；辩护律师可以同在押的犯罪嫌疑人、被告人会见和通信"。由于监察机关的调查程序不受《刑诉法》规范，留置措施的适用存在权力不规范使用的空间，但留置措施实质关涉对人身自由的限制，与侦查程序有实质上的相似性，因此留置措施受到人权保障不力的质疑。目前针对监察机关调查的职务违法和职务犯罪案件，有关律师介入的任何问题都未作明确要求。或许未对律师介入作出具体规范，是考虑到职务违法犯罪案件的办案难度，以及监察机关不同于司法机关的功能，在律师介入的时间未作明确之前，允许律师介入可能会对监察人员办案造成困扰。但这并不表明调查权的行使可以没有法律依据，"被监察者的权利与监察者的权力运用具有同等重要性，两者在实践上应当协调实现，不应片面强调其中一方而牺牲另一方"。③ 建议监察机关在摸索律师介入的阶段、介入的程度等方面进行试点探索，在保障职务违法犯罪案件调查效率的同时，提升调查程序的法治化水平。

第三，职务违法犯罪证据的衔接与适用问题。监察机关与司法机关衔接的焦点在于，监察机关经调查程序收集的职务违法犯罪证据是否符合检察机关提起公诉和审判机关作出判决的标准。对此，《监察法》第三十三条明确提出："监察机关依照本法规定收集的物证、书证、证人证言、被调查人供述和辩解、视听资料、电子数据等证据材料，在刑事诉讼中可以作为证据使用"由此明确监察机关经调查程序取得证据的有效性。但从证据的内容来看，监察机关取证应侧重对实物类证据的获取。因为监察机关调查措施行使的具体规范尚待明确，实物类证据的指向性较为客观和稳定，能够消解对监察机关办案的质疑。

---

① 张翔，赖伟能. 基本权利作为国家权力配置的消极规范——以监察制度改革试点中的留置措施为例［J］. 法律科学（西北政法大学学报），2017，35（06）：30-40.
② 陈越峰. 监察措施的合法性研究［J］. 环球法律评论，2017，39（02）：93-104.
③ 童之伟. 对监察委员会自身的监督制约何以强化［J］. 法学评论，2017，35（01）：1-8.

第四，非法证据排除原则的应用问题。2012 年我国刑诉法确立非法证据排除原则；2017 年我国最高检、最高法、公安部、国安部、司法部联合发布《关于办理刑事案件严格排除非法证据若干问题的规定》，并将此规则贯穿侦查、起诉、审判的全过程。《监察法》第三十三条和第四十条对证据获取的合法性作出要求。既然法律已经对监察机关获取证据的合法性作出明确规定，那么检察机关对职务违法犯罪案件的证据审查应该与一般刑事案件的证据审查采取同一标准，会减小监察机关与检察机关的衔接阻碍。

（三）处置权

《监察法》第四十五条针对监察机关监督、调查的结果，作出五种处置结果规定：第一，对有职务违法行为但情节较轻的公职人员，按照管理权限，直接或者委托有关机关、人员，进行谈话提醒、批评教育、责令检查，或者予以诫勉；第二，对违法的公职人员依照法定程序作出警告、记过、记大过、降级、撤职、开除等政务处分决定；第三，对不履行或者不正确履行职责负有责任的领导人员，按照管理权限对其直接作出问责决定，或者向有权作出问责决定的机关提出问责建议；第四，对涉嫌职务犯罪的，监察机关经调查认为犯罪事实清楚，证据确实、充分的，制作起诉意见书，连同案卷材料、证据一并移送人民检察院依法审查、提起公诉；第五，对监察对象所在单位廉政建设和履行职责存在的问题等提出监察建议。监察机关与纪检机关虽采取合署办公的工作模式，但党内监督和国家监察奉行的是两套衡量标准，经过监察、调查程序之后，监察机关须依据一定标准对案件作出不同的实体性处理的决定。依据情形不同，可以将监察机关作出的决定分为以下五类。

第一，监察机关自行作出撤销案件或谈话提醒、批评教育等决定。前者指，监察机关经过监察、调查程序后，发现没有证据能够明确证明被调查者的职务违法犯罪行为，即监察机关当作出撤销案件的决定。后者指，经调查发现，被调查人有职务违法行为但情节较轻的公职人员，给予谈话提醒、批评教育、责令检查和诫勉的决定。而对于这四种具体方式，监察机关有权依据被调查者的表现及情节性质程度的不同作出具体采取哪种措施的决定。

第二，监察机关依据《公职人员政务处分暂行规定》《公务员法》等行政法规、规章制度以及《中国共产党纪律处分条例》等党内法规，对被调查的公职人员作出警告、记过、记大过、降级、撤职、开除等政务处分和党内处分。此处需要说明的是，对于监察机关在这一层面作出的任何决定，都须先对其职务身份作出罢免、撤销等决定，先由其隶属机关对其职务身份作出内部处理，再由监察机关作出处置决定。

第三，监察机关经过监察、调查后针对不履行或不正确履行的负有责任的领导人员作出问责决定或问责建议的处置决定。这一层面处置决定的法律依据主要为《中国共产党问责条例》，针对对象为党组织、党的领导干部。所谓不履行或不正确履行，指对案件负有责任的领导人员玩忽职守等消极承担其法定职责，未尽到其法定义务，直接导致其所负责的机关、人员等出现职务违法行为的情形。监察机关可以直接对主责的领导人员作出问责决定，也可以向有权机关提出问责建议。前者具有明确的法律效力，具有强制性。

第四，依据《监察法》，监察机关对被调查人的犯罪事实确定无误，证据充分，依据法定程序决定将案件移交检察机关提起公诉的一种处置方式。这一层面涉及机关衔接以及法法衔接的诸多细节问题，比如，证据认证的标准、适用法律的转化等。依据案件涉及的具体问题，监察机关须作出移送有关单位或移交司法机关两种移送决定，前者一般适用于监察机关无权作出处理决定或不在其管辖范围的情况；后者则指监察机关经过立案调查，发现存在职务犯罪情形的，当移送司法机关。就移送司法机关为言，监察机关应制作起诉意见书，连同案卷材料、证据一并移送人民检察院。

第五，对于监察对象所在单位存在廉政建设履行职责存在问题的情况，监察机关有权作出责令其实施整改的监察建议，属于预防性措施。监察建议一般适用于监察机关无权直接作出监察决定或由相关部门直接作出整改处理更加合适的情形，是监察机关行使建议权的具体体现。

### 三、提升监察机关适用非法证据排除规则的规范性

"狱事莫重于大辟，大辟莫重于初情，初情莫重于检验。盖死生出入之权舆，幽枉屈伸之机括，于是乎决。"[①] 刑讯是对人思想的暴虐，《监察法》中规

---

① 宋慈著. 洗冤集录译注 [M]. 高随捷，祝林森译注，上海：上海古籍出版社，2014
(5)：1.

定的非法证据排除规则，只有在监察实务中充分运用才是对法律规范的最好回应。这需要在以下几个方面做出努力。

（一）明确监察程序中非法证据的范围

虽然，非法证据在实务中基于种种原因无法得到充分落实，单在监察程序中，只有首先明确"非法证据"的范围才能进行合理划定然后排除。依照监察法的规定，非法证据是以非法方法收集来的证据。这与刑事诉讼法采用非法证据的二分法不同，监察法并未明确对非法证据进行具体分类，并未将非法证据分为非法实物证据和非法言词证据。虽然《监察法》笼统地规定"以非法方法收集的证据"，但监察法释义指出，这种情况"主要是指以刑讯逼供，或者以威胁、引诱、欺骗等非法方法来获取证据"并未指明非法证据的性质种类。① 就《监察法》本身体系而言，该解释与监察法第四十条中"严禁以威胁、引诱、欺骗及其他方法收集证据"的取证程序条款相对应，虽未指明获取证据的种类，但根据司法实践的情况看，依靠前述刑讯逼供，或者以威胁、引诱、欺骗等非法方法所取之证据一般为言词证据，而不包括违反取证程序所获得的物证、书证等实物证据。此外，该释义又另起一段专门阐释了违反取证程序的证据补正规则。所以，实际上监察法上的非法证据也可以分为言词证据和实物证据。

1. 非法言词证据

非法言词证据是以非法方法取得的以言词形式呈现的证据，依据监察法第三十三条第三款的释义，将非法方法解释为刑讯逼供，或者威胁、引诱、欺骗等。释义中接下来对刑讯逼供等进行了解释说明：对"刑讯逼供"的认定，也是采用"痛苦规则"，指使用肉刑或者变相肉刑，或者采用其他使当事人在肉体上或者精神上遭受剧烈疼痛或者痛苦的方法，迫使当事人违背意愿供述的行为，如殴打、电击、饿、冻、烤等虐待方法；采取"威胁、引诱、欺骗"等非法方法获取证据，主要包括通过采取暴力、恐吓等非法手段威胁当事人或者通过许诺某种好处诱使、欺骗当事人以获取证据。在监察实务中，以上述这些方法获得的证据多为言词证据，并且依照《监察法》的规定，这些以非法方法收集的证据应当依法排除，不得作为案件处置的依据。所以，总的来说，非法言词证

---

① 中央纪委国家监委法规室编. 中华人民共和国监察法释义［M］. 北京，中国方正出版社，2018：169.

据的范围主要是通过对非法方法的形式进行认定而予以明确的，那么对释义中列举的几种非法方法应当如何认定就成为需要探究的问题。

（1）刑讯逼供的认定

监察法释义中对"刑讯逼供"进行了解释，而《刑事诉讼法》及其司法解释均未对此作出界定，实践中通常是参照《人民检察院刑事诉讼规则（试行）》第六十五条的规定进行适用。① 并且，"两高三部" 2017 年发布的《关于办理刑事案件严格排除非法证据若干问题的规定》第二条也对刑讯逼供的范围进行了明确。② 监察法释义中的解释与上述这些文件与对刑讯逼供描述基本一致，不同的是监察法释义中对肉刑和变相肉刑的几种常见方法进行了明文列举：殴打、电击、饿、冻、烤等虐待方法。实务中，列举的上述这几种都比较容易认定，殴打、电击、冻、烤这些都必须借助外力或外部环境，饿根据平均人标准认定即可。另外，监察法释义对第四十条第二款的解释中提到刑讯逼供包括以暴力殴打、长时间不让睡眠等方式，因此将疲劳审讯也列入了刑讯逼供方法范围内，这是打击在审讯过程中出现越来越多的疲劳审讯的应有之举，但在实践中疲劳审讯并没有那么容易认定，因此监察机关应当根据一般人的标准规定连续讯问时长，并具体结合个案中被调查人的身体健康状况综合进行把握。

上述涉及对"刑讯逼供"解释的几个法律和文件，均是采"痛苦规则"，即以当事人在肉体上或者精神上遭受剧烈疼痛或者痛苦才违背意愿作出供述。联合国《反酷刑公约》第一条将酷刑界定为"蓄意使某人在肉体上或精神上遭受剧烈痛苦或者疼痛的任何行为"。龙宗智教授将我国的非法证据排除规则称为非法证据排除的"痛苦"规则。③"难以忍受的痛苦"的认定标准并没有明确，但刑事诉讼的实践中通常以一般人承受痛苦极限的标准来认定，监察机关也可参照此标准来进行认定。

---

① 《人民检察院刑事诉讼规则（试行）》第六十五条：刑讯逼供是指使用肉刑或者变相使用肉刑，使犯罪嫌疑人在肉体或者精神上遭受剧烈疼痛或者痛苦以逼取供述的行为。

② 《关于办理刑事案件严格排除非法证据若干问题的规定》第 2 条：采取殴打、违法使用戒具等暴力方法或者变相肉刑的恶劣手段，使犯罪嫌疑人、被告人遭受难以忍受的痛苦而违背意愿作出的供述，应当予以排除。

③ 龙宗智. 我国非法口供排除的"痛苦规则"及相关问题 [J]. 政法论坛，2013，31（05）：16-24.

（2）威胁、引诱和欺骗的认定

2017 年两高三部《规定》第三条明确规定："采用暴力或者严重损害本人及近亲属合法权益等进行威胁的，使犯罪嫌疑人、被告人遭受难以忍受的痛苦而违背意愿作出的供述，应当予以排除。"监察法释义对第三十三条中的"非法方法"的解释与刑事诉讼法中不同，刑事诉讼法除了禁止刑讯逼供和暴力、威胁等取证方法外，虽然还禁止以引诱、欺骗方法收集证据，但是刑事诉讼法并未将采用引诱、欺骗方法收集的证据纳入非法证据排除规则的范畴。这主要是考虑到司法实践中引诱、欺骗的含义及标准不好界定，讯问和询问中很多涉及心理较量的语言、行为和策略，都不可避免地带有引诱、欺骗的成分，在法律限度内或者经法律许可的威胁、引诱也并不构成违法。由此来说，刑事诉讼法中由于采用引诱、欺骗方法并未使犯罪嫌疑人、被告人在生理上或精神上遭受痛苦，所以未明确以引诱，欺骗方法获取的证据应当排除。而监察法中将此列入非法方法，且除了第三十三条，还有第四十条中也进行了规定，并规定"以非法方法取得的证据应当依法排除"，因此监察法规定的非法证据比刑事诉讼法中的非法证据范围更广。并且，监察法以前的法律均将"痛苦规则"作为"非法方法"的内涵，以使当事人遭受到难以忍受的痛苦来进行排除，但是根据非法证据原则的立法初衷，应当以自愿性作为判断言词证据是否合法的前提，仅仅以"痛苦规则"的标准已经无法认定很多实务中出现的言词证据是否合法，以引诱、欺骗的方法获取的证据就是如此，采用引诱、欺骗的方法并未使用暴力等使当事人遭受到难以忍受的痛苦，但是这种"温柔"的方式使得当事人违背自己的意愿而作出供述，虚假的可能性非常之大，仅凭此就作为定案根据，极易造成错案。因此我们现在更多地关注当事人供述的自愿性，并以此作为言词证据是否排除的标准，这也就是自白任意规则的体现。自白任意规则，指自白只有在自愿的情况下作出才具有可采性。① 监察法将引诱、欺骗方法纳入非法方法的范围，是我国非法言词证据的认定由"痛苦规则"走向"自白任意的规则"的一大进步。因此，监察实务工作中，对非法言词证据的排除不能仅仅依据"痛苦规则"进行审查，更要关注是否违背当事人的意愿。另外，监察机关实践中对引诱、欺骗方法如何认定的问题，监察机关应当通过总结实践经验，

---

① 郭旭. 中国非法证据排除规则研究［M］. 中国人民公安大学出版社，2018：152.

对引诱、欺骗方法的范围作出合理限定，使其与合法讯问相区别。

2. 非法实物证据

非法实物证据指以不合法的方式取得的实物形式的证据，常见的实物证据有物证、书证等。《关于办理刑事案件严格排除非法证据若干问题的规定》和《刑事诉讼法》第五十六条均规定："收集物证、书证不符合法定程序，可能严重影响司法公正的，应当予以补正或者作出合理解释；不能补正或者作出合理解释的，对该证据应当予以排除。"在《监察法》第三十三条的释义中也有对非法实物证据的处理方式：对不符合法定程序收集的证据，不能一概视为非法证据而予以排除，而是应当区别对待。对可能严重影响处置结果合法公正的，应当要求相关调查人员予以补正或者作出合理解释，如果作了补正或者合理解释，不影响证据使用的，该证据可以继续使用。不能补正或者不能作出合理解释的，对该证据应当予以排除。此外，经查证，不能排除存在以非法方法收集证据情形的，对有关证据应当排除。由于实物证据真实性强，证明性高，对于非法收集的实物证据，无论是监察法还是刑事诉讼法，均是采裁量排除原则，即并不一律予以排除，对于经过补正或能作出合理解释的证据，则可以继续使用不受影响。

实践中实物证据主要通过搜查、查封、扣押等方式获得，那么在监察机关在进行搜查等行为时应当如何操作才能尽可能保证证据的合法性，不被排除。从《监察法》释义的规定来看，实物证据排除应当具备几个条件：证据收集方式不符合法定程序，该证据可能严重影响处置结果合法公正、相关调查人员予以补正或者作出合理解释。

根据释义的规定，监察法中收集方式不符合法定程序的证据不同于刑诉法等的规定，不是仅限于物证和书证，而是包括所有收集方式不符合法定程序的证据，如视听资料、电子数据等证据。根据证据收集的违法程度，可以将证据分为非法证据和瑕疵证据，非法证据是指通过刑讯逼供等方法获得的证据，而瑕疵证据即不符合法定程序收集的证据，也就是实物证据被排除应当符合的第一个条件。因此，调查人员在搜查、查封、扣押时应当依法定程序进行收集证据，在进行这些调查措施时应当依照规定出示证件，出具书面通知，由两人以上进行，形成书面材料后由相关人员签名盖章等。

"可能严重影响处置结果合法公正"的要求是参照了《刑事诉讼法》第五

十六条中规定的"可能严重影响司法公正",可能严重影响处置结果合法公正是一个主观性较强的表述,因此,在具体的案件中,应当综合考虑该证据违反的法定程序以及造成后果的严重程度来具体把握。首先对处置结果合法公正的影响是潜在的,即表述中的"可能",也就是说,还没有将该证据用于对案件定性而发生处置结果不合法不公正的情况。其次,"处置结果合法公正"是指监察机关根据监督、调查结果而作出的处置结果合乎法律公平正义,这是一种实体公正,因为程序公正已经体现在了审查出监察机关作出监督、调查结果依据的证据违反了法定程序上。最后,这种影响必须达到严重的程度,那么在监察实务工作中如何进行认定达到了"严重的程度"也是一个棘手的问题,实践中也没有对此予以规定,一般认为该严重的程度是会影响到被调查人的人身、财产等宪法性权利。

相关调查人员予以补正或者作出合理解释,这是排除该实物证据的前置程序。也就是说,在确认瑕疵证据的前提下,必须给相关调查人员对瑕疵证据进行补正或作出解释的机会,如果能对瑕疵证据进行补正或作出合理的解释说明,不影响证据使用的,该证据可以继续使用,这也是瑕疵证据与非法证据最大的区别,也是自由裁量排除规则的体现。补正是对取证程序上的非实质性瑕疵进行补救,比如,鉴定意见上没有鉴定人员签字,鉴定人员补签后鉴定意见则无须排除。有学者认为,补正和合理解释不应当是针对侦查取证行为本身,而应当指向侦查活动以外的内容。调查行为作为监察法中有侦查性质的行为,同样也适用上述学者的观点。我国现在并未对实践中补正和合理解释针对的内容进行规范,并且通常实务中的做法均是针对不合程序取证行为本身进行补正或者解释。若是从对法条进行文义解释来看,实务中的通常做法是与之相符合的。并且该学者的观点是以美国的非法证据排除规则为依托,认为如果不采用违法行为最终也能够发现相关有罪的实物证据,那该实物证据仍然可以使用,该观点有一定的可采性,但是于我国目前非法证据排除规则的适用现状不相符合,不宜适用。监察机关的相关调查人员需要对证据进行补正或者解释的,可以参考最高人民法院《死刑案件证据规定》第八条、第九条的规定进行适用,并且监察机关也可以参照上述两条制定相应的规定来规范对实物证据的补正和合理解释以在实务中更好地适用。

（二）整合监察机关非法证据排除的内部职能

监察机关办理案件流程分为多个环节，在每个环节有各自负责的承办部门，由各环节承办部门各自予以排除非法证据，并且排除的非法证据不予流转到下一个程序。《监察法》对非法证据排除所设计的审批流程过于密集，虽然无形中增多了对非法证据的审查环节，并且也是对前一个程序的证据的合法性的审查，但是如果在每个环节均增加证据合法性审查，一方面将大幅降低程序效率，而且在事实认定方面，多次审查亦无必要。另一方面，由承办部门对自己办理的部分进行审理，进行证据的审查，这相当于自己既是比赛选手又是裁判员，自查自审，并不符合人性的规律与程序制约的原则。因此，可以将监察机关内部的非法证据的审查的权力交由案件审理部门和案件监督管理室一起行使。

监察机关办理的案件最后都需要移交案件审理部门进行审理，案件审理部门对于承办部门移送的案件进行全案审查，当然包括证据部分，要对证据收集的合法性等进行仔细核查，对于证据的合法性存在疑问的，可以要求承办部门予以说明，无法说明或者说明不合理的，予以排除，并且不将其作为对被调查人处置的依据。案件审理部门是监察程序中对证据进行审查和排除非法证据的主体。但是由于案件审理部门只是对承办部门移送办理案件的案卷材料进行书面审理，具有片面性，很难通过审理书面材料发现非法证据；另外，由于案件审理部门是监察程序的最后一道关卡，一旦其没有发现非法获取的证据并且排除，非法证据将进入到刑事诉讼程序当中，因此，在监察程序阶段，非法证据的审查和排除还需要一个主体，来帮助案件审理部门进行"查漏补缺"。而案件监督管理室职能是对监察机关办案全过程进行监督检查，因此，案件监督管理室的监督检查职能贯穿于监察程序始终，在承办部门办案过程中，案件监督管理室对证据的收集与运用进行监督和审查，对于属于以非法方法获取的证据，由案件监督管理室予以排除，这对证据的使用再做了一次审查，这是对非法证据的再一次排查。另外，对于案件审理部门对于非法证据没有排除并作为了处置依据的，案件监督管理室应当将案件重新退给案件审理室重新审理，并且应当更换审理人员。

（三）不随案移送被排除的监察证据

2017 年的《关于办理刑事案件严格排除非法证据若干问题的规定》第十七

条第三款规定的是在检察院阶段，检察院经过审查认定的非法证据，在被排除后仍应当要随案移送，但是需要依法注明为依法排除的非法证据。许多学者对于《监察法》关于是否需要移送被排除的非法证据的问题上建议直接参照此规定进行适用，以弥补法律规定的空白，对此，本书并不赞同此观点，建议在监察程序中，监察机关不随案移送被排除的非法证据，但是对于被排除的非法证据，监察机关仍应当另行留存并注明，以备后期对于监察阶段非法证据的重新认定和审查。

首先，2017 年的《关于办理刑事案件严格排除非法证据若干问题的规定》第十七条第三款规定的是在检察院阶段，检察院对案件进行审查已经是属于刑事诉讼阶段，而监察程序具有独立性，相较于检察院、法院皆是诉讼程序中的一部分，监察程序与此并不相同，并不因此当然的参照刑事诉讼程序中的规定予以适用。并且，若是监察程序中，监察机关也参照此规定将非法证据移送至检察院，检察院后又移送至法院，那么，监察阶段的非法证据排除的审前过滤作用也得不到有效的发挥，可以说，随案移送既与监察机关的地位和独立性相背，又没能充分发挥监察程序中非法证据排除规则的作用。

其次，对于调查阶段收集的非法证据予以排除是监察机关的权力与职责，但是如果监察机关对于已经查证属实的非法证据予以排除后仍然移送公诉机关，那么，监察机关对非法证据予以排除的意义仅仅就在于不将非法证据作为监察阶段的定案依据。因此，仍然对排除的非法证据予以移送是对排除非法证据工作的一种否定，这会使得这项排非规定被虚化，直至没有实际内容与作用。若对于已经排除的非法证据仍然移送公诉机关，会使得非法证据仍然可以进入诉讼阶段，这与《监察法》设置排非规定的过滤非法证据的初衷并不相符。另外，非法证据进入公诉机关，进入诉讼阶段，会对司法人员施加影响。虽然司法工作人员均知道非法证据应当予以排除，但是司法人员也是人，其主观上会受到非法证据的影响，而司法最大的一个特点要求是要中立，非法证据的随案移送会使这些都受到影响，使司法人员的"心证"受到污染。

最后，这也与我国以审判为中心的刑事诉讼制度改革的精神不相符合。"审判中心主义"主要是为了改变以前"侦查中心"的局面，因此要求证据审查在法庭，裁判结果形成于法庭，防止继续以侦查阶段的卷宗等书面材料来对法官形成影响，进而依此进行审判。所以，排除的非法证据就不应当随案移送，非法证据已经是不合法应当排除的证据材料，仍然移送起诉，岂不是"带病"起诉，将有问题的证据材料仍提交法庭宣读，这对法官等也会产生潜移默化的影响。假如被禁止的证据信息具有说服裁判者的能力，裁判者真的能够依法排除证据吗?①

（四）完善监察非法证据排除的启动程序

如前文所述，我国刑事诉讼中非法证据排除程序已经相对完善，根据《刑事诉讼法》的规定，非法证据排除的启动程序分为当事人申请启动和法院依职权主动启动两种。在监察程序中，也可以学习《刑事诉讼法》中的两种方法，《监察法》已经规定了由监察机关主动排除，因此，本书认为，应当增加规定当事人有申请排除非法证据的权利。当事人在监察程序中有申请排除非法证据的权利，可以有效制约监察机关在监察程序中监察机关关于取证方面的权力。在监察机关主动进行排除的情况下，应当是由案件审理部门或者是由案件监督管理室在审查案件的过程中，发现监察人员有非法获取证据的行为，由相关部门成立调查小组，对非法取证的行为进行调查核实，若监察工作人员确有非法取证行为，那么，则将非法证据进行排除，不得作为定案的依据。

当事人向监察机关申请启动排除非法证据程序，那接下来的问题就是当事人应当向谁提出排除非法证据的申请，当事人的排除非法证据的申请如何才能启动排非程序，当事人如果被留置自己不能申请的，有何途径可以申请? 如前文中所阐述的，案件审理部门、案件监督管理室是行使排除非法证据权力的主体，并且监察程序具有封闭性，其他机关以及律师等均无法介入，因此，当事人在监察程序中要申请排除非法证据的，应当向案件审理部门或者是案件监督管理室提出。在案件调查过程中，如若被调查人提出调查人员存在以非法方法收集证据的行为的，被调查人可以提出排除非法证据申请，排除非法证据申请应当以书面方式提交，并且有提供监察人员有非法取证的初步线索即可。对于当事人提交的申请，案件审理部门和案件监督管理室应当仔细核查，对于符合启动条件的，应当另行组织成立调查小组，调查核实是否存在非法取证行为。监察机关应当出具说明材料，还应当采取其他方式进行调查：讯问被调查人，询问调查人员，询问在场人员及证人，调取讯问笔录、讯问录音录像，调取、查询被调查人出入留置场所的身体检查记录及提讯登记等相关材料，进行伤情、

① 米尔吉安. R. 达马斯卡. 比较法视野中的证据制度［M］. 吴宏耀，魏晓娜译. 中国人民公安大学出版社，2006：220.

病情检查或者鉴定，其他调查核实方式。① 这是监察机关参照最高人民检察院《人民检察院刑事诉讼规则（试行）》第七十条而设置的规定，对于经调查后确属以非法方法获取的证据或不能排除合理怀疑的，应当予以排除。对于留置的人员，案件审理部门、案件监督管理室可以与被调查人安排会面来了解具体情况再进行调查核实，对核实属于非法证据的应当予以排除。

（五）明确监察证据重新取证的规定

对于是否应当重新取证的争议，根据两高三部于 2017 年联合出台的《关于办理刑事案件严格排除非法证据若干问题的规定》第十五条第二款规定："侦查机关发现办案人员非法取证的，应当依法作出处理，并可另行指派侦查人员重新调查取证。"在我国刑事诉讼程序中，已经明确了可以重新取证的原则，并且也应当另行指派侦查人员。而在监察程序中是否能够同样重新取证，并没有相关的规定与官方说明。因此，一方面，应当明确监察机关以非法方法收集的证据被排除后可以重新收集证据的规定，也应当更换调查人员。监察法规定了非法证据排除规则，非法证据被排除后，监察机关则不能以那些被排除的证据定案，从监察工作的实际情况考虑，如若在此情况下，不允许监察机关重新调查取证，会使监察机关由于调查成果被否定而又无法重新调查取证从而丧失收集被调查人犯罪证据的动力；另一方面，会使监察人员使用更加隐蔽的非法方法来规避法律排除证据的规定。因此，在发现监察人员非法取证行为之后，将其非法取得的证据予以排除，然后允许监察机关重新依据合法的程序、方法等来收集证据，既能保障被调查人的合法权益，又不打击监察机关查处违法犯罪的热情与动力。但是为了符合非法证据排除的目的，监察机关重新调查取证需要消除之前非法取证行为对被调查人的心理影响，更换调查人员。在监察证据相关的规定出台之前，本书认为可以参照《关于办理刑事案件严格排除非法证据若干问题的规定》第十五条第二款予以适用。

另一方面，不是只要涉及将非法证据予以排除后都允许监察机关重新取证，允许重新取证应当是有条件的、有限制的。对于以刑讯逼供等侵犯人权的非法方法获取的证据应当强制排除，排除后也不允许重新取证，这是通过否定行为

---

① 中共中央纪律检查委员会中华人民共和国国家监察委员会案件审理室编. 监察机关调查职务犯罪案件证据收集与运用［M］. 北京，中国方正出版社，2018.

成果而督促合法取证，最终起到规范权力和保障人权的作用。而如果取证行为只是程序违法，并未涉及侵犯被调查人的人权，则可以允许监察机关重新进行调查取证。如此便既兼顾了非法证据排除的初衷，也不至于使制度死板硬化，能够在实践中灵活适用，又不至于一棒子打死打击监察机关查处违法犯罪的热情与动力，具有可操作性。

（六）建立监察人员的出庭作证制度

在法庭审理阶段，被告人及其辩护人提出在监察阶段监察人员有刑讯等非法取证行为的，依据《刑事诉讼法》的规定，检察院应当依法对该证据的合法性进行证明，其中，《刑事诉讼法》第五十九条规定，人民检察院应当对证据的合法性加以证明，现有材料不能证明的，可以通知有关侦查人员或其他人员出庭说明情况。经人民法院的通知，有关人员应当出庭。那么，监察人员是否是属于"其他人员"，在非法证据调查说明的时候"应当出庭"。结合我国的审判中心主义，本书认为可以将监察人员纳入"其他人员"范畴，应当出庭进行说明。

目前，我国对此并没有明确的规定关于监察人员应当出庭的问题，并且监察机关又是政治机关，而不是司法机关，行使的调查权也不是侦查权，因此监察人员也不属于《刑事诉讼法》第五十九条中规定的"侦查人员"，可以说，在现行的法律背景下，监察人员并不受到第五十九条的规制。然而，在一般的案件中，收集证据的是侦查人员，在职务犯罪案件中，收集证据的人员就是监察调查人员。侦查人员和监察调查人员这类亲身经历过证据收集的人员能够更加接近真相，发现和确认程序事实。另外，也可以一定程度上扼制监察人员的违法行为，是对监察活动合理性的检验。因此，建议出台司法解释将监察人员纳入"其他人员"之中，或者另行修改《刑事诉讼法》，将监察人员加入第五十九条的规定之中，从立法成本考虑，出台司法解释的方法更加可行。

将监察人员纳入《刑事诉讼法》规定的"其他人员"当中，仅仅是解决了监察人员出庭说明情况的法律依据问题，监察人员出庭作证制度和侦查人员出庭作证制度一样，仍然有许多不完善之处，本书认为，可以从以下几个方面来完善，构建监察人员出庭作证制度。

1. 保障辩方申请监察人员出庭作证的权利

根据《刑事诉讼法》的规定，控辩双方都是申请侦查人员出庭作证的权利主体，因此，将监察人员纳入"其他人员"后，申请监察人员出庭作证的权利主体也是控辩双方。而在司法实践中，在庭审中，一般首先都是被告人即辩方提出某证据属于非法证据，申请排除，或者提出对于某证据收集的合法性存在疑问，控主即检察院为说明证据合法性而提请人民法院通知监察人员出庭说明情况，法官认为有必要的则通知其出庭作证。

虽然实践中主要是由控方申请监察人员出庭作证，但是辩方申请监察人员出庭作证的权利不能予以忽视，这是辩方的一项权利，应当保障其能够充分行使。辩方申请监察人员出庭说明情况，法庭允许后，辩方则可以对监察人员调查收集证据的合法性进行发问，以此强调监察人员在调查过程中有非法收集证据的行为。首先，辩方向法庭申请监察人员出庭作证，而后法庭接到申请由合议庭对申请进行审查，合议庭审查主要依据案件的事实，以及辩方提出监察人员有非法取证行为的初步线索，然后合议庭认为有必要通知监察人员出庭作证的，则由法院通知监察机关负责相关案件的监察人员出庭作证，并将允许辩方申请监察人员出庭作证的通知告知检察院以及申请方辩方，让双方作好对监察人员的询问准备。但是监察人员出庭辩方申请侦查人员出庭作证的理由应当是引起法官的合理怀疑，否则，可以免去监察人员的作证义务。

2. 监察人员出庭作证的身份与内容

不管是《刑事诉讼法》的规定还是其他相关法律，并没有明确规定监察人员出庭作证制度。即使将监察法纳入了《刑事诉讼法》第五十九条规定中的"其他人员"之中，监察人员出庭作证制度并没有明文规定，有的也只是《刑事诉讼法》中规定的"出庭说明情况"。然而，我们认为，侦查人员出庭说明情况也是向法庭说明自己取证情况，其实质就是作证，因此，监察人员出庭说明情况就是作证的一种方式。

监察人员是以证人的身份出庭作证，出庭说明情况。首先，监察调查人员出庭作证是以个人的名义，并不是代表监察机关出庭，并且他们不能仅仅只宣读单位提供的书面材料，还需要用自己的语言来回答控辩双方的问题。[①] 其次，根据 2017 年最高人民法院、最高人民检察院、公安部、国家安全部、司法部联

---

① 杨宇冠，高童非. 职务犯罪调查人员出庭问题探讨［J］. 社会科学论坛，2018（06）：26-38.

合颁布的《关于办理刑事案件严格排除非法证据若干问题的规定》第三十一条的明确规定："侦查人员或者其他人员出庭，应当向法庭说明证据收集过程，并就相关情况接受发问。"因此，侦查人员出庭说明情况适用的也是证人出庭的作证规则，控辩双方可以对侦查人员进行质证。并且，侦查人员以及监察人员出庭说明情况，不仅是对情况进行说明，对于控辩双方就情况说明中存在的问题进行的询问也需要回答，这也与证人出庭作证也是相同的。所以说，侦查人员及监察人员均是以证人的身份出庭作证，适用证人作证的相关规定。

监察人员出庭作证同侦查人员出庭作证一样，都是出庭对于与案件有关的证据收集的合法性进行说明，包括证据来源的合法性、证据收集程序的合法性等，所以，监察人员出庭作证上的内容是与案件事实有关的问题，即涉及案件定罪与量刑的证据问题。对于涉及国家秘密和工作秘密或者超出案件事实范围的，监察人员或者控方可以向法庭申请不回答。

监察人员出庭作证具体地来说，可以分为两种主要情况：一是监察人员就其履职行为向法庭作出陈述，另外一种则是以一般证人向法庭作出陈述。第一种情况下，监察人员是在控辩一方对其收集的证据以及调查行为的合法性存有异议时出席法庭，就其在案件调查过程中行使职权的行为进行说明，包括采取的调查行为、调查措施等。如若监察人员不能说明其调查取证行为的合法性，那么将受到来自法庭的否定性评价，即其所收集的证据不被采信，并最终可能导致公诉失败。① 因为监察人员出庭说明情况的证词，是公诉人证明取证合法性的证据之一，主要是协助公诉人证明辩方提出的非法证据的合法性，帮助法庭查明是否存在非法取证情形。另外一种情况就是同一般证人一样作出陈述，也就是《刑事诉讼法》中规定的"凡是知道案件情况的人，都有作证的义务"，监察人员由于其工作的原因会接触到案件，并且监察工作具有保密性，因此，像普通群众这种证人会更少，因此，监察人员就可以发挥证人的作证作用，对于其因为工作接触而知道的案件情况向法庭说明作证，对其亲身经历的情形在法庭进行说明。此时，监察人员不仅具有一般证人所享有的权利，同时也要承担相应的义务。但是其权利和义务都与他的监察人员身份无关。

---

① 樊崇义. 公平正义之路：刑事诉讼法修改决定条文释义与专题解读 [M]. 中国人民公安大学出版社，2012：312.

### 3. 监察人员出庭作证的方式

将监察人员纳入"其他人员"后，监察人员出庭作证的方式也就和侦查人员出庭作证的方式相同，即控辩双方向法庭申请、法院认为有必要通知监察人员出庭的，依职权通知监察人员出庭作证，以及监察人员可以主动向审理案件的法院申请出庭作证。

虽然依照法律规定，监察人员出庭作证的方式有多种，但是从实践中来，监察人员出庭作证的情况并不多，从以往的侦查人员出庭作证的情况来看，侦查人员通常以出具书面材料的形式代替出庭作证，接受控辩双方的质询。首先，这是由于长期以来我国侦查人员的观念问题，侦查人员认为公检法地位平等，其侦查人员的身份应当优于证人，不应当在法庭上接受控辩双方的询问，角色难以转换。同样，这个问题也会发生在监察人员出庭作证的制度下，因为监察机关的人员有许多是从公检法转隶过去，观念上仍然同以前是相似的，另外，我国赋予了监察机关更大的权力，则难免监察人员会有由于地位上的优越感而不愿意出庭。其次，是需要出庭作证的人员对自己的身份认识不正确，监察人员出庭作证代表的并不是监察机关，而是以他个人的身份在法庭作证，行使一个公民的权利和义务，只是由于关涉其履行职权的行为，但并不代表出庭作证的是监察机关。最后，法官认为监察人员出庭说明情况没有必要，许多法官认为，案件情况有卷宗予以反映，不需要监察人员出庭说明情况，针对这一点，其实如前文中所阐述的，监察人员出庭作证当然有必要，并且能对卷宗中反映不出来的情况、反映不清楚的情况或者存在较大争议的情况予以说明。

### 四、完善检察机关与监察机关的制约与监督机制

法治的根本在于控制国家权力、保障社会权益，而制约与监督是控权和保障权益最基本的制度基础①。作为控权制度的基本方式，制约与监督具有不同的内在逻辑和运行机制。制约需要双向的协商与妥协，在互动中形成制衡关系，其作用力是相互的，制约对受制约方具有一定的决定性影响，其对权力控制的刚性较强、实用性也较强；而监督则是单向的主动行为，通过检查督促来规范

---

① 陈国权，周鲁耀. 制约与监督：两种不同的权力逻辑 [J]. 浙江大学学报（人文社会科学版），2013（6）.

被监督者的权力行使，其作用力是非对称的，虽不具有决定性但需要被监督者做出积极的回应，其对权力规范的弹性较大、实效性较弱。整体而言，制约与监督是两种不同的权力关系，具有不同的作用关系和作用效果，而这种关系的相互作用需被嵌入到一定的权力结构之中。

从我国现阶段的权力结构来看，在"一府一委两院"新的权力结构中，作为制度化反腐机制的监察机关，其核心是通过对权力强力监督来实现控权，将权力关进制度化的笼子。监察机关的设立有助于强化中国共产党的自我监督，但监察机关本身仍面临着自身监督较弱的难题。《监察法》第七章"对监察机关和监察人员的监督"中虽规定了人大监督、社会监督、民主监督、舆论监督和内部监督等多种方式，但人大监督属于整体性监督，难以具体实现。社会监督、民主监督和舆论监督则会因为"九龙治水"的困境而出现无人监督的现象。内部监督的本质则仍为自我监督，缺乏监督的动力和效力，容易出现"灯下黑"的现象。因此，在新的权力结构中监察机关面临着监督较弱的问题，从权力资源配置的角度来看，在"一府一委两院"新的权力结构中，若要解决这个问题，最为重要的是进一步理清、划分检察机关与监察机关的权力关系，因为权力关系的变化会带来控权制度的变化。

在法律规范上，检察机关与监察机关是"互相配合、互相制约"的权力关系主体。宪法第一百二十七条规定："监察机关办理职务违法和职务犯罪案件，应当与检察机关互相配合，互相制约。"《监察法》第四条和新修订的《刑事诉讼法》第七条也规定："监察机关办理职务违法和职务犯罪案件，应当与检察机关互相配合，互相制约"。而从权力关系来讲，检察机关与监察机关在整个反腐败案件的刑事诉讼过程中虽同时存在着制约与监督关系，但两者在权力结构划分和主体责任关系上存在着一定的差异。在权力结构划分上，就反腐败案件刑事诉讼的权力结构而言，检察权和监察权同处于刑事诉讼的内部权力结构中，在整个刑事诉讼权力结构中是相互制约关系。而单就反腐败案件的调查权而言，检察权又处于监察权力结构之外，属于监察权外部的法律监督权。从主体责任关系来看，在整个反腐败案件的刑事诉讼中，检察机关和监察机关两个主体是基于分工所形成权力边界的相互制约关系，需共同在整个刑事诉讼中分担责任。而单就反腐败案件的调查而言，监察机关则是案件的第一调查主体，需对整个反腐败案件的调查承担主体责任，而检察机关则主要履行对监察权力行使的单向法律监督义务，承担的是对监察机关的法律监督责任。

监督与制约关系的并存及其在刑事诉讼分工与责任承担上的差异性，使得监察机关与检察机关在新的权力结构中面临着权力关系的重新调整与优化。在监察体制改革和司法体制改革的背景下，一方面，检察机关职务犯罪侦查权的转移使得检察机关的职能及工作重心面临调整和转变①。另一方面，新修订的《人民检察院组织法》赋予了检察机关调查核实权②，为检察机关履行法律监督职责提供了保障，有助于增强检察矫正意见和检察建议的刚性。监察机关与检察机关在权力运行中面临着案件程序对接上的协调衔接问题、调查核实权的规范行使问题以及如何对监察派驻机构进行监督等问题，这些问题不仅会影响检察机关法律监督职能的实现也会影响监察体制改革成效。从权力关系和权力结构来看，检察机关法律监督不会有损对国家监察权制约与监督的基本原则，即检察机关法律监督不会干涉国家监察权依法独立行使。相反，良好的法律监督有助于保障监察权行使的内容合法和程序正当，规范的权力行使有助于维护监察权的权威③。因此，如何加强对监察机关的监督，特别是强化检察机关对监察机关的法律监督能力，是新时代完善中国特色社会主义监督体系所面临的重要理论和实践课题④。

（一）法律监督中的监督与制约

当下对监察机关和检察机关权力制约与监督的探讨经常与我国传统的监察制度和西方的权力制衡制度发生概念上的混同，因此强化检察机关对监察机关法律监督的探讨，需首先理清制约与监督、法律监督与调查核实权的概念及其制度性的差异。

1. 监督与制约

国家监察机关的设立打破了原有的权力架构，形成了"一府一委两院"新的政治权力结构，将监察机关与行政机关、司法机关并列，使监察权得以独立

---

① 胡勇. 监察体制改革背景下检察机关的再定位与职能调整［J］. 法治研究，2017（3）：88-94.

② 详细内容参见《中华人民共和国人民检察院组织法》第二十一条中的规定。

③ 谭世贵. 论对国家监察权的制约与监督，政法论丛，2017（5）：3-10.

④ 朱孝清. 国家监察体制改革后检察制度的巩固与发展［J］. 法学研究，2018（4）：3-19.

行使，这是我国基于现实和制度需要做出的重大政治体制改革。从权力渊源来看，监察权来源于人大，属于公权力的一种，公权力作为"必要的恶"，与生俱来就有"双刃剑"的特性①。权力的恶在于其具有侵犯性，且极易扩散与滥用，这就需要"在已有规定之上对其加以限制"②。而控权制度有两种基本的方式，即制约和监督。

制约有牵制、约束之意，即"甲事物本身的存在和变化以乙事物的存在和变化为条件"③，在权力关系上可以理解为用权力制约权力。权力制约是一种制度化、程序化的分权制衡机制，国家权力分权制衡的基础理论之一便是孟德斯鸠的权力约束权力的论述。权力制约的重点是制度和组织本身，其最终目的是要保障组织运转的规范性与稳定性。从权力制约的特性来看，权力制约具有两种特性：第一，制约的客体具有组织性。制约是针对组织权力的制约，权力制约的实现是在两个及以上的国家机关之间或同一国家机关不同部门之间形成博弈牵制的格局，形成组织与组织、部门与部门之间的权力约束关系。第二，制约的边界体现为不同分工，权力制约是基于分工而形成的权力边界。就反腐败案件的刑事诉讼权力分工而言，监督、调查、处置权属于监察机关，调查核实、批准逮捕、审查起诉权属于检察机关，而审判权则归属法院。监察机关的案件不移送给检察机关，检察机关就无法进一步审查起诉，检察机关若作出不诉决定，审判机关就不能进行逮捕与审判，同样，检察机关可以对被调查人进行起诉，但是无权对其定罪。

英美法律由于受"三权分立"思想的影响，很少使用监督一词，因为"supervise"具有上位权力对下进行控制的含义，人们习惯于使用"checks and balances"即制衡，认为制衡体现了分权、制约的原理④。而在我国，监督即有监视督促的意思。以往，监督更多指上级对下级工作的察看和督促，现扩展到了更广泛的外延，也可指国家机关与国家机关之间的察看和督促。监督的范围虽

---

① 丹尼斯·朗. 权力论 [M]. 陆震纶，郑明哲，译. 北京：中国社会科学出版社，2001：292.
② 汉密尔顿，杰伊，麦迪逊. 联邦党人文集 [M]. 程逢如，在汉，舒逊，译. 北京：商务印书馆，1980：252.
③ 辞海. 北京：商务印书馆 [M]. 1979：185.
④ 张智辉. 法律监督三辨析 [J]. 中国法学，2003（5）：16-24.

有所扩展，但监督的内涵却始终如一。第一，监督是对权力行使主体的监督，监督的客体是权力行使主体。在监督范围内，监督客体具有完整的事权。监督的最终目的，是要保证权力运行的顺畅规范，监督关系更多针对的是执行权，即权力行使的规范性和合法性。第二，监督主体与客体之间不存在责任上的直接关联性，双方对应的是单一的权力主体。监督主体对客体的监督是督促性的，其不直接参与监督客体的权力运行过程，而是间接对权力行使主体进行监督。只有当监督客体出现违法违规行为时，才会对其进行惩罚和问责，同时监督主体也要承担监督不力、监管不到位的责任。设立监察机关和检察机关的最终目的都是要规范权力运行，防止公权力的滥用。公权力行使的多样性使得"对公权力的制约不能以单一机制来完成"①，需要将监督与制约相结合，通过理顺监督与制约的关系，让监察机关和检察机关各尽其职，有助于实现二者职能的有效衔接。

没有监督的权力必然导致腐败，这是一条铁律②。监察权同样存在被滥用和发生腐败的可能，如何加强对行使国家监察权的公职人员的监督，一直以来都是国际社会普遍存在的难题。从权力配置方式来看，制约是基于对权力的过程性分权，而监督则是基于对权力的功能性分权，从国家监察体制改革的目的及结果来看，现行的权力结构并非制约式的调整，而是监督式的权力资源配置。

2. 法律监督与调查核实权

法律监督是对法律实施中严重违反国家法律的行为进行监督，具有法定性、有限性、程序性以及事后性等特征。法律监督的法定性表现为法律监督必须在法律规定的范围内进行，由法律专门授权，依照法定程序和方式对法定对象进行监督。法律监督的有限性表现为法律监督仅仅是国家监督体系的一部分，只有在法律规定的范围内，对执法、司法机关在诉讼活动中发生的违法行为进行监督，而不涉及社会生活中的一般违法行为。法律监督的程序性表现为法律监督不具有实体性的处分权和裁决权，当诉讼活动出现违法行为时，检察机关往往以提出建议或抗诉的方式来发挥监督作用，法律监督是一种程序性的决定，

---

① 韩大元. 论国家监察体制改革中的若干宪法问题 [J]. 法学评论，2017（3）：11-22.
② 中共中央宣传部. 习近平总书记系列重要讲话读本 [M]. 北京：学习出版社、人民出版社，2014.

不具有最终的实体效力。法律监督的事后性表现为，监督程序只有在宪法和法律规定的属于法律监督范围的情形出现后，法律监督程序才能启动。从整体来看，法律监督具有权力的专门性和手段的专门性。

修订后的《人民检察院组织法》首次以法律的形式肯定了检察机关的调查核实权，赋予了检察机关法律监督的"牙齿"，法律监督的刚性得到加强①。调查核实权由调查权与核实权构成，包含核实案情和调查取证两方面的内容。"调查收集证据是指执法机关为了证明特定的案件事实，按照法律规定的范围和程序，收集证据材料的法律活动。"② 其主要目的是进行案件事实的调查，审查已知的事实和证据，核实证据是否相矛盾，剔除虚假证据，通过鉴别真伪来维护司法权威和司法公正③。从权力来源来看，调查核实权的本质是由检察权所派生出的一项辅助性权力，是检察机关履行法律监督职能的重要手段。调查核实权力在行使上从属于法律监督职能的需要，须围绕实现法律监督目的和职能的充分履行而展开。从权力特征来看，作为派生性的调查核实权与法律监督都涉及两个独立主体的权力关系，都具有事后监督的特性。在法律监督的主客体权力关系中，客体的违规违法行为是一种过去完成时，只有当监督客体出现违法违规行为时，监督主体才会对其进行惩罚问责。在调查核实的主客体权力关系中，调查核实主体也是基于已有的证据、事实等基础作出是否需要及如何进一步调查核实的决定，也是属于对已发生事实的查明。两者的不同之处在于，法律监督关系下的主客体多为单向的权力行使关系，而调查核实关系中的主客体则是动态的双向互动关系。在检察机关职务犯罪侦查权转移的背景下，调查核实权的赋予无疑为增强检察机关法律监督的刚性，提升法律监督的效力提供了有力的保障。在赋予检察机关调查核实权之前，检察机关只能对移送的案件材料进行静态的审查。调查核实权的赋予意味着检察机关在审查案件过程中，可就之前无法深入调查、遭遇阻力、开展工作不便的问题进行动态的调查核实。调查核实权的赋予将检察机关对监察机关移送案件的审查过程，由以往的封闭

---

① 孙谦. 新时代检察机关法律监督的理念、原则与职能（上）[N]. 检察日报，2018-11-03（003）.

② 江伟. 证据法学 [M]. 北京：法律出版，1999：243.

③ 李强，常海蓉. 民事检察调查核实制度若干问题探究 [J]. 人民检察，2017（2）：20-23.

式办案转为参与式办案，是提高检察机关办案效率、监督效力的有益措施。

从检察机关与监察机关的权力制约与法律监督的关系来看。新修订的《刑事诉讼法》规定了检察机关对监察机关的制约与法律监督可主要通过以下途径来实现：检察机关在审查起诉监察机关移送的案件时，认为案件材料存在问题的，应依法进行核实，经核实后认为确有问题的，可进一步提出纠正意见。就案件本身而言，检察机关可以做出不起诉决定，也可退回监察机关让其补充调查或由检察机关自行侦查。同时，检察机关可针对案件调查取证过程中司法工作人员相关职务犯罪案件进行立案侦查，并可就办案的程序、组织、制度、执法过程等方面所存在的不规范、不健全等问题提出检察建议或纠正意见。与以往相比，调查核实权的赋予使监察机关和检察机关之间的权力关系由原有更多的被动接受逐渐向互动式的制约与监督转变。

（二）检察机关对监察机关案件行使调查核实权的困境

调查核实权入法虽在《人民检察院组织法》修订草案审议时便得到多数委员的支持，但调查核实权的有效行使则需要更为完善的法律制约程序和监督手段。

司法实践中，检察机关行使调查核实权的程序规则和核实方法至今尚无系统化的制度安排。调查核实权作为法律监督和刑事诉讼程序制约的重要手段，检察机关在行使时既不能局限于原则规定，也不能在权力范围之外行使，检察法律监督需要程序性的制约规定与有力的监督手段，而这两个方面在实际运行中均存在一定的困境。

1. 检察机关行使调查核实权的制约困境

早在 2012 年修订《民事诉讼法》时就赋予了检察机关在民事诉讼中的调查核实权，但目前仍未形成有效的运行机制。有关调查核实权的现有法律规定并没有从细节上予以明确，检察机关在如何把握调查核实权的范围、程序等方面存在诸多困难。新修订的《人民检察院组织法》虽进一步赋予了检察机关在刑事诉讼中的调查核实权，但对保障调查核实权行使的刚性措施和程序性规范却未作出明确规定。从新修改的《刑事诉讼法》第五十五条规定来看，检察机关虽然在"接到报案、控告、举报或者发现侦查人员以非法方法收集证据"时具有调查核实权，但调查核实作为对原有侦查的制约，其权力行使需要一定的刚性措施和程序上的配合，但目前法律尚未就相关单位的配合作出要求，对不予以配合的情形，也未提供救济性保障措施，这就削弱了调查核实权的制约力度。仅通过检察建议、纠正意见等方式破解相关单位和个人不予配合的难题，则缺乏程序上制约的刚性，使调查核实在司法实践中行使困难。从程序衔接上的制约性来看，调查核实程序的启动发生在监察机关采取留置措施之后。留置措施是监察委通过限制被调查人的权利，防止内外信息互渗而采取的特殊调查手段。留置措施的封闭性使其成为最易出现非法证据、瑕疵证据的一环，由于调查过程的不可溯性，检察机关很难在后续进行调查核实时了解真实的调查过程，调查核实权虽然在一定程度上有助于推进检察机关参与式办案模式的形成，但也很难对之前监察机关封闭式办案的调查行为形成有效的制约。

2. 检察机关行使调查核实权的监督困境

检察机关开展法律监督的前提是弄清违法事实，只有通过调查核实掌握违法主体、违法情节、责任大小、损害后果等情况，法律监督才具备事实依据基础和针对性、有效性。就目前司法实践来看，检察机关调查核实权在民事、行政和公益诉讼中①的行使仍以调阅、复制相关的执法卷宗、询问相关人员为主，调查手段形式比较单一，办案模式也仍以封闭式办案为主，这就难以充分发挥调查核实权对具体案件及办案过程的监督作用。从取证程序的规范性来看，《监察法》第四十条、第四十一条对监察机关取证过程中的讯问、询问、留置等情形做了一定的程序性规范要求，但并未就讯问主体的资格、讯问地点以及讯问方法等做出规定。这增加了检察机关在调查核实时对监察委办案过程进行监督的难度。此外，证据标准的规范性缺失使检察机关难以对监察机关进行参与式监督，由取证程序不规范导致的瑕疵证据与非法证据的界定问题困难突出，导致取证工作的合法性遭到质疑。从违法犯罪案件的立案程序来看，监察机关拥有着对其所管辖的违法犯罪案件的立案决定权，这种内部立案程序具有较大的自由裁量空间，容易发生程序上的风险，检察机关在审查起诉中，需要监督监察机关是否遵守立案程序规定，有立案程序瑕疵的情况发生。但由于法律监督的事后性，检察机关在调查核实是否符合违法犯罪案件的立案条件时，被调查

---

① 详细内容参见《人民检察院民事诉讼监督规则（试行）》《人民检察院行政诉讼监督规则（试行）》和《人民检察院提起公益诉讼试点工作实施办法》。

人的权利被侵害往往已经成过往的事实，缺乏监督的时效性。从调查核实权的功能及目的来看，从属于检察权的调查核实权位于公权力之列，因而首先应遵循的是"惩治腐败与保障人权相平衡的原则"①。从长期形成的司法实践来看，被追诉人的权利最容易被侵犯的阶段就是调查阶段。监察机关作为特殊的国家监察权行使机关，其调查的违法犯罪案件严重依赖言词证据，而《监察法》和新修订的《刑事诉讼法》均未作出有关监察机关调查期间允许律师进入的规定，这无疑增加了检察机关对言词证据的真实性和合法性进行调查核实的难度，因检察机关难以对言词证据的真实性和合法性进行准确的调查核实，使检察机关面临着有效衔接监察机关与保障被调查人合法权利的双重困境。

（三）完善检察机关与监察委员会的制约与监督机制的建议

目前，监察机关在办理职务违法犯罪案件时，主要遵循取证程序、立案程序、批捕程序和辩护程序等办案步骤，当检察机关的调查核实权贯彻其中时，有必要针对不同程序阶段和权力关系，进行监督与制约。检察机关调查核实权的行使应当围绕刑事诉讼程序和检察、监察权力主体关系，坚持权力监督与制约相结合的原则，进一步优化行使调查核实权的制约和监督机制，以保障司法公正和调查核实权顺利行使。

1. 改进检察机关行使调查核实权的制约机制

（1）规范调查核实程序，依法慎用批捕权

从反腐败案件的整个刑事诉讼程序来看，检察机关对监察机关的首要程序性制约便是审查批捕权。逮捕作为对公民人身自由限制最为严厉的强制措施，检察机关的调查核实程序是为了更加合法、审慎地使用审查批捕权，这对制约监察机关的强制力特性和保障公民的合法权益具有重要意义。检察机关在调查核实过程中应着重注意以下几方面问题。首先，要发挥调查核实权弄清案件事实和调查过程的作用，以案件事实为依据，以调查程序合法为基础，审慎适用法律，防止审查批捕权的滥用，保障审查批捕程序依法适用和批准逮捕措施的适当性。其次，对有特别重大影响的案件，检察机关在调查核实监察机关移送的案件材料时，应以刑事诉讼法为依据进行调查核实，对疑点较多和争议性较大的案件，必要时可以采取听证会的方式加强对监察机关的制约。最后，检察

---

① 陈光中，邵俊. 我国监察体制改革若干问题思考 [J]. 中国法学，2017（4）：23-26.

机关在批准逮捕的调查核实过程中，不能忽视监察机关工作人员的违法调查行为和存在的组织制度问题，通过调查核实发现检察机关工作规范中的问题，并对监察委依法提出纠正意见，督促监察委依法依规调查，是对监察委权力进行制约的有效形式。

（2）统分结合，协调使用调查核实权

要在权力运行上使检察机关的调查核实程序对监察权的行使形成有效的制约，必须保障调查核实权行使的效率与质量。在权力运行机制上，检察机关法律监督权的行使是由以检察官为主体的办案部门所承担，但检察官个体精力和素质能力有限，难以对案件和线索进行全面的调查核实。这需要检察机关协调使用调查核实权，以点到线、从线到面地对移送审查起诉的案件进行全面调查核实。从司法实践来看，调查核实的对象存在管辖交叉、案件交织、阶段交融等客观现象，为审慎、规范、有效地行使调查核实权，本文在参考有关学者和实务部门工作人员意见的基础上，认为检察机关应探索建立由控申部门综合统筹、业务部门分类负责的调查核实协调机制，因为控申部门统筹调查核实权在职权职责、线索分流和初核初查等方面具有一定的职能势优和基础①。在职能分工和司法实践中，控申部门一直承担着受理控告、举报和申诉的职能，负责办理刑事申诉、国家赔偿、刑事被害人救助等案件，承担着答复、保护、奖励举报人等职能，其本身就具有初步核实的权力②。因此，调查核实权应以各业务部门专业化分类行使为基础，以控申部门的统筹线索调查核实为补充，建立明确的调查核实协作机制。这需要进一步落实控申部门集中统一受理举报、控告、申诉案件线索制度，由控申部门将受理的案件线索，及时分流到相应的业务部门办理。业务部门则将办理结果及时书面反馈到控申部门，由控申部门进行审核并答复或反馈。控申部门调查核实后，对需要采取监督立案、侦查、发出检察建议等措施的案件，则将查清的事实证据移交有关业务部门，由业务部门处理③。

---

① 李效安. 应明确控告申诉检察工作的内部监督制约职能 [J]. 人民检察，2007（11）：62-63.

② 王小新，李高生. 刑事诉讼规则在控告检察工作中的理解与适用 [J]. 国家检察官学院学报，2013，21（01）：39-43.

③ 高翼飞. 检察机关的调查核实权及其实现路径 [N]. 检察日报，2019-03-18（03）.

**2. 优化检察机关行使调查核实权的监督机制**

**（1）明确调查核实细则，规范取证程序**

检察机关通过调查核实对监察机关进行监督，首先就体现在对证据收集的规范要求上。检察机关在职务违法犯罪调查中行使调查核实权，虽尚无刑事诉讼的经验可借鉴，但可以参照民诉、行政诉讼和公益诉讼的相关规定，进一步细化调查核实办法，使检察机关在对违法行为、损害后果、因果关系等方面证据的调查核实具有可操作性。同时，检察机关作为专门的法律监督机关，在审查起诉监察机关移送案件的过程中，如果发现严重损害国家利益、社会公共利益和相关人员职务违法犯罪等案件时，由于损害对象的特殊性，检察机关应该依职权自行启动调查核实程序。在调查核实权行使的合法规范性问题方面，已有的《民事诉讼监督规则》第七十一条和《人民检察院民事行政抗诉案件办案规则》第二十条虽对办案人员数量、材料签署等方面做出了相关规定，但仅就材料签署进行规定还远远不够。在调查核实程序上，检察机关在审查监察机关移送的案件时，应严格审查监察机关是否按照相关法律的要求对被调查人员进行全程录音录像，从而倒逼监察机关规范取证程序，完善对监察机关取证过程的监督。同时，检察机关应严格监督监察机关是否按规定出具书面通知书，监督核实有关的影音材料、书证、物证等证据清单是否由被调查人签字确认，这是检察机关对监察机关移送案件进行监督的前提和基础，也是证明证据合法性的基础。

**（2）提前介入案件，建立权利保障监督机制**

调查核实虽具有事后性的特征，但参与式办案的发展方向，使检察机关有必要提前介入案件，通过动态监督来防止监察权力滥用，保障被调查人的合法权利。检察机关在移送审查起诉之前提前介入，目的是对案情提前熟悉，对案件事实证据进行审核，开展案件定性的沟通工作，也为调查核实权的实施奠定基础。"检察机关有权对调查过程的合法性、调查手段的合理性进行监督，从而对监察机关的不当行为形成有效的司法制约。"[1] 检察机关通过与监察机关协作衔接，提前进入违法犯罪案件的调查环节，即可对取证方向、证据效力和法律

---

① 吴建雄，王友武. 监察与司法衔接的价值基础、核心要素与规则构建 [J]. 国家行政学院学报，2018（04）：27-34.

适用情况进行及时监督，也可以从起诉和逮捕的角度，告知监察机关需要补充或完善合法性的证据，从而避免取证瑕疵，有助于监察权的规范行使和被调查人权利的有效保护。同时，检察机关应监督监察机关在留置期间调查行为的合法性，坚持留置措施以及留置期限的必要性原则，在对案件进行调查核实的过程中，应明确辩护律师会见被调查人和查阅、摘抄、复制卷宗材料时的具体要求。虽然，目前在法律上缺乏律师介入监察机关违法犯罪案例调查的规定，但在今后的改革中，可以进一步在法律层面完善现有的值班律师制度，允许值班律师适时地进入监察机关违法犯罪案件的调查过程，这在理论和实践上都具有一定的可操作性和合理性①。

对检察机关来说，监察体制改革和司法体制改革既是挑战也是机遇。刑事诉讼调查核实权的赋予使检察机关对监察机关的法律监督和权力制约有了锋利的"牙齿"，通过调查核实权来监督和制约监察权的行使，有助于规范监察权的行使限度和力度，保障被调查人的合法权益，进一步稳固监察体制改革的成果。当下，检察机关调查核实权的行使存在法律监督与权力制约方面的双重困境，检察机关法律监督职能的有效实现需进一步改进调查核实权行使的制约机制，优化调查核实权行使的监督机制。

3. 成立专门的职务犯罪办案组，高效衔接监察机关

由于职务犯罪案件的复杂多变以及社会影响力重大，对证据审查的要求高，因此在办理职务犯罪案件时一定要精准，检察机关应当指定办案经验丰富、能力水平高的检察官组成职务犯罪办案小组，对于职务类案件实现专人办理，另外，职务犯罪办案小组也负责与监察机关之间的办案衔接，同时审查已经受理的职务犯罪案件。其工作内容主要有以下五项：其一，提前了解案件，熟悉案件的实际情况，进而提出针对性的补充意见或是建议，同时和监察机关沟通协商案件移送以及程序办理的相关工作；其二，办案小组有出庭公诉以及审查起诉的职责，在审查完职务犯罪案件之后，一旦确定了犯罪嫌疑人的犯罪行为，证据充分，应当追究其刑事责任的，办案小组将依法提起公诉并出庭；其三，在案件办理的过程中，职务犯罪办案小组要研究职务犯罪的相关法律法规以及政策方针，学习最新出台的相关适用政策，汇总并总结优秀的经验，不仅有利

---

① 邵俊. 我国监察体制改革若干问题思考［J］. 中国法学，2017（04）：23-36.

于改进自身的办案流程，同时也有利于提高办案效率；其四，职务犯罪办案小组可以从旁协助监察机关开展职务犯罪普法活动，与之相配合，以实际案件为例，对案件的相关人员以及单位实施职务犯罪普法工作，将职务犯罪警示教育功能充分发挥出来。

4. 建立健全检察机关法律监督机制，制定《检察机关法律监督法》

长期以来，检察机关的法律监督除了抗诉方式比较有力外，其余方式都是柔性的监督方式，关于检察机关法律监督规定也没有专门的立法，只是散见于检察机关组织法、检察官法和三大诉讼法中，存在着监督范围不明确、监督措施不充分、监督力度不够、监督程序不完善等问题。现有法律也并未设置有关机关接到检察建议或纠违通知书后的后续措施和监督机制，更没有关于处理做出违法行为或错误决定的有关责任人的相关规定。这使得检察机关的法律监督职能一直是一种弱势的存在，无法充分发挥其职能。因此，应尽快制定专门的《检察机关法律监督法》，从而保障检察机关在实施法律监督的过程中具有法律支持。

（1）从法律层面出发，加强检察院的法律监督力度。建立健全相关机制体系，例如，通报机制以及重大案件备案审查和重点监督案件复核机制等，从而使检察机关在实施法律监督的过程中，能够具有法律层面的支撑。除此之外，应依照各个监督方式的特性，制定不同的标准，使各监督方式的作用能够得到充分的发挥，并且监督方式在实际运用的过程中也应更具有针对性，使各个监督方式在实际应用的过程中的合理性得到进一步提升，而法律监督工作也更具系统性，同时监督程序、手段等方面也都更加规范。要从立法上明确相关机关收到检察建议和纠违通知书后的反馈机制、提出异议的程序机制以及拒不纠正违法行为和错误决定的责任机制。法律要明确规定，如果相关机关不依照检察建议，对自身的违规行为进行纠正，或相关机关如果对检察建议提出异议需要复核、复议时，如何对该类情况进行处理，这些方面需要在立法上进一步明确。即自检察建议、纠正违法违规行为通知书传达的时间起，相关机关应及时对自身的违法违规行为进行纠正，并在一定期限内反馈结果。法律要明确规定相关机关纠正违法行为和错误决定的反馈期限，若相关机关部门有异议，可申请复议或者复核，但若检察机关在此之后仍然坚持其检察建议的，那么有关机关应及时纠正，否则检察机关可将相关机关的违法行为交由监察委进行问责。

（2）建立实施"一案双查"体制。即相关部门在行政执法活动中出现违法行为或错误决定时，检察机关不仅要对其行为或决定进行书面纠正，同时还要在此基础上，对责任人做出相关处理，将追责落实到位。先前，检察机关在实施法律监督的过程中，只是单方面地对错误决定和行为作出纠正监督，并未对责任人展开严肃的处理，使得责任人并不重视也未从根本上吸取教训，纠正之后还是会再犯。因此，只有建立实施"一案双查"体制，双管齐下，将责任落实到相关人员和事情上，对责任人和错误行为都做出处理，才能保证检察监督效果的长期有效。

5. 构建专门的《检察机关法律监督程序法》

检察机关的法律监督与司法办案两个职能是并驾齐驱的两条路线，司法办案的诉讼程序并不能替代法律监督程序，因此应构建专门的《检察机关法律监督程序法》，使之与上述《监督法》相呼应，从而达到法律监督职能的规范化、综合化。为了使法律监督在各个阶段，环环相扣，紧密衔接，立法上应对检察机关的法律监督构建一套完备的工作流程，内容上不仅包括线索的发现、转移、管理等，还应包括审批、调查以及核实处置等。比如，在对违法行为错误决定的纠正建议过程中规定实施监督的具体范围以及标准、手段等，规范包括调查、审理在内的监督方式。在线索移送、立案以及分流办理的过程中，要制定清晰的非法证据排除类监督线索流程，摸索检察院法律监督机构与司法办案机构的联合办案机制，在诉讼案件的办理期限上实现统一，依法严格并有序地完善非法证据排除工作。以实践为前提，整理汇编与检察机关法律监督有关的司法解释与规范性文件等法律法规，将检察监督的程序、标准以及范围进一步细化，要明确相关规定，建立范围、流程以及标准都科学的检察监督制度规范体系，不断研究探索形成一套合理有序、规范系统的检察监督工作体系。另外，也要注重对检察监督工作的信息化建设，加深对信息共享平台的理解与应用，进而促进检察监督工作向智能化发展演进。

# 参考文献

**一、期刊**

［1］张智辉. 法律监督三辨析［J］. 中国法学，2003（5）.

［2］王建明. 职务犯罪侦查措施的结构、功能及使用原则［J］. 中国法学，2007（5）.

［3］刘计划. 侦察监督制度的中国模式及其改革［J］. 中国法学，2014（11）.

［4］陈光中，邵俊. 我国监察体制改革若干问题思考［J］. 中国法学，2017（4）.

［5］马岭. 关于监察制度立法问题的探讨［J］. 法学评论，2017（03）.

［6］韩大元. 论国家监察体制改革中的若干宪法问题［J］. 法学评论，2017（3）.

［7］李少文. 宪法工程：一种宪法学方法论［J］. 法学评论，2017（1）.

［8］朱福惠. 论检察机关对监察机关职务犯罪调查的制约［J］. 法学评论，2018（3）.

［9］徐汉明. 国家监察权的属性探究［J］. 法学评论，2018（1）.

［10］朱孝清. 修改后刑诉法与监察法的衔接［J］. 法治研究，2019（1）.

［11］朱孝清. 国家监察体制改革后检察制度的巩固与发展［J］. 法学研究，2018（4）.

［12］秦前红，石泽华. 论依法监察与监察立法［J］. 法学论坛，2019（5）.

［13］秦前红. 困境、改革与出路：从"三驾马车"到国家监察——我国监察体系的宪制思考［J］. 中国法律评论，2017（1）.

[14] 秦前红. 国家监察法实施中的一个重大难点：人大代表能否成为监察对象 [J]. 武汉大学学报（哲学社会科学版），2018 (6).

[15] 秦前红，刘怡达. 监察全面覆盖的可能与限度——兼论监察体制改革的宪法边界 [J]. 甘肃政法学院学报，2017 (2).

[16] 秦前红. 国家监察体制改革宪法设计中的若干问题思考 [J]. 探索，2017 (6).

[17] 秦前红. 监察法学的研究方法刍议 [J]. 河北法学，2019 (4).

[18] 秦前红. 监察体制改革的逻辑与方法 [J]. 环球法律评论，2017 (2).

[19] 焦洪昌，叶远涛. 论国家监察体制改革的修宪保障 [J]. 北京行政学院学报，2017 (3).

[20] 焦洪昌，叶远涛. 监察委员会的宪法定位 [J]. 国家行政学院学报，2017 (2).

[21] 刘艳红. 监察法与其他规范衔接的基本问题研究 [J]. 法学论坛，2019 (1).

[22] 刘艳红. 职务犯罪案件非法证据的审查与排除——以《监察法》与《刑事诉讼法》之衔接为背景 [J]. 法学评论，2019 (1).

[23] 刘艳红. 中国反腐败立法的战略转型及其体系化构建 [J]. 中国法学，2016 (4).

[24] 童之伟. 对监察委员会自身的监督制约何以强化 [J]. 法学评论，2017 (1).

[25] 童之伟. 将监察体制改革纳入法治轨道之方略 [J]. 法学，2016 (12).

[26] 杨建顺. 国家监察体制改革十大课题 [J]. 中国法律评论，2017 (6).

[27] 陈兵. 论汉代巡视监察制度及当代价值 [J]，知与行，2017 (4).

[28] 潘峙宇. 略论唐代御史台机构设置及其监察权 [J]. 地域文化研究，2018 (4).

[29] 李俊丰. 明清时期监察制度和监察法之特点及其现代镜鉴意义 [J]. 渤海大学学报（哲学社会科学版），2018 (3).

[30] 蔡云. 平政院与北洋时期的行政诉讼制度 [J]. 民国档案，2008 (2).

[31] 郭相宏. 法律移植与制度惯性的冲突——以国民政府监察院之弹劾权

为例 [J]. 山东科技大学学报（社会科学版），2017（3）.

[32] 姚秀兰. 南京国民政府监察制度探析 [J]. 政法论丛，2012（2）.

[33] 韩晓武. 建国以来我国行政监察制度的发展变化 [J]. 河北法学，1984（5）.

[34] 梅丽红. 建国以来党纪检监察体制的变革》[J]. 党政论丛，2004（6）.

[35] 王毅. 新中国成立后党的纪检监察制度的演变 [J]. 党史博览，2017（11）.

[36] 纪亚光，刘占英. 关于党的监察制度建设问题 [J]. 中共天津市委党校学报，2006（3）.

[37] 姚秀兰. 南京国民政府监察制度探析 [J]. 政法论丛，2012（2）.

[38] 江国华. 国家监察体制改革的逻辑与取向 [J]. 学术论坛，2017（3）.

[39] 吴海红. 反腐与政党兴衰——基于国外一些长期执政政党的经验与教训 [J]. 当代世界与社会主义，2014（3）.

[40] 叶海波. 国家监察体制改革的宪法约束 [J]. 武汉大学学报（哲学社会科学版），2017（3）.

[41] 吴传毅. 论正当法律程序的作用及其原则 [J]. 行政论坛，2008（3）.

[42] 张晋藩. 中国监察体制改革的历史文化渊源 [J]. 人民法治，2018（9）.

[43] 林彦. 从“一府两院”制的四元结构论国家监察体制改革的合宪性路径 [J]. 法学评论，2017（3）.

[44] 侯志山. 国家监察：中国特色监督的创举 [J]. 中国党政干部论坛，2018（4）.

[45] 罗重谱. 中国事业单位分类改革轨迹及走向判断 [J]. 改革，2012（4）.

[46] 李帆，樊轶侠. 中国政府公务人员规模与结构研究：基于国际比较视角 [J]. 国家行政学院学报，2017（6）.

[47] 黄晓彤，曾慧华. 当下我国国有企业经营者去行政化改革的路径建构——规范行政者行为还是解除公务员身份 [J]. 理论探讨，2015（2）.

[48] 钟纪轩. 深化国家监察体制改革健全党和国家监督体系 [J]. 求是，2018（9）.

[49] 华小鹏. 监察权运行中的若干重大问题探讨 [J]. 法学杂志，2019（1）.

[50] 陈瑞华. 论监察委员会的调查权 [J]. 中国人民大学学报, 2018 (4).

[51] 马怀德. 国家监察体制改革的重要意义和主要任务 [J]. 国家行政学院学报, 2016 (6).

[52] 徐浩程, 马怀德: 配合监察法需修订现有三分之二法律 [J]. 廉政瞭望 (上半月), 2018 (11).

[53] 张晃榕. 如何做出政务处分决定初探 [J]. 中国纪检监察, 2018 (2).

[54] 陈邦达. 推进监察体制改革应当坚持以审判为中心 [J]. 法律科学, 2018 (6).

[55] 姜涛. 国家监察法与刑事诉讼法衔接的重大问题研究 [J]. 南京师大学报 (社会科学版), 2018 (6).

[56] 龙宗智. 监察与司法协调衔接的法规范分析 [J]. 政治与法律, 2018 (1).

[57] 李勇.《监察法》与《刑事诉讼法》衔接问题研究—"程序二元、证据一体"理论模型之提出 [J]. 证据科学, 2018 (5).

[58] 纵博. 监察体制改革中的证据制度问题探讨 [J]. 法学, 2018 (2).

[59] 高通. 监察程序中非法证据的法解释学分析 [J]. 证据科学, 2018 (4).

[60] 刘昂.《监察法》实施中的证据合法性问题研究 [J]. 证据科学, 2018 (4).

[61] 金波. 新加坡的制度反腐经验 [J]. 国际关系学院学报, 2009 (4).

[62] 岳世洲, 岳世川. 李光耀的国家安全观述评 [J]. 南洋问题研究, 1999 (2).

[63] 任燕. 新加坡国会的组织体系 [J]. 山东人大工作, 2004 (2).

[64] 赵增彦. 新加坡如何反腐倡廉 [J]. 理论导刊, 2006 (5).

[65] 许衍刚. 新加坡报业印象 [J]. 青年记者, 1994 (5).

[66] 黎军. 瑞典议会督察专员制度介绍 [J]. 政治与法律, 2002 (4).

[67] 朱力宇, 袁钢. 欧盟监察专员制度的产生及运作 [J]. 欧洲研究, 2007 (1).

[68] 季卫东. 程序比较论 [J]. 比较法研究, 1993 (1).

［69］詹建红，崔玮. 职务犯罪案件监察分流机制探究——现状、问题及前瞻［J］. 中国法律评论，2019（6）.

［70］万毅. 解读非法证据—兼评证据规定［J］. 清华法学，2011（2）.

［71］冯铁拴. 国家监察立法体系化论析［J］. 西南政法大学学报，2019（1）.

［72］夏金莱. 论监察体制改革背景下的监察权与检察权［J］. 政治与法律，2017（8）.

［73］付子堂，胡夏枫. 立法与改革：以法律修改为重心的考察［J］. 法学研究，2014，36（6）.

［74］李忠. 国家监察体制改革与宪法再造［J］. 环球法律评论，2017（2）.

［75］陈光中. 关于我国监察体制改革的几点看法［J］. 环球法律评论，2017（2）.

［76］金国坤. 组织法定主义视野下的国家监察体制改革［J］. 新视野，2017（5）.

［77］周磊. 中国监察官制度的构建及路径研究［J］. 国家行政学院学报，2018（4）.

［78］徐汉明，黄达亮. 具有特色的新加坡检察制度［J］. 中国检察官，2008（3）.

［79］刘练军. 监察官立法三问：资格要件、制度设计与实施空间［J］. 浙江社会科学，2019（3）.

［80］庄德水. 改革开放以来反腐败机构改革的实践逻辑［J］. 探索，2018（5）.

［81］魏昌东. 国家监察委员会改革方案之辨正：属性、职能与职责定位［J］. 法学，2017（3）.

［82］魏昌东. 监督职能是国家监察委员会的第一职能：理论逻辑与实现路径——兼论中国特色监察监督系统的规范性创建［J］. 法学论坛，2019（1）.

［83］左卫民，安琪. 监察委员会调查权：性质、行使与规制的审思［J］. 武汉大学学报（哲学社会科学版），2018（1）.

［84］王秀梅，黄玲林. 监察法与刑事诉讼法衔接若干问题研究［J］. 法学

论坛，2019（2）.

［85］张翔，赖伟能. 基本权利作为国家权力配置的消极规范——以监察制度改革试点中的留置措施为例［J］. 法律科学（西北政法大学学报），2017（6）.

［86］陈越峰. 监察措施的合法性研究［J］. 环球法律评论，2017（2）.

［87］杨宇冠，高童非. 职务犯罪调查人员出庭问题探讨［J］. 社会科学论坛，2018（6）.

［88］陈国权，周鲁耀. 制约与监督：两种不同的权力逻辑［J］. 浙江大学学报（人文社会科学版），2013（6）.

［89］胡勇. 监察体制改革背景下检察机关的再定位与职能调整［J］. 法治研究，2017（3）.

［90］谭世贵. 论对国家监察权的制约与监督［J］. 政法论丛，2017（5）.

［91］李强，常海蓉. 民事检察调查核实制度若干问题探究［J］. 人民检察，2017（2）.

［92］李效安. 应明确控告申诉检察工作的内部监督制约职能［J］. 人民检察，2007（11）.

［93］王小新，李高生. 刑事诉讼规则在控告检察工作中的理解与适用［J］. 国家检察官学院学报，2013（1）.

［94］吴建雄，王友武. 监察与司法衔接的价值基础、核心要素与规则构建［J］. 国家行政学院学报，2018（4）.

［95］梅雪. 新加坡与中国反腐机制比较研究［D］. 山西大学，2010.

［96］胡建会. 欧盟监察专员法律制度研究［D］. 华东政法大学，2012.

［97］赵露. 新加坡廉政制度研究［D］. 辽宁大学，2014.

［98］孙谦. 新时代检察机关法律监督的理念、原则与职能（上）［N］. 检察日报，2018-11-03（003）.

［99］高翼飞. 检察机关的调查核实权及其实现路径［N］. 检察日报，2019-03-18（03）.

［100］Bellows, T. J.. Meritocracy and the Singapore Political System［J］. Asian Journal of Political Science, 2009, 17（1）.

［101］Ian Handen. Citizen and Information［J］. European Public Law, 2001,

7 (2).

[102] Anne Peters. The European Ombudsman and the European Constitution [J]. Common Market Law Review, 2005, 1 (3).

二、著作

[1] 秦前红, 叶海波. 国家监察制度改革研究 [M]. 法制出版社, 2018.

[2] 吴国章. 非法证据排除规则实务研究 [M]. 法律出版社, 2017.

[3] 姜明安. 监察工作理论与实务 [M]. 中国法制出版社, 2018.

[4] 柏桦. 中国政治制度史 [M]. 中国人民大学出版社, 2011.

[5] 后晓荣. 秦代政区地理 [M]. 社会科学文献出版社, 2009.

[6] 张晋藩. 中国监察法制史稿 [M]. 北京: 商务印书馆, 2007.

[7] 江国华. 国家监察立法研究 [M]. 中国政法大学出版社, 2018.

[8] 柏桦. 中国政治制度史 [M]. 中国人民大学出版社, 2011.

[9] 姜明安. 监察工作理论与实务 [M]. 中国法制出版社, 2018.

[10] 陈之迈. 中国政府 (第二册) [M]. 商务印书馆, 1947.

[11] 杨幼炯. 近代中国立法史 [M]. 商务印书馆, 1936.

[12] 范晔. 后汉书·百官志 [M]. 北京, 中华书局出版社, 2012.

[13] 刘昫. 旧唐书. 李素立传 (卷185) [M]. 北京, 中华书局, 1975.

[14] 何建章. 战国策注释 (卷26) [M]. 北京, 中华书局, 1999.

[15] 孔庆泰. 国民党政府政治制度史 [M]. 安徽教育出版社, 1998.

[16] 夏新华. 近代中国宪政历史: 史料荟萃 [M]. 中国政法大学出版社, 2004.

[17] 中国第二历史档案馆编. 国民政府监察院公报 [M]. 档案出版社, 1992.

[18] 中国社会科学院近代史所. 孙中山全集 [M]. 中华书局出版社, 1981.

[19] 中国第二历史档案馆. 国民党政府政治制度档案史料选编 (上册) [M]. 合肥, 安徽教育出版社, 1994.

[20] 徐矛. 中国民国政治制度史 [M]. 上海人民出版社, 1992.

[21] 张立军. 纪检监察组织建设教程［M］. 北京，中国方正出版社，2007.

[22] 包玉秋. 反腐倡廉立法研究［M］. 中国社会科学出版社，2013.

[23]［法］孟德斯鸠. 论法的精神（上）［M］. 张雁深译，商务印书馆，1961.

[24] 吴国章. 非法证据排除规则实务研究［M］. 法律出版社2017.

[25] 王超之，陈云生. 新宪法讲话［M］. 四川人民出版社1983.

[26] 卞建林. 中国司法制度基础理论研究［M］. 中国人民公安大学出版社，2013.

[27] 林喆. 权力腐败与权力制约［M］. 法律出版社1997.

[28] 吴丕，袁刚，孙广夏编著. 政治监督学［M］. 北京，北京大学出版社，2007：213.

[29] 曹云华. 亚洲的瑞士——新加坡启示录［M］. 中国对外经济贸易出版社，1997.

[30] 廖福特. 欧洲人权法［M］. 台北，学林文化事业有限公司出版，2003.

[31]［瑞典］本特 维斯兰德尔. 瑞典的议会监察专员［M］. 程洁译. 北京，清华大学出版社，2001.

[32] 袁钢. 欧盟监察专员制度研究［M］. 中国政法大学出版社，2013.

[33] 李玉华，周军，钱志健. 警察出庭作证指南［M］. 中国人民公安大学出版社，2014.

[34] 宋慈著. 洗冤集录译注［M］. 高随捷，祝林森译注，上海：上海古籍出版社，2014.

[35] 郭旭. 中国非法证据排除规则研究［M］. 中国人民公安大学出版社，2018.

[36] 米尔吉安. R. 达马斯卡. 比较法视野中的证据制度［M］. 吴宏耀，魏晓娜译. 中国人民公安大学出版社，2006.

[37] 中央纪委国家监委法规室编. 中华人民共和国监察法释义［M］. 北京，中国方正出版社，2018.

[38] 中国纪检监察报社. 学思践悟 [M]. 北京, 中国方正出版社, 2017.

[39] 中共中央宣传部. 习近平总书记系列重要讲话读本 [M]. 北京, 学习出版社, 2014.

[40] 中共中央纪律检查委员会中华人民共和国国家监察委员会案件审理室编. 监察机关调查职务犯罪案件证据收集与运用 [M]. 北京, 中国方正出版社, 2018.

[41] 中共中央纪律检查委员会办公厅. 中国共产党党风廉政建设文献选编(第八卷) [M]. 北京, 中国方正出版社, 2001.

[42] 中共甘肃省委宣传部. 中国廉政史话 [M]. 甘肃文化出版社, 2016.

[43] 中共中央组织部, 中共中央党史研究室, 中央档案馆. 中国共产党组织史资料 (附卷1) [M]. 中共党史出版社, 2000.

[44] 江伟. 证据法学 [M]. 北京, 法律出版, 1999.

[45] 樊崇义. 公平正义之路: 刑事诉讼法修改决定条文释义与专题解读 [M]. 中国人民公安大学出版社, 2012.

# 附录1

# 监察法公开征求意见稿、二审稿、草案和
# 定稿全文对比表

| 公开征求意见稿 | 二审稿 | 两会草案摘要 | 定稿 |
|---|---|---|---|
| 第一章 总则 | 第一章 总则 | 第一章 总则 | 第一章 总则 |
| **第1条** 为了推进全面依法治国，实现国家监察全面覆盖，深入开展反腐败工作，制定本法。 | **第1条** 为了深化国家监察体制改革，加强对公职人员的监督，实现国家监察全面覆盖，深入开展反腐败工作，推进国家治理体系和治理能力现代化，制定本法。 | **第1条** 为了深化国家监察体制改革，加强对所有行使公权力的公职人员的监督，实现国家监察全面覆盖，深入开展反腐败工作，推进国家治理体系和治理能力现代化，根据宪法，制定本法。 | **第1条** 为了深化国家监察体制改革，加强对所有行使公权力的公职人员的监督，实现国家监察全面覆盖，深入开展反腐败工作，推进国家治理体系和治理能力现代化，根据宪法，制定本法。 |
| **第10条** 监察机关依法独立行使监察权，任何组织和个人不得拒绝、阻碍或者干涉监察人员依法执行职务，不得对其打击报复。<br>监察机关在工作中需要有关机关和单位协助的，其应当根据监察机关的要求，在职权范围内依法予以协助。 | **第4条** 监察机关依照法律规定独立行使监察权，不受行政机关、社会团体和个人的干涉。<br>监察机关办理职务违法犯罪案件，应当与司法机关互相配合、互相制约。<br>监察机关在工作中需要协助的，有关机关和单位应当根据监察机关的要求依法予以协助。 | **第4条** 监察委员会依照法律规定独立行使监察权，不受行政机关、社会团体和个人的干涉。<br>监察机关办理职务违法和职务犯罪案件，应当与审判机关、检察机关、执法部门互相配合，互相制约。<br>监察机关在工作中需要协助的，有关机关和单位应当根据监察机关的要求依法予以协助。 | **第4条** 监察委员会依照法律规定独立行使监察权，不受行政机关、社会团体和个人的干涉。<br>监察机关办理职务违法和职务犯罪案件，应当与审判机关、检察机关、执法部门互相配合，互相制约。<br>监察机关在工作中需要协助的，有关机关和单位应当根据监察机关的要求依法予以协助。 |

| 公开征求意见稿 | 二审稿 | 两会草案摘要 | 定稿 |
|---|---|---|---|
| 第一章 总则 | 第一章 总则 | 第一章 总则 | 第一章 总则 |
| **第4条** 国家监察工作应当坚持依宪依法，以事实为根据，以法律为准绳；权责对等，从严监督；惩戒与教育相结合，宽严相济。坚持标本兼治，保持高压态势，形成持续震慑，强化不敢腐；深化改革、健全法治，有效制约和监督权力，强化不能腐；加强思想道德和法治教育，弘扬优秀传统文化，强化不想腐。 | **第5条** 国家监察工作坚持宪法法律至上，以事实为根据，以法律为准绳，在适用法律上一律平等；权责对等，从严监督；惩戒与教育相结合，宽严相济。<br><br>**第6条** 国家监察工作坚持标本兼治，保持高压态势，强化不敢腐的震慑；深化改革、健全法治，有效制约和监督权力，扎牢不能腐的笼子；加强思想道德和法治教育，弘扬中华优秀传统文化，增强不想腐的自觉。 | **第5条** 国家监察工作严格遵照宪法和法律，以事实为根据，以法律为准绳，在适用法律上一律平等；权责对等，从严监督；惩戒与教育相结合，宽严相济。<br><br>**第6条** 国家监察工作坚持标本兼治、综合治理，强化监督问责，严厉惩治腐败；深化改革、健全法治，有效制约和监督权力；加强法治道德教育，弘扬中华优秀传统文化，构建不敢腐、不能腐、不想腐的长效机制。 | **第5条** 国家监察工作严格遵照宪法和法律，以事实为根据，以法律为准绳；在适用法律上一律平等，保障当事人的合法权益；权责对等，严格监督；惩戒与教育相结合，宽严相济。<br><br>**第6条** 国家监察工作坚持标本兼治、综合治理，强化监督问责，严厉惩治腐败；深化改革、健全法治，有效制约和监督权力；加强法治教育和道德教育，弘扬中华优秀传统文化，构建不敢腐、不能腐、不想腐的长效机制。 |

续表

| 公开征求意见稿 | 二审稿 | 两会草案摘要 | 定稿 |
|---|---|---|---|
| 第一章　总则 | 第一章　总则 | 第一章　总则 | 第一章　总则 |
| **第9条**　各级监察委员会根据工作需要,经批准,可以向本级党的机关、国家机关、管理公共事务的组织和单位、所管辖的行政区域派出监察机构、监察专员,监察机构、监察专员对派出它的监察机关负责。 | **第12条**　各级监察委员会可以向本级中国共产党的机关、国家机关、经法律法规授权或者委托管理公共事务的组织和单位以及所管辖的行政区域、国有企业等派驻或者派出监察机构、监察专员。<br>监察机构、监察专员对派驻或者派出它的监察机关负责。 | **第12条**　各级监察委员会可以向本级中国共产党机关、国家机关、法律法规授权或者委托管理公共事务的组织和单位以及所管辖的行政区域、国有企业等派驻或者派出监察机构、监察专员。<br>监察机构、监察专员对派驻或者派出它的监察委员会负责。<br>共事务的组织和单位、所管辖的行政区域派出监察机构、监察专员,监察机构、监察专员对派出它的监察机关负责。 | **第12条**　各级监察委员会可以向本级中国共产党机关、国家机关、法律法规授权或者委托管理公共事务的组织和单位以及所管辖的行政区域、国有企业等派驻或者派出监察机构、监察专员。<br>监察机构、监察专员对派驻或者派出它的监察委员会负责。 |
| **第11条**　监察官是依法行使监察权的监察人员。国家实行监察官等级制度,制定监察官等级设置、评定和晋升办法。 | **第14条**　国家实行监察官制度,依法确定监察官等级设置、任免、考评和晋升等制度。 | **第14条**　国家实行监察官制度,依法确定监察官的等级设置、任免、考评和晋升等制度。 | **第14条**　国家实行监察官制度,依法确定监察官的等级设置、任免、考评和晋升等制度。 |

| 公开征求意见稿 | 二审稿 | 两会草案摘要 | 定稿 |
|---|---|---|---|
| 第三章<br>监察范围 | 第三章<br>监察范围和管辖 | 第三章<br>监察范围和管辖 | 第三章<br>监察范围和管辖 |
| **第24条** 被调查人涉嫌贪污贿赂、失职渎职等严重职务违法或者职务犯罪，监察机关已经掌握其部分违法犯罪事实及证据，仍有重要问题需要进一步调查，并有下列情形之一的，经监察机关依法审批，可以将其留置在特定场所：（一）涉及案情重大、复杂的；（二）可能逃跑、自杀的；（三）可能串供或者伪造、销毁、转移、隐匿证据的；（四）可能有其他妨碍调查行为的。<br>对涉嫌行贿犯罪或者共同职务犯罪的涉案人员，监察机关可以依照前款规定采取留置措施。<br>（无留置场所的规定） | **第22条** 被调查人涉嫌贪污贿赂、失职渎职等严重职务违法或者职务犯罪，监察机关已经掌握其部分违法犯罪事实及证据，仍有重要问题需要进一步调查，并有下列情形之一的，经监察机关依法审批，可以将其留置在特定场所：（1）涉及案情重大、复杂的；（2）可能逃跑、自杀的；（3）可能串供或者伪造、隐匿、毁灭证据的；（4）可能有其他妨碍调查行为的。<br>对涉嫌行贿犯罪或者共同职务犯罪的涉案人员，监察机关可以依照前款规定采取留置措施。<br>留置场所的设置和管理依照国家有关规定执行。 | **第22条** 被调查人涉嫌贪污贿赂、失职渎职等严重职务违法或者职务犯罪，监察机关已经掌握其部分违法犯罪事实及证据，仍有重要问题需要进一步调查，并有下列情形之一的，经监察机关依法审批，可以将其留置在特定场所：（1）涉及案情重大、复杂的；（2）可能逃跑、自杀的；（3）可能串供或者伪造、隐匿、毁灭证据的；（4）可能有其他妨碍调查行为的。<br>对涉嫌行贿犯罪或者共同职务犯罪的涉案人员，监察机关可以依照前款规定采取留置措施。<br>留置场所的设置和管理依照国家有关规定执行。 | **第22条** 被调查人涉嫌贪污贿赂、失职渎职等严重职务违法或者职务犯罪，监察机关已经掌握其部分违法犯罪事实及证据，仍有重要问题需要进一步调查，并有下列情形之一的，经监察机关依法审批，可以将其留置在特定场所：（1）涉及案情重大、复杂的；（2）可能逃跑、自杀的；（3）可能串供或者伪造、隐匿、毁灭证据的；（4）可能有其他妨碍调查行为的。<br>对涉嫌行贿犯罪或者共同职务犯罪的涉案人员，监察机关可以依照前款规定采取留置措施。<br>留置场所的设置、管理和监督依照国家有关规定执行。 |

| 公开征求意见稿 | 二审稿 | 两会草案摘要 | 定稿 |
|---|---|---|---|
| 第三章<br>监察范围 | 第三章<br>监察范围和管辖 | 第三章<br>监察范围和管辖 | 第三章<br>监察范围和管辖 |
| **第25条**　监察机关在调查涉嫌贪污贿赂、失职渎职等严重职务违法或者职务犯罪时，根据工作需要，可以依照规定查询、冻结案件涉嫌单位和个人的存款、汇款、债券、股票、基金份额等财产。有关单位和个人应当配合。<br><br>（无有关解冻的规定） | **第23条**　监察机关调查涉嫌贪污贿赂、失职渎职等严重职务违法或者职务犯罪，根据工作需要，可以依照规定查询、冻结涉案单位和个人的存款、汇款、债券、股票、基金份额等财产。有关单位和个人应当配合。<br>冻结的财产经查明与案件无关的，应当在3日内解除冻结，予以退还。 | **第23条**　监察机关调查涉嫌贪污贿赂、失职渎职等严重职务违法或者职务犯罪，根据工作需要，可以依照规定查询、冻结涉案单位和个人的存款、汇款、债券、股票、基金份额等财产。有关单位和个人应当配合。<br>冻结的财产经查明与案件无关的，应当在查明后3日内解除冻结，予以退还。 | **第23条**　监察机关调查涉嫌贪污贿赂、失职渎职等严重职务违法或者职务犯罪，根据工作需要，可以依照规定查询、冻结涉案单位和个人的存款、汇款、债券、股票、基金份额等财产。有关单位和个人应当配合。<br>冻结的财产经查明与案件无关的，应当在查明后3日内解除冻结，予以退还。 |
| **第26条**　监察机关可以对涉嫌职务犯罪的被调查人以及可能隐藏被调查人或者犯罪证据的人的身体、物品、住处和其他有关的地方进行搜查。在搜查时，应当出具搜查证件，并有被搜查人或者其家属等见证人在场。<br>（无搜查女性身体的规定特殊）<br>监察机关进行搜查时，可以根据工作需要提请公安机关配合。公安机关依法予以协助。 | **第24条**　监察机关可以对涉嫌职务犯罪的被调查人以及可能隐藏被调查人或者犯罪证据的人的身体、物品、住处和其他有关的地方进行搜查。在搜查时，应当出具搜查证件，并有被搜查人或者其家属等见证人在场。<br>搜查女性的身体，应当由女工作人员进行。<br>监察机关进行搜查时，可以根据工作需要提请公安机关配合。公安机关应当依法予以协助。 | **第24条**　监察机关可以对涉嫌职务犯罪的被调查人以及可能隐藏被调查人或者犯罪证据的人的身体、物品、住处和其他有关地方进行搜查。在搜查时，应当出示搜查证，并有被搜查人或者其家属等见证人在场。<br>搜查女性的身体，应当由女工作人员进行。<br>监察机关进行搜查时，可以根据工作需要提请公安机关配合。公安机关应当依法予以协助。 | **第24条**　监察机关可以对涉嫌职务犯罪的被调查人以及可能隐藏被调查人或者犯罪证据的人的身体、物品、住处和其他有关地方进行搜查。在搜查时，应当出示搜查证，并有被搜查人或者其家属等见证人在场。<br>搜查女性身体，应当由女性工作人员进行。<br>监察机关进行搜查时，可以根据工作需要提请公安机关配合。公安机关应当依法予以协助。 |

| 公开征求意见稿 | 二审稿 | 两会草案摘要 | 定稿 |
|---|---|---|---|
| 第三章<br>监察范围 | 第三章<br>监察范围和管辖 | 第三章<br>监察范围和管辖 | 第三章<br>监察范围和管辖 |
| **第 27 条** 监察机关在调查过程中可以调取、查封、扣押用以证明被调查人涉嫌违法犯罪的财物、文件，应当收集原物原件，会同持有人或者保管人、见证人，当面逐一拍照、登记、编号，开列清单，由在场人员当场核对、签字，并将清单副本交财物、文件的持有人或者占有人。<br>对调取、查封、扣押的财物、文件，监察机关应当设立专用账户、专门场所，确定专门人员妥善保管，严格履行交接、调取手续，定期对账核实，不得毁损或者用于其他目的。对价值不明物品应当及时鉴定，专门封存保管。（无查封扣押后的解除规定） | **第 25 条** 监察机关在调查过程中，可以调取、查封、扣押用以证明被调查人涉嫌违法犯罪的财物、文件和电子数据等信息。采取调取、查封、扣押措施，应当收集原物原件，会同持有人或者保管人、见证人，当面逐一拍照、登记、编号，开列清单，由在场人员当场核对、签名，并将清单副本交财物、文件的持有人或者保管人。<br>对调取、查封、扣押的财物、文件，监察机关应当设立专用账户、专门场所，确定专门人员妥善保管，严格履行交接、调取手续，定期对账核实，不得毁损或者用于其他目的。对价值不明物品应当及时鉴定，专门封存保管。查封、扣押的财物、文件经查明与案件无关的，应当在 3 日内解除查封、扣押，予以退还。 | **第 25 条** 监察机关在调查过程中，可以调取、查封、扣押用以证明被调查人涉嫌违法犯罪的财物、文件和电子数据等信息。采取调取、查封、扣押措施，应当收集原物原件，会同持有人或者保管人、见证人，当面逐一拍照、登记、编号，开列清单，由在场人员当场核对、签名，并将清单副本交财物、文件的持有人或者保管人。<br>对调取、查封、扣押的财物、文件，监察机关应当设立专用账户、专门场所，确定专门人员妥善保管，严格履行交接、调取手续，定期对账核实，不得毁损或者用于其他目的。对价值不明物品应当及时鉴定，专门封存保管。查封、扣押的财物、文件经查明与案件无关的，应当在查明后 3 日内解除查封、扣押，予以退还。 | **第 25 条** 监察机关在调查过程中，可以调取、查封、扣押用以证明被调查人涉嫌违法犯罪的财物、文件和电子数据等信息。采取调取、查封、扣押措施，应当收集原物原件，会同持有人或者保管人、见证人，当面逐一拍照、登记、编号，开列清单，由在场人员当场核对、签名，并将清单副本交财物、文件的持有人或者保管人。<br>对调取、查封、扣押的财物、文件，监察机关应当设立专用账户、专门场所，确定专门人员妥善保管，严格履行交接、调取手续，定期对账核实，不得毁损或者用于其他目的。对价值不明物品应当及时鉴定，专门封存保管。查封、扣押的财物、文件经查明与案件无关的，应当在查明后 3 日内解除查封、扣押，予以退还。 |

| 公开征求意见稿 | 二审稿 | 两会草案摘要 | 定稿 |
|---|---|---|---|
| 第三章<br>监察范围 | 第三章<br>监察范围和管辖 | 第三章<br>监察范围和管辖 | 第三章<br>监察范围和管辖 |
| **第29条** 监察机关在调查涉嫌重大贪污贿赂、失职渎职等职务犯罪时，根据需要，履行严格的批准手续，可以采取技术调查措施，按照规定交有关机关执行。<br>批准决定应当明确采取技术调查措施的种类和适用对象，自签发之日起三个月以内有效；对于复杂、疑难案件，期限届满仍有必要继续采取技术调查措施的，经过批准，有效期可以延长，每次不得超过三个月。<br>（缺少解除部分） | **第28条** 监察机关调查涉嫌重大贪污贿赂等职务犯罪，根据需要，经过严格的批准手续，可以采取技术调查措施，按照规定交有关机关执行。<br>批准决定应当明确采取技术调查措施的种类和适用对象，自签发之日起3个月以内有效；对于复杂、疑难案件，期限届满仍有必要继续采取技术调查措施的，经过批准，有效期可以延长，每次不得超过3个月。对于不需要继续采取技术调查措施的，应当及时解除。 | **第28条** 监察机关调查涉嫌重大贪污贿赂等职务犯罪，根据需要，经过严格的批准手续，可以采取技术调查措施，按照规定交有关机关执行。<br>批准决定应当明确采取技术调查措施的种类和适用对象，自签发之日起3个月以内有效；对于复杂、疑难案件，期限届满仍有必要继续采取技术调查措施的，经过批准，有效期可以延长，每次不得超过3个月。对于不需要继续采取技术调查措施的，应当及时解除。 | **第28条** 监察机关调查涉嫌重大贪污贿赂等职务犯罪，根据需要，经过严格的批准手续，可以采取技术调查措施，按照规定交有关机关执行。<br>批准决定应当明确采取技术调查措施的种类和适用对象，自签发之日起3个月以内有效；对于复杂、疑难案件，期限届满仍有必要继续采取技术调查措施的，经过批准，有效期可以延长，每次不得超过3个月。对于不需要继续采取技术调查措施的，应当及时解除。 |
| **第33条** 职务违法犯罪的涉案人员积极检举、揭发有关被调查人职务违法犯罪，或者提供重要线索、重要证言的，经监察机关集体研究，并报上一级监察机关批准，可以在移送检察机关时提出从轻、减轻处罚的建议。 | **第32条** 职务违法犯罪的涉案人员揭发有关被调查人职务违法犯罪行为，查证属实的，或者提供重要线索，有助于调查其他案件的，监察机关经集体研究，并报上一级监察机关批准，可以在移送人民检察院时提出从宽处罚的建议。 | **第32条** 职务违法犯罪的涉案人员揭发有关被调查人职务违法犯罪行为，查证属实的，或者提供重要线索，有助于调查其他案件的，监察机关经集体研究，并报上一级监察机关批准，可以在移送人民检察院时提出从宽处罚的建议。 | **第32条** 职务违法犯罪的涉案人员揭发有关被调查人职务违法犯罪行为，查证属实的，或者提供重要线索，有助于调查其他案件的，监察机关经领导人员集体研究，并报上一级监察机关批准，可以在移送人民检察院时提出从宽处罚的建议。 |

| 公开征求意见稿 | 二审稿 | 两会草案摘要 | 定稿 |
|---|---|---|---|
| 第三章<br>监察范围 | 第三章<br>监察范围和管辖 | 第三章<br>监察范围和管辖 | 第三章<br>监察范围和管辖 |
| （无相关规定） | **第 35 条** 监察机关对于报案或者举报，应当接受并按照有关规定处理。对于不属于本机关管辖的，应当移送主管机关处理。 | **第 35 条** 监察机关对于报案或者举报，应当接受并按照有关规定处理。对于不属于本机关管辖的，应当移送主管机关处理。 | **第 35 条** 监察机关对于报案或者举报，应当接受并按照有关规定处理。对于不属于本机关管辖的，应当移送主管机关处理。 |
| **第 41 条** 第一款省级以下监察机关采取留置措施，应当由监察机关领导人员集体研究决定，报上一级监察机关批准。省级监察机关决定采取留置措施，应当报中华人民共和国监察委员会备案。<br>**第 41 条** 第四款留置时间不得超过三个月。在特殊情况下，决定采取留置措施的监察机关报上一级监察机关批准，可以延长一次，延长时间不得超过三个月。<br>（缺少及时解除条款）<br>**第 41 条第二款** 监察机关采取留置措施时，可以根据工作需要提请公安机关配合。公安机关依法予以协助。 | **第 43 条** 监察机关采取留置措施，应当由监察机关领导人员集体研究决定。设区的市级以下监察机关采取留置措施，应当报上一级监察机关批准。省级监察机关采取留置措施，应当报中华人民共和国监察委员会备案。<br>留置时间不得超过 3 个月。在特殊情况下，可以延长一次，延长时间不得超过 3 个月。省级以下监察机关采取留置措施的，延长留置时间应当报上一级监察机关批准。监察机关发现采取留置措施不当的，应当及时解除。<br>监察机关采取留置措施，可以根据工作需要提请公安机关配合。公安机关应当依法予以协助。 | **第 43 条** 监察机关采取留置措施，应当由监察机关领导人员集体研究决定。设区的市级以下监察机关采取留置措施，应当报上一级监察机关批准。省级监察机关采取留置措施，应当报国家监察委员会备案。<br>留置时间不得超过 3 个月。在特殊情况下，可以延长一次，延长时间不得超过 3 个月。省级以下监察机关采取留置措施的，延长留置时间应当报上一级监察机关批准。监察机关发现采取留置措施不当的，应当及时解除。<br>监察机关采取留置措施，可以根据工作需要提请公安机关配合。公安机关应当依法予以协助。 | **第 43 条** 监察机关采取留置措施，应当由监察机关领导人员集体研究决定。设区的市级以下监察机关采取留置措施，应当报上一级监察机关批准。省级监察机关采取留置措施，应当报国家监察委员会备案。<br>留置时间不得超过 3 个月。在特殊情况下，可以延长一次，延长时间不得超过 3 个月。省级以下监察机关采取留置措施的，延长留置时间应当报上一级监察机关批准。监察机关发现采取留置措施不当的，应当及时解除。<br>监察机关采取留置措施，可以根据工作需要提请公安机关配合。公安机关应当依法予以协助。 |

| 公开征求意见稿 | 二审稿 | 两会草案摘要 | 定稿 |
|---|---|---|---|
| 第三章<br>监察范围 | 第三章<br>监察范围和管辖 | 第三章<br>监察范围和管辖 | 第三章<br>监察范围和管辖 |
| **第41条第一款** 采取留置措施后，除有碍调查的，应当在二十四小时以内，通知被留置人所在单位或家属。<br>**第41条第三款** 监察机关应当保障被留置人员的饮食、休息，提供医疗服务。讯问被留置人员应当合理安排讯问时间和时长，讯问笔录由被讯问人阅看后签字。<br>**第41条第五款** 被留置人员涉嫌犯罪移送司法机关后，被依法判处管制、拘役和有期徒刑的，留置期限应当折抵刑期。留置一日折抵管制二日，折抵拘役、有期徒刑一日。 | **第44条** 采取留置措施后，除有可能毁灭、伪造证据，干扰证人作证或者串供等有碍调查情形的，应当在24小时以内，通知被留置人员所在单位和家属。<br>监察机关应当保障被留置人员的饮食、休息和安全，提供医疗服务。讯问被留置人员应当合理安排讯问时间和时长，讯问笔录由被讯问人阅看后签名。<br>被留置人员涉嫌犯罪移送司法机关后，被依法判处管制、拘役和有期徒刑的，留置期限应当折抵刑期。留置1日折抵管制2日，折抵拘役、有期徒刑1日。 | **第44条** 对被调查人采取留置措施后，应当在24小时以内，通知被留置人员所在单位和家属，但有可能毁灭、伪造证据，干扰证人作证或者串供等有碍调查情形的除外。<br>监察机关应当保障被留置人员的饮食、休息和安全，提供医疗服务。讯问被留置人员应当合理安排讯问时间和时长，讯问笔录由被讯问人阅看后签名。<br>被留置人员涉嫌犯罪移送司法机关后，被依法判处管制、拘役和有期徒刑的，留置期限应当折抵刑期。留置1日折抵管制2日，折抵拘役、有期徒刑1日。 | **第44条** 对被调查人采取留置措施后，应当在24小时以内，通知被留置人员所在单位和家属，但有可能毁灭、伪造证据，干扰证人作证或者串供等有碍调查情形的除外。有碍调查的情形消失后，应当立即通知被留置人员所在单位和家属。<br>监察机关应当保障被留置人员的饮食、休息和安全，提供医疗服务。讯问被留置人员应当合理安排讯问时间和时长，讯问笔录由被讯问人阅看后签名。<br>被留置人员涉嫌犯罪移送司法机关后，被依法判处管制、拘役和有期徒刑的，（删除留置期限应当折抵刑期）留置1日折抵管制2日，折抵拘役、有期徒刑1日。 |

| 公开征求意见稿 | 二审稿 | 两会草案摘要 | 定稿 |
|---|---|---|---|
| 第三章<br>监察范围 | 第三章<br>监察范围和管辖 | 第三章<br>监察范围和管辖 | 第三章<br>监察范围和管辖 |
| **第43条**　监察机关根据监督、调查结果，依法作出如下处置：<br>（第21条　对可能发生职务违法，或者有职务违法行为但情节较轻的公职人员，监察机关按照管理权限，可以直接或者委托有关机关、人员，进行谈话提醒、批评教育、责令检查，或者予以诫勉。）<br>（一）处理。对违法的公职人员依照法定程序作出警告、记过、记大过、降级、撤职、开除等处分决定。<br>（二）建议。对监察对象所在单位廉政建设和履行职责存在的问题等提出监察建议。<br>（三）问责。对不履行或者不正确履行职责的，依照权限对负有责任的领导人员直接作出问责决定，或者向有权作出问责决定的机关提出问责建议。<br>（四）移送起诉。对公职人员涉嫌职务犯罪，监察机关经调查认为犯罪事实清楚，证据确实充分的，制作起诉意见书，连同被调查人、案卷材料、证据一并移送检察机关依法提起公诉，检察机关依法对被移交人员采取强制措施。<br>（缺乏撤销案件的规定） | **第45条**　监察机关根据监督、调查结果，依法作出如下处置：<br>（1）对有职务违法行为但情节较轻的公职人员，按照管理权限，直接或者委托有关机关、人员，进行谈话提醒、批评教育、责令检查，或者予以诫勉。<br>（2）对违法的公职人员依照法定程序作出警告、记过、记大过、降级、撤职、开除等政务处分决定。<br>（3）对不履行或者不正确履行职责的，按照管理权限对负有责任的领导人员直接作出问责决定，或者向有权作出问责决定的机关提出问责建议。<br>（4）对被调查人涉嫌职务犯罪，监察机关经调查认为犯罪事实清楚，证据确实、充分的，制作起诉意见书，连同案卷材料、证据一并移送人民检察院，依法提起公诉。人民检察院依法对被调查人采取强制措施。<br>（5）对监察对象所在单位廉政建设和履行职责存在的问题等提出监察建议。<br>监察机关经过调查，对没有证据证明存在违法犯罪行为的，应当撤销案件。 | **第45条**　监察机关根据监督、调查结果，依法作出如下处置：<br>（1）对有职务违法行为但情节较轻的公职人员，按照管理权限，直接或者委托有关机关、人员，进行谈话提醒、批评教育、责令检查，或者予以诫勉；<br>（2）对违法的公职人员依照法定程序作出警告、记过、记大过、降级、撤职、开除等政务处分决定；<br>（3）对不履行或者不正确履行职责负有责任的领导人员，按照管理权限对其直接作出问责决定，或者向有权作出问责决定的机关提出问责建议；<br>（4）对涉嫌职务犯罪的，监察机关经调查认为犯罪事实清楚，证据确实、充分的，制作起诉意见书，连同案卷材料、证据一并移送人民检察院依法审查、提起公诉；人民检察院依照《中华人民共和国刑事诉讼法》对被调查人采取强制措施；<br>（5）对监察对象所在单位廉政建设和履行职责存在的问题等提出监察建议。<br>监察机关经调查，对没有证据证明被调查人存在违法犯罪行为的，应当撤销案件。 | **第45条**　监察机关根据监督、调查结果，依法作出如下处置：<br>（1）对有职务违法行为但情节较轻的公职人员，按照管理权限，直接或者委托有关机关、人员，进行谈话提醒、批评教育、责令检查，或者予以诫勉；<br>（2）对违法的公职人员依照法定程序作出警告、记过、记大过、降级、撤职、开除等政务处分决定；<br>（3）对不履行或者不正确履行职责负有责任的领导人员，按照管理权限对其直接作出问责决定，或者向有权作出问责决定的机关提出问责建议；<br>（4）对涉嫌职务犯罪的，监察机关经调查认为犯罪事实清楚，证据确实、充分的，制作起诉意见书，连同案卷材料、证据一并移送人民检察院依法审查、提起公诉；<br>（5）对监察对象所在单位廉政建设和履行职责存在的问题等提出监察建议。<br>监察机关经调查，对没有证据证明被调查人存在违法犯罪行为的，应当撤销案件，并通知被调查人所在单位。 |

| 公开征求意见稿 | 二审稿 | 两会草案摘要 | 定稿 |
|---|---|---|---|
| 第三章<br>监察范围 | 第三章<br>监察范围和管辖 | 第三章<br>监察范围和管辖 | 第三章<br>监察范围和管辖 |
| **第45条**　对监察机关移送的案件，检察机关认为犯罪事实已经查清，证据确实充分，依法应当追究刑事责任的，应当作出起诉决定。<br>检察机关经审查后，认为需要补充核实的，应当退回监察机关补充调查，必要时可以自行补充侦查。对于证据不足、犯罪行为较轻，或者没有犯罪事实的，应当征求监察机关意见并报经上一级检察机关批准，依法作出不起诉的决定。监察机关认为不起诉的决定有错误的，可以要求复议。<br><br>（缺少对补充侦查次数和时间的规定） | **第47条**　对监察机关移送的案件，人民检察院认为犯罪事实已经查清，证据确实、充分，依法应当追究刑事责任的，应当作出起诉决定。<br>人民检察院经审查后，认为需要补充核实的，应当退回监察机关补充调查，必要时可以自行补充侦查。<br>人民检察院对于有刑事诉讼法规定的不起诉的情形的，经上一级人民检察院批准，依法作出不起诉的决定。监察机关认为不起诉的决定有错误的，可以要求复议。<br><br>（缺少对补充侦查次数和时间的规定） | **第47条**　对监察机关移送的案件，人民检察院认为犯罪事实已经查清，证据确实、充分，依法应当追究刑事责任的，应当作出起诉决定。<br>人民检察院经审查后，认为需要补充核实的，应当退回监察机关补充调查，必要时可以自行补充侦查。<br>人民检察院对于有《中华人民共和国刑事诉讼法》规定的不起诉的情形的，经上一级人民检察院批准，依法作出不起诉的决定。监察机关认为不起诉的决定有错误的，可以向上一级人民检察院提请复议。<br><br>（缺少对补充侦查次数和时间的规定） | **第47条**　对监察机关移送的案件，人民检察院依照《中华人民共和国刑事诉讼法》对被调查人采取强制措施。<br>人民检察院经审查，认为犯罪事实已经查清，证据确实、充分，依法应当追究刑事责任的，应当作出起诉决定。<br>人民检察院经审查，认为需要补充核实的，应当退回监察机关补充调查，必要时可以自行补充侦查。对于补充调查的案件，应当在1个月内补充调查完毕。补充调查以2次为限。<br>人民检察院对于有《中华人民共和国刑事诉讼法》规定的不起诉的情形的，经上一级人民检察院批准，依法作出不起诉的决定。监察机关认为不起诉的决定有错误的，可以向上一级人民检察院提请复议。 |

续表

| 公开征求意见稿 | 二审稿 | 两会草案摘要 | 定稿 |
|---|---|---|---|
| 第三章<br>监察范围 | 第三章<br>监察范围和管辖 | 第三章<br>监察范围和管辖 | 第三章<br>监察范围和管辖 |
| **第46条**　监察机关调查的贪污贿赂、失职渎职等重大职务犯罪案件的被调查人逃匿、失踪或者死亡的，经省级以上监察机关批准，认为有必要继续调查的，应当继续调查并作出结论。被调查人逃匿、失踪，在通缉一年后不能到案，或者死亡的，由监察机关提请检察机关依法定程序，没收违法所得。 | **第48条**　监察机关在调查贪污贿赂、失职渎职等职务犯罪案件过程中，被调查人逃匿或者死亡，有必要继续调查的，经省级以上监察机关批准，应当继续调查并作出结论。被调查人逃匿，在通缉1年后不能到案，或者死亡的，由监察机关提请人民检察院依照法定程序，向人民法院提出没收违法所得的申请。 | **第48条**　监察机关在调查贪污贿赂、失职渎职等职务犯罪案件过程中，被调查人逃匿或者死亡，有必要继续调查的，经省级以上监察机关批准，应当继续调查并作出结论。被调查人逃匿，在通缉1年后不能到案，或者死亡的，由监察机关提请人民检察院依照法定程序，向人民法院提出没收违法所得的申请。 | **第48条**　监察机关在调查贪污贿赂、失职渎职等职务犯罪案件过程中，被调查人逃匿或者死亡，有必要继续调查的，经省级以上监察机关批准，应当继续调查并作出结论。被调查人逃匿，在通缉1年后不能到案，或者死亡的，由监察机关提请人民检察院依照法定程序，向人民法院提出没收违法所得的申请。 |

| 公开征求意见稿 | 二审稿 | 两会草案摘要 | 定稿 |
|---|---|---|---|
| 第三章<br>监察范围 | 第三章<br>监察范围和管辖 | 第三章<br>监察范围和管辖 | 第三章<br>监察范围和管辖 |
| **第 47 条** 被监察人员对监察机关涉及本人的处理决定不服的，可以依法提出申诉。申诉处理期间，不停止处理决定的执行。申诉受理机关审查认定处理决定有错误的，原处理机关应当及时予以纠正。<br><br>（缺少对申诉对象和期限的规定） | **第 49 条** 监察对象对监察机关涉及本人的处理决定不服的，可以向作出决定的监察机关申请复审；对复审决定仍不服的，可以向上一级监察机关申请复核。复审、复核期间，不停止原处理决定的执行。复核受理机关审查认定处理决定有错误的，原处理机关应当及时予以纠正。<br>（缺少对复审、复核相关期限的规定） | **第 49 条** 监察对象对监察机关涉及本人的处理决定不服的，可以向作出决定的监察机关申请复审；对复审决定仍不服的，可以向上一级监察机关申请复核。复审、复核期间，不停止原处理决定的执行。复核受理机关审查认定处理决定有错误的，原处理机关应当及时予以纠正。<br>（缺少对复审、复核相关期限的规定） | **第 49 条** 监察对象对监察机关作出的涉及本人的处理决定不服的，可以在收到处理决定之日起 1 个月内，向作出决定的监察机关申请复审，复审机关应当在 1 个月内作出复审决定；监察对象对复审决定仍不服的，可以在收到复审决定之日起 1 个月内，向上一级监察机关申请复核，复核机关应当在 2 个月内作出复核决定。复审、复核期间，不停止原处理决定的执行。复核机关经审查，认定处理决定有错误的，原处理机关应当及时予以纠正。 |
| **第 54 条** 监察机关应当加强对监察人员执行职务和遵守法律情况的监督，建设忠诚干净担当的监察队伍。 | **第 55 条** 监察机关通过设立内部专门的监督机构等方式，加强对监察人员执行职务和遵守法律情况的监督，建设忠诚、干净、担当的监察队伍。 | **第 55 条** 监察机关通过设立内部专门的监督机构等方式，加强对监察人员执行职务和遵守法律情况的监督，建设忠诚、干净、担当的监察队伍。 | **第 55 条** 监察机关通过设立内部专门的监督机构等方式，加强对监察人员执行职务和遵守法律情况的监督，建设忠诚、干净、担当的监察队伍。 |

| 公开征求意见稿 | 二审稿 | 两会草案摘要 | 定稿 |
|---|---|---|---|
| 第三章<br>监察范围 | 第三章<br>监察范围和管辖 | 第三章<br>监察范围和管辖 | 第三章<br>监察范围和管辖 |
| **第59条** 监察机关及其工作人员有下列行为之一的，被调查人及其近亲属有权向该机关申诉：<br>（一）留置法定期限届满，不予以解除的；<br>（二）查封、扣押、冻结与案件无关的财物的；<br>（三）应当解除查封、扣押、冻结措施而不解除的；<br>（四）贪污、挪用、私分、调换以及违反规定使用查封、扣押、冻结的财物的。<br>（缺少第五款）<br>受理申诉的监察机关应当及时处理。申诉人对处理不服的，可以向上一级监察机关申请复查，上一级监察机关应当及时处理，情况属实的，予以纠正。 | **第60条** 监察机关及其工作人员有下列行为之一的，被调查人及其近亲属有权向该机关申诉：<br>（1）留置法定期限届满，不予以解除的；<br>（2）查封、扣押、冻结与案件无关的财物的；<br>（3）应当解除查封、扣押、冻结措施而不解除的；<br>（4）贪污、挪用、私分、调换以及违反规定使用查封、扣押、冻结的财物的；<br>（5）其他违反法律法规、侵害被调查人合法权益的行为。<br>受理申诉的监察机关应当及时处理。申诉人对处理不服的，可以向上一级监察机关申请复查，上一级监察机关应当及时处理，情况属实的，予以纠正。 | **第60条** 监察机关及其工作人员有下列行为之一的，被调查人及其近亲属有权向该机关申诉：<br>（1）留置法定期限届满，不予以解除的；<br>（2）查封、扣押、冻结与案件无关的财物的；<br>（3）应当解除查封、扣押、冻结措施而不解除的；<br>（4）贪污、挪用、私分、调换以及违反规定使用查封、扣押、冻结的财物的；<br>（5）其他违反法律法规、侵害被调查人合法权益的行为。<br>受理申诉的监察机关应当及时处理。申诉人对处理不服的，可以向上一级监察机关申请复查，上一级监察机关应当及时处理，情况属实的，予以纠正。 | **第60条** 监察机关及其工作人员有下列行为之一的，被调查人及其近亲属有权向该机关申诉：<br>（1）留置法定期限届满，不予以解除的；<br>（2）查封、扣押、冻结与案件无关的财物的；<br>（3）应当解除查封、扣押、冻结措施而不解除的；<br>（4）贪污、挪用、私分、调换以及违反规定使用查封、扣押、冻结的财物的；<br>（5）其他违反法律法规、侵害被调查人合法权益的行为。<br>受理申诉的监察机关应当在受理申诉之日起1个月内作出处理决定。申诉人对处理决定不服的，可以在收到处理决定之日起1个月内向上一级监察机关申请复查，上一级监察机关应当在收到复查申请之日起2个月内作出处理决定，情况属实的，及时予以纠正。 |

| 公开征求意见稿 | 二审稿 | 两会草案摘要 | 定稿 |
|---|---|---|---|
| 第三章<br>监察范围 | 第三章<br>监察范围和管辖 | 第三章<br>监察范围和管辖 | 第三章<br>监察范围和管辖 |
| **第63条** 对控告人、检举人、证人或者监察人员进行报复陷害的，依法给予处理；构成犯罪的，依法追究刑事责任。 | **第64条** 监察对象对控告人、检举人、证人或者监察人员进行报复陷害的；控告人、检举人、证人捏造事实诬告陷害监察对象的，依法予以处理。 | **第64条** 监察对象对控告人、检举人、证人或者监察人员进行报复陷害的；控告人、检举人、证人捏造事实诬告陷害监察对象的，依法给予处理。 | **第64条** 监察对象对控告人、检举人、证人或者监察人员进行报复陷害的；控告人、检举人、证人捏造事实诬告陷害监察对象的，依法给予处理。 |
| **第64条** 监察机关及其工作人员有下列行为之一的，依法给予处理；构成犯罪的，依法追究刑事责任：<br>（一）未经批准、授权处置问题线索，或者私自留存、处理涉案材料的；<br>（二）利用职权或者职务上的影响干预调查工作、以案谋私的；<br>（三）违法窃取、泄露调查工作信息，或者泄露举报事项、举报受理情况以及举报人信息的；<br>（四）对被调查人逼供、诱供，或者侮辱、打骂、虐待、体罚或者变相体罚的； | **第65条** 监察机关及其工作人员有下列行为之一的，对负有责任的领导人员和直接责任人员依法给予处理：<br>（1）未经批准、授权处置问题线索，发现重大案情隐瞒不报，或者私自留存、处理涉案材料的；<br>（2）利用职权或者职务上的影响干预调查工作、以案谋私的；<br>（3）违法窃取、泄露调查工作信息，或者泄露举报事项、举报受理情况以及举报人信息的；<br>（4）对被调查人逼供、诱供，或者侮辱、打骂、虐待、体罚或者变相体罚的； | **第65条** 监察机关及其工作人员有下列行为之一的，对负有责任的领导人员和直接责任人员依法给予处理：<br>（1）未经批准、授权处置问题线索，发现重大案情隐瞒不报，或者私自留存、处理涉案材料的；<br>（2）利用职权或者职务上的影响干预调查工作、以案谋私的；<br>（3）违法窃取、泄露调查工作信息，或者泄露举报事项、举报受理情况以及举报人信息的；<br>（4）对被调查人逼供、诱供，或者侮辱、打骂、虐待、体罚或者变相体罚的； | **第65条** 监察机关及其工作人员有下列行为之一的，对负有责任的领导人员和直接责任人员依法给予处理：<br>（1）未经批准、授权处置问题线索，发现重大案情隐瞒不报，或者私自留存、处理涉案材料的；<br>（2）利用职权或者职务上的影响干预调查工作、以案谋私的；<br>（3）违法窃取、泄露调查工作信息，或者泄露举报事项、举报受理情况以及举报人信息的；<br>（4）对被调查人或者涉案人员逼供、诱供，或者侮辱、打骂、虐待、体罚或者变相体罚的； |

| 公开征求意见稿 | 二审稿 | 两会草案摘要 | 定稿 |
|---|---|---|---|
| 第三章<br>监察范围 | 第三章<br>监察范围和管辖 | 第三章<br>监察范围和管辖 | 第三章<br>监察范围和管辖 |
| （五）违反规定处置扣押、没收财物的；<br>（六）违反规定发生安全事故，或者发生安全事故后隐瞒不报、处置不当的；<br>（七）有其他滥用职权、玩忽职守、徇私舞弊行为的。 | （5）违反规定处置查封、扣押、冻结财物的；<br>（6）违反规定发生办案安全事故，或者发生安全事故后隐瞒不报、报告失实、处置不当的；<br>（7）违反规定采取留置措施的；<br>（8）违反规定限制他人出境，或者不按规定解除出境限制的；<br>（9）其他滥用职权、玩忽职守、徇私舞弊行为的。 | （5）违反规定处置查封、扣押、冻结财物的；<br>（6）违反规定发生办案安全事故，或者发生安全事故后隐瞒不报、报告失实、处置不当的；<br>（7）违反规定采取留置措施的；<br>（8）违反规定限制他人出境，或者不按规定解除出境限制的；<br>（9）其他滥用职权、玩忽职守、徇私舞弊行为的。 | （5）违反规定处置查封、扣押、冻结的财物的；<br>（6）违反规定发生办案安全事故，或者发生安全事故后隐瞒不报、报告失实、处置不当的；<br>（7）违反规定采取留置措施的；<br>（8）违反规定限制他人出境，或者不按规定解除出境限制的；<br>（9）其他滥用职权、玩忽职守、徇私舞弊的行为。 |

# 刑事诉讼法部分修改条款　新旧对照表

| 2018 版修改（增加） | 2012 版原文 |
| --- | --- |
| **第十五条（新增）**　犯罪嫌疑人、被告人自愿如实供述自己的罪行，承认指控的犯罪事实，愿意接受处罚的，可以依法从宽处理。 | |
| **第十九条（修改第二款）**　人民检察院在对诉讼活动实行法律监督中发现的司法工作人员利用职权实施的非法拘禁、刑讯逼供、非法搜查等侵犯公民权利、损害司法公正的犯罪，可以由人民检察院立案侦查。对于公安机关管辖的国家机关工作人员利用职权实施的重大犯罪案件，需要由人民检察院直接受理的时候，经省级以上人民检察院决定，可以由人民检察院立案侦查。 | **第十八条第二款**　贪污贿赂犯罪，国家工作人员的渎职犯罪，国家机关工作人员利用职权实施的非法拘禁、刑讯逼供、报复陷害、非法搜查的侵犯公民人身权利的犯罪以及侵犯公民民主权利的犯罪，由人民检察院立案侦查。对于国家机关工作人员利用职权实施的其他重大的犯罪案件，需要由人民检察院直接受理的时候，经省级以上人民检察院决定，可以由人民检察院立案侦查。 |
| **第三十三条（增加一款，作为第三款）**　犯罪嫌疑人、被告人除自己行使辩护权以外，还可以委托一至二人作为辩护人。下列的人可以被委托为辩护人：（一）律师；（二）人民团体或者犯罪嫌疑人、被告人所在单位推荐的人；（三）犯罪嫌疑人、被告人的监护人、亲友。<br>正在被执行刑罚或者依法被剥夺、限制人身自由的人，不得担任辩护人。<br>被开除公职和被吊销律师、公证员执业证书的人，不得担任辩护人，但系犯罪嫌疑人、被告人的监护人、近亲属的除外。 | |
| **第三十六条（新增一条）**　法律援助机构可以在人民法院、看守所等场所派驻值班律师。犯罪嫌疑人、被告人没有委托辩护人，法律援助机构没有指派律师为其提供辩护的，由值班律师为犯罪嫌疑人、被告人提供法律咨询、程序选择建议、申请变更强制措施、对案件处理提出意见等法律帮助。<br>人民法院、人民检察院、看守所应当告知犯罪嫌疑人、被告人有权约见值班律师，并为犯罪嫌疑人、被告人约见值班律师提供便利。 | |

| 2018 版修改（增加） | 2012 版原文 |
|---|---|
| **第三十九条（修改第三款）** 危害国家安全犯罪、恐怖活动犯罪案件，在侦查期间辩护律师会见在押的犯罪嫌疑人，应当经侦查机关许可。上述案件，侦查机关应当事先通知看守所。 | **第三十七条** 危害国家安全犯罪、恐怖活动犯罪、特别重大贿赂犯罪案件，在侦查期间辩护律师会见在押的犯罪嫌疑人，应当经侦查机关许可。上述案件，侦查机关应当事先通知看守所。 |
| **第七十五条（修改第一款）** 监视居住应当在犯罪嫌疑人、被告人的住处执行；无固定住处的，可以在指定的居所执行。对于涉嫌危害国家安全犯罪、恐怖活动犯罪，在住处执行可能有碍侦查的，经上一级公安机关批准，也可以在指定的居所执行。但是，不得在羁押场所、专门的办案场所执行。 | **第七十三条** 监视居住应当在犯罪嫌疑人、被告人的住处执行；无固定住处的，可以在指定的居所执行。对于涉嫌危害国家安全犯罪、恐怖活动犯罪、特别重大贿赂犯罪，在住处执行可能有碍侦查的，经上一级人民检察院或者公安机关批准，也可以在指定的居所执行。但是，不得在羁押场所、专门的办案场所执行。 |
| **第八十一条（增加一款，作为第二款）** 对有证据证明有犯罪事实，可能判处徒刑以上刑罚的犯罪嫌疑人、被告人，采取取保候审尚不足以防止发生下列社会危险性的，应当予以逮捕：<br>（一）可能实施新的犯罪的；（二）有危害国家安全、公共安全或者社会秩序的现实危险的；（三）可能毁灭、伪造证据，干扰证人作证或者串供的；（四）可能对被害人、举报人、控告人实施打击报复的；（五）企图自杀或者逃跑的。<br>批准或者决定逮捕，应当将犯罪嫌疑人、被告人涉嫌犯罪的性质、情节，认罪认罚等情况，作为是否可能发生社会危险性的考虑因素。<br>对有证据证明有犯罪事实，可能判处十年有期徒刑以上刑罚的，或者有证据证明有犯罪事实，可能判处徒刑以上刑罚，曾经故意犯罪或者身份不明的，应当予以逮捕。<br>被取保候审、监视居住的犯罪嫌疑人、被告人违反取保候审、监视居住规定，情节严重的，可以予以逮捕。 | |
| **第一百零八条（修改第一项）** 本法下列用语的含意是：<br>（一）"侦查"是指公安机关、人民检察院对于刑事案件，依照法律进行的专门调查工作和有关的强制性措施。 | **第一百零六条** 本法下列用语的含意是：<br>（一）"侦查"是指公安机关、人民检察院在办理案件过程中，依照法律进行的专门调查工作和有关的强制性措施。 |

| 2018 版修改（增加） | 2012 版原文 |
| --- | --- |
| **第一百二十条（修改第二款）** 侦查人员在讯问犯罪嫌疑人的时候，应当告知犯罪嫌疑人享有的诉讼权利，如实供述自己罪行可以从宽处理的法律规定。 | **第一百一十八条** 侦查人员在讯问犯罪嫌疑人的时候，应当告知犯罪嫌疑人如实供述自己罪行可以从宽处理的法律规定。 |
| **第一百五十条（修改第二款）** 人民检察院在立案后，对于利用职权实施的严重侵犯公民人身权利的重大犯罪案件，根据侦查犯罪的需要，经过严格的批准手续，可以采取技术侦查措施，按照规定交有关机关执行。 | **第一百四十八条** 人民检察院在立案后，对于重大的贪污、贿赂犯罪案件以及利用职权实施的严重侵犯公民人身权利的重大犯罪案件，根据侦查犯罪的需要，经过严格的批准手续，可以采取技术侦查措施，按照规定交有关机关执行。 |
| **第一百六十二条（增加一款，作为第二款）** 公安机关侦查终结的案件，应当做到犯罪事实清楚，证据确实、充分，并且写出起诉意见书，连同案卷材料、证据一并移送同级人民检察院审查决定；同时将案件移送情况告知犯罪嫌疑人及其辩护律师。<br>犯罪嫌疑人自愿认罪的，应当记录在案，随案移送并在起诉意见书中写明有关情况。 | |
| **第一百七十条（新增一条）** 人民检察院对于监察机关移送起诉的案件，依照本法和监察法的有关规定进行审查。人民检察院经审查，认为需要补充核实的，应当退回监察机关补充调查，必要时可以自行补充侦查。<br>对于监察机关移送起诉的已采取留置措施的案件，人民检察院应当对犯罪嫌疑人先行拘留，留置措施自动解除。人民检察院应当在拘留后的十日以内作出是否逮捕、取保候审或者监视居住的决定。在特殊情况下，决定的时间可以延长一日至四日。人民检察院决定采取强制措施的期间不计入审查起诉期限。 | |
| **第一百七十二条（修改第一款）** 人民检察院对于监察机关、公安机关移送起诉的案件，应当在一个月以内作出决定，重大、复杂的案件，可以延长十五日；犯罪嫌疑人认罪认罚，符合速裁程序适用条件的，应当在十日以内作出决定，对可能判处的有期徒刑超过一年的，可以延长至十五日。 | **第一百六十九条** 人民检察院对于公安机关移送起诉的案件，应当在一个月以内作出决定，重大、复杂的案件，可以延长半个月。 |

| 2018 版修改（增加） | 2012 版原文 |
|---|---|
| **第一百七十三条（修改）**　人民检察院审查案件，应当讯问犯罪嫌疑人，听取辩护人或者值班律师、被害人及其诉讼代理人的意见，并记录在案。辩护人或者值班律师、被害人及其诉讼代理人提出书面意见的，应当附卷。 | **第一百七十条**　人民检察院审查案件，应当讯问犯罪嫌疑人，听取辩护人、被害人及其诉讼代理人的意见，并记录在案。辩护人、被害人及其诉讼代理人提出书面意见的，应当附卷。 |

（增加）犯罪嫌疑人认罪认罚的，人民检察院应当告知其享有的诉讼权利和认罪认罚的法律规定，听取犯罪嫌疑人、辩护人或者值班律师、被害人及其诉讼代理人对下列事项的意见，并记录在案：

（一）涉嫌的犯罪事实、罪名及适用的法律规定；

（二）从轻、减轻或者免除处罚等从宽处罚的建议；

（三）认罪认罚后案件审理适用的程序；

（四）其他需要听取意见的事项。

人民检察院依照前两款规定听取值班律师意见的，应当提前为值班律师了解案件有关情况提供必要的便利。

**第一百七十四条（新增一条）**　犯罪嫌疑人自愿认罪，同意量刑建议和程序适用的，应当在辩护人或者值班律师在场的情况下签署认罪认罚具结书。

犯罪嫌疑人认罪认罚，有下列情形之一的，不需要签署认罪认罚具结书：

（一）犯罪嫌疑人是盲、聋、哑人，或者是尚未完全丧失辨认或者控制自己行为能力的精神病人的；

（二）未成年犯罪嫌疑人的法定代理人、辩护人对未成年人认罪认罚有异议的；

（三）其他不需要签署认罪认罚具结书的情形。

**第一百七十六条（增加一款，作为第二款）**　人民检察院认为犯罪嫌疑人的犯罪事实已经查清，证据确实、充分，依法应当追究刑事责任的，应当作出起诉决定，按照审判管辖的规定，向人民法院提起公诉，并将案卷材料、证据移送人民法院。

犯罪嫌疑人认罪认罚的，人民检察院应当就主刑、附加刑、是否适用缓刑等提出量刑建议，并随案移送认罪认罚具结书等材料。

| 2018 版修改（增加） | 2012 版原文 |
| --- | --- |
| **第一百七十七条（修改第三款）** 人民检察院决定不起诉的案件，应当同时对侦查中查封、扣押、冻结的财物解除查封、扣押、冻结。对被不起诉人需要给予行政处罚、处分或者需要没收其违法所得的，人民检察院应当提出检察意见，移送有关主管机关处理。有关主管机关应当将处理结果及时通知人民检察院。 | **第一百七十三条** 人民检察院决定不起诉的案件，应当同时对侦查中查封、扣押、冻结的财物解除查封、扣押、冻结。对被不起诉人需要给予行政处罚、行政处分或者需要没收其违法所得的，人民检察院应当提出检察意见，移送有关主管机关处理。有关主管机关应当将处理结果及时通知人民检察院。 |
| **第一百八十二条（新增一条）** 犯罪嫌疑人自愿如实供述涉嫌犯罪的事实，有重大立功或者案件涉及国家重大利益的，经最高人民检察院核准，公安机关可以撤销案件，人民检察院可以作出不起诉决定，也可以对涉嫌数罪中的一项或者多项不起诉。<br>根据前款规定不起诉或者撤销案件的，人民检察院、公安机关应当及时对查封、扣押、冻结的财物及其孳息作出处理。 | |
| **第一百八十三条（修改）** 基层人民法院、中级人民法院审判第一审案件，应当由审判员三人或者由审判员和人民陪审员共三人或者七人组成合议庭进行，但是基层人民法院适用简易程序、速裁程序的案件可以由审判员一人独任审判。<br>高级人民法院审判第一审案件，应当由审判员三人至七人或者由审判员和人民陪审员共三人或者七人组成合议庭进行。<br>最高人民法院审判第一审案件，应当由审判员三人至七人组成合议庭进行。<br>人民法院审判上诉和抗诉案件，由审判员三人或者五人组成合议庭进行。<br>合议庭的成员人数应当是单数。 | **第一百七十八条** 基层人民法院、中级人民法院审判第一审案件，应当由审判员三人或者由审判员和人民陪审员共三人组成合议庭进行，但是基层人民法院适用简易程序的案件可以由审判员一人独任审判。<br>高级人民法院、最高人民法院审判第一审案件，应当由审判员三人至七人或者由审判员和人民陪审员共三人至七人组成合议庭进行。<br>人民陪审员在人民法院执行职务，同审判员有同等的权利。<br>人民法院审判上诉和抗诉案件，由审判员三人至五人组成合议庭进行。<br>合议庭的成员人数应当是单数。<br>合议庭由院长或者庭长指定审判员一人担任审判长。院长或者庭长参加审判案件的时候，自己担任审判长。 |

| 2018 版修改（增加） | 2012 版原文 |
| --- | --- |
| **第一百九十条（增加一款，作为第二款）**　开庭的时候，审判长查明当事人是否到庭，宣布案由；宣布合议庭的组成人员、书记员、公诉人、辩护人、诉讼代理人、鉴定人和翻译人员的名单；告知当事人有权对合议庭组成人员、书记员、公诉人、鉴定人和翻译人员申请回避；告知被告人享有辩护权利。<br>被告人认罪认罚的，审判长应当告知被告人享有的诉讼权利和认罪认罚的法律规定，审查认罪认罚的自愿性和认罪认罚具结书内容的真实性、合法性。 | |
| **第二百零一条（新增一条）**　对于认罪认罚案件，人民法院依法作出判决时，一般应当采纳人民检察院指控的罪名和量刑建议，但有下列情形的除外：（一）被告人的行为不构成犯罪或者不应当追究其刑事责任的；（二）被告人违背意愿认罪认罚的；（三）被告人否认指控的犯罪事实的；（四）起诉指控的罪名与审理认定的罪名不一致的；（五）其他可能影响公正审判的情形。<br>人民法院经审理认为量刑建议明显不当，或者被告人、辩护人对量刑建议提出异议的，人民检察院可以调整量刑建议。人民检察院不调整量刑建议或者调整量刑建议后仍然明显不当的，人民法院应当依法作出判决。 | |
| **第四节　速裁程序（新增一节）**<br>**第二百二十二条**　基层人民法院管辖的可能判处三年有期徒刑以下刑罚的案件，案件事实清楚，证据确实、充分，被告人认罪认罚并同意适用速裁程序的，可以适用速裁程序，由审判员一人独任审判。<br>人民检察院在提起公诉的时候，可以建议人民法院适用速裁程序。<br>**第二百二十三条**　有下列情形之一的，不适用速裁程序：<br>（一）被告人是盲、聋、哑人，或者是尚未完全丧失辨认或者控制自己行为能力的精神病人的；<br>（二）被告人是未成年人的；<br>（三）案件有重大社会影响的；<br>（四）共同犯罪案件中部分被告人对指控的犯罪事实、罪名、量刑建议或者适用速裁程序有异议的；<br>（五）被告人与被害人或者其法定代理人没有就附带民事诉讼赔偿等事项达成调解或者和解协议的；<br>（六）其他不宜适用速裁程序审理的。<br>**第二百二十四条**　适用速裁程序审理案件，不受本章第节规定的送达期限的限制，一般不进行法庭调查、法庭辩论，但在判决宣告前应当听取辩护人的意见和被告人的最后陈述意见。<br>适用速裁程序审理案件，应当当庭宣判。<br>**第二百二十五条**　适用速裁程序审理案件，人民法院应当在受理后十日以内审结；对可能判处的有期徒刑超过一年的，可以延长至十五日。<br>**第二百二十六条**　人民法院在审理过程中，发现有被告人的行为不构成犯罪或者不应当追究其刑事责任、被告人违背意愿认罪认罚、被告人否认指控的犯罪事实或者其他不宜适用速裁程序审理的情形的，应当按照本章第一节或者第三节的规定重新审理。 | |

| 2018 版修改（增加） | 2012 版原文 |
|---|---|
| **第二百六十一条（修改第二款）** 最高人民法院判处和核准的死刑立即执行的判决，应当由最高人民法院院长签发执行死刑的命令。<br>被判处死刑缓期二年执行的罪犯，在死刑缓期执行期间，如果没有故意犯罪，死刑缓期执行期满，应当予以减刑的，由执行机关提出书面意见，报请高级人民法院裁定；如果故意犯罪，情节恶劣，查证属实，应当执行死刑的，由高级人民法院报请最高人民法院核准；对于故意犯罪未执行死刑的，死刑缓期执行的期间重新计算，并报最高人民法院备案。 | |
| **第二百七十一条（修改）** 被判处罚金的罪犯，期满不缴纳的，人民法院应当强制缴纳；如果由于遭遇不能抗拒的灾祸等原因缴纳确实有困难的，经人民法院裁定，可以延期缴纳、酌情减少或者免除。 | **第二百六十条** 被判处罚金的罪犯，期满不缴纳的，人民法院应当强制缴纳；如果由于遭遇不能抗拒的灾祸缴纳确实有困难的，可以裁定减少或者免除。 |

**第三章 缺席审判程序（新增）**

**第二百九十一条** 对于贪污贿赂犯罪案件，以及需要及时进行审判，经最高人民检察院核准的严重危害国家安全犯罪、恐怖活动犯罪案件，犯罪嫌疑人、被告人在境外，监察机关、公安机关移送起诉，人民检察院认为犯罪事实已经查清，证据确实、充分，依法应当追究刑事责任的，可以向人民法院提起公诉。人民法院进行审查后，对于起诉书中有明确的指控犯罪事实，符合缺席审判程序适用条件的，应当决定开庭审判。

前款案件，由犯罪地、被告人离境前居住地或者最高人民法院指定的中级人民法院组成合议庭进行审理。

**第二百九十二条** 人民法院应当通过有关国际条约规定的或者外交途径提出的司法协助方式，或者被告人所在地法律允许的其他方式，将传票和人民检察院的起诉书副本送达被告人。传票和起诉书副本送达后，被告人未按要求到案的，人民法院应当开庭审理，依法作出判决，并对违法所得及其他涉案财产作出处理。

**第二百九十三条** 人民法院缺席审判案件，被告人有权委托辩护人，被告人的近亲属可以代为委托辩护人。被告人及其近亲属没有委托辩护人的，人民法院应当通知法律援助机构指派律师为其提供辩护。

**第二百九十四条** 人民法院应当将判决书送达被告人及其近亲属、辩护人。被告人或者其近亲属不服判决的，有权向上一级人民法院上诉。辩护人经被告人或者其近亲属同意，可以提出上诉。

人民检察院认为人民法院的判决确有错误的，应当向上级人民法院提出抗诉。

**第二百九十五条** 在审理过程中，被告人自动投案或者被抓获的，人民法院应当重新审理。

罪犯在判决、裁定发生法律效力后到案的，人民法院应当将罪犯交付执行刑罚。交付执行刑罚前，人民法院应当告知罪犯有权对判决、裁定提出异议。罪犯对判决、裁定提出异议的，人民法院应当重新审理。

依照生效判决、裁定对罪犯的财产进行的处理确有错误的，应当予以返还、赔偿。

续表

| 2018 版修改（增加） | 2012 版原文 |
|---|---|
| **第二百九十六条**　因被告人患有严重疾病无法出庭，中止审理超过六个月，被告人仍无法出庭，被告人及其法定代理人、近亲属申请或者同意恢复审理的，人民法院可以在被告人不出庭的情况下缺席审理，依法作出判决。<br>**第二百九十七条**　被告人死亡的，人民法院应当裁定终止审理，但有证据证明被告人无罪，人民法院经缺席审理确认无罪的，应当依法作出判决。<br>人民法院按照审判监督程序重新审判的案件，被告人死亡的，人民法院可以缺席审理，依法作出判决。 | |
| **附　则**<br>**第三百零八条**<br>军队保卫部门对军队内部发生的刑事案件行使侦查权。<br>中国海警局履行海上维权执法职责，对海上发生的刑事案件行使侦查权。<br>对罪犯在监狱内犯罪的案件由监狱进行侦查。<br>军队保卫部门、中国海警局、监狱办理刑事案件，适用本法的有关规定。 | **附　则**<br>**第二百九十条**<br>军队保卫部门对军队内部发生的刑事案件行使侦查权。<br>对罪犯在监狱内犯罪的案件由监狱进行侦查。<br>军队保卫部门、监狱办理刑事案件，适用本法的有关规定。 |